U0685310

西南大学政治与公共管理学院 学术文丛

应用伦理探究

任　丑／著

科学出版社

北京

内 容 简 介

《应用伦理探究》包括十一个部分：应用伦理基础探究、法律伦理基础探究、政治伦理基础探究、宗教伦理基础探究、教育伦理基础探究、生态伦理基础探究、工程伦理基础探究、安乐死立法基础探究、生命伦理基础探究和后应用伦理探究，并在此基础上开放性地讨论了应用伦理学体系和道德形而下学的话题。

从某种意义上讲，《应用伦理探究》的思想理念可以归结如下：自由是应用伦理之本体，人权是应用伦理之价值基准。在应用伦理学的逻辑进程中，自由与人权自我发展、自我实现为一个充满生命活力的应用伦理学体系。换言之，这种探究是为应用伦理学体系的建构所做的理论准备。

本书可供伦理学研究者参考，也可供伦理学爱好者阅读。

图书在版编目（CIP）数据

应用伦理探究/任丑著. —北京：科学出版社，2017.3
（西南大学政治与公共管理学院学术文丛）
ISBN 978-7-03-052365-5

Ⅰ. ①应… Ⅱ. ①任… Ⅲ. ①伦理学–研究 Ⅳ. ①B82

中国版本图书馆 CIP 数据核字（2017）第 054040 号

责任编辑：刘英红 / 责任校对：彭 涛
责任印制：张 伟 / 封面设计：黄华斌

科 学 出 版 社 出版
北京东黄城根北街 16 号
邮政编码：100717
http://www.sciencep.com

北京京华虎彩印刷有限公司 印刷
科学出版社发行 各地新华书店经销

*

2017 年 3 月第 一 版 开本：720×1000 B5
2017 年 10 月第二次印刷 印张：16
字数：287000
定价：80.00 元
（如有印装质量问题，我社负责调换）

序　言

　　为了探究应用伦理学（applied ethics）体系，2000年以来，尤其是2007年以来，我对应用伦理问题进行了各个角度的思考，这些成果陆续在《哲学研究》《哲学与文化》《哲学动态》《世界哲学》《自然辩证法研究》《道德与文明》《伦理学研究》等哲学权威刊物公开发表。为了进一步推进应用伦理学体系的建构工作，并对这一段应用伦理研究做个综合性总结，我遵循罗尔斯（John Rawls）等的研究范式，围绕应用伦理的逻辑和历史，把思考应用伦理问题的相关学术论文经过重新创造，试图在自由（freedom）和人权（human rights）的基础上把零散的学术论文提炼综合为一部较为系统的著作——《应用伦理探究》。这就出现一个矛盾，即出于整体目标的考虑，上述已发表过的论文的某些地方需要改动。这种改动，势必影响原有论文的逻辑结构和具体思路。有鉴于此，本书秉持兼顾整体思路和论文原貌的原则，增添联结各章思想的过渡性提示性内容，同时根据简洁明确原则，修改了部分论文标题和极个别词句，原有论文内容基本保持不变。为了方便查询，书后特附所用论文要目索引。

　　众所周知，伦理学鼻祖亚里士多德在第一本伦理学专著《尼各马可伦理学》的开篇写道："每种技艺与每种探究，类似的，每个行为和选择，都以某种善为目的。因此，善被正当地宣称为所有事物的目的……如果在我们的行为目的中，有些目的是为其自身而被我们当做目的，每一种别的事物都是为了这些目的，如果我们并非为了别的事物而选择每一种事物（为此，这就会陷入无限进程中，欲求也因此苍白无力），显而易见，必定存在着具体善或最高善。"[①]亚里士多德把幸福（happiness，eudaimonia）规定为最高善。笛卡尔不同意把幸福作为最高善，因为他认为人并非完美的存在，但是必定存在人和所有其他存在者所依赖的完美存在，那就是上帝。

---

① Aristotle. The Nicomachean Ethics. Translated by Ross D. Oxford：Oxford University Press，2009：3.

上帝创造了理性的灵魂（a rational soul），并把理性的灵魂和人这个机器结合起来①。完美的上帝是自然界的所有规律和理性灵魂的根源，只有上帝才是所有事物的终极目的——终极善，幸福则没有这个资格。康德批判改造了亚里士多德和笛卡尔式的伦理思想，把灵魂不朽（the immortality of the soul）、上帝存有（the existence of god）和自由意志（free will）作为物自体领域的三大悬设，认为前两者的终极目的都归于自由意志。上帝和灵魂是道德得以可能的保障，道德则是上帝和灵魂的目的。道德目的的主体是遵循自由规律的人。人是有理性的有机体（有限的理性存在者），其形式是道德规律，其质料则是遵循自然规律的生物有机体（身体），其自然目的和自由目的通过目的论判断力来审视，似乎应当以自由目的为终极目的②。可以说，康德深刻地把握了道德哲学或伦理学的本体根据——自由。其实，自由也是应用伦理学的本体根据。

基于《应用伦理探究》的思考，我认为，自由在现实中的绝对命令是人权，人权是自由实现自身的价值基准。质言之，自由是应用伦理之本体，人权是应用伦理之价值基准。自由和人权在应用伦理的逻辑进程中，自我发展、自我实现为充满生命活力的应用伦理学体系。或者说，应用伦理学是自由和人权贯穿始终的应用哲学学科之一。从某种意义上讲，这也是《应用伦理探究》日积月累、逐步达成的点滴思想成就。

《应用伦理探究》行将出版之际，盼望学界同仁和社会贤达不吝指教，以期激励道德哲学思考，提升伦理研究水平，促进个体自由与社会正义，维系世界和平与人类安康。

是为序。

2017 年 1 月 26 日

---

① Descares R. The World and Other Writings. Translated and edited by Gaukroger S. Cambridge：Cambridge University Press，2004：119.

② Kant I. Critique of Practical Reason. Translated by Pluhar W S. Indianapolis：Hackett Publishing Company，2002：155-184.

目　录

第一章
应用伦理基础探究

应用伦理基础探究涉及的问题较为复杂，这些问题主要集中在三个层面，即应用伦理的逻辑和历史、传统德性论困境及出路、应用德性论及价值基准。

第一节 应用伦理的逻辑和历史

目前，应用伦理学已经成为伦理学界聚讼纷纭的主战场。争论的焦点集中在"什么是应用伦理学"这个根本问题上。自20世纪60年代以来，伦理学家们经过多年的论争，在这一问题上，形成了相互颉颃的两类观点：一是否定论，认为应用伦理学不过是伦理理论的应用，不具有独立性和开创性；二是肯定论，认为应用伦理学是一种新的伦理形态，而对其内涵又有着不同的甚至对立的看法。但人们大都忽视了这个根本问题的根本，即应用伦理学的逻辑和历史。

一、应用伦理学的两类基本观点

要把握应用伦理学的逻辑和历史，首先来看学者们回答"什么是应用伦理学"这一问题的两类基本看法。

第一，否定论，否定应用伦理学存在的必要性，它具有强的否定论和弱的否定论两种基本形态。

（1）强的否定论是少数学者的一种激进观点，认为应用伦理学纯粹是一个多余的甚至虚假的概念，将应用伦理与理论伦理区分开来没有任何意义，提出"应用伦理学"这一概念是多此一举。威廉·韩思（William Haines）甚至认为，应用伦理学"常常是图书馆员使用的分类方式而不是一种概念"①。中国学者孙慕义也认为，应用伦理学只是一个松散、缺乏严密逻辑结构的"应用问题群"，它没有一个完整的理论与体系，不是一门真正的学科②。

强的否定论看到了经验应用伦理学的局限性，却忽视了经验应用伦理学在应用伦理学中的基础地位，因为如果没有通俗的应用伦理学作为应用伦理学的资料的奠基和对传统伦理学的突破，就不可能有应用伦理学的真正发展。

（2）弱的否定论并不断然否定应用伦理学，而是把它作为传统伦理学的一部分，实际上把它窒息在传统的理论伦理学之中。在许多学者看来，应用伦理学，顾名思义就是将普遍的伦理原则应用到具体的事例中去。"应用伦理学是伦理学的一个分支，是将伦理学的基本原理、原则和规范应用于现实或未来重大社会问题而形成的伦理学理论形式。"③他们认为，应用伦理学这一概念的提出，是基于理论和实践截然两分的传统哲学的二元论立场。实际上，应用伦理学古已有之，与传统的伦理学特别是规范伦理学没有本质差别：一方面，应用是理论的应用；另一方面，理论不可能不是应用的（applied，angewandte），没有应用关联的道德是空洞和荒谬的。在道德哲学的经典文献中，找不到任何与事例不发生应用关系的道德理论。应用伦理学只是在重复道德哲学本应拥有的性质，即规范离不开应用之关联。比彻姆（Tom L. Beauchamp）就认为，应用伦理学只是一般规范伦理学所提出的原则在具体伦理问题中的应用，属于规范伦理学的范畴④。彼得·辛格（Peter Singer）、本森（George C. S. Benson）等亦如是看。埃德尔（Abraham Edel）等认为，应用伦理学不过是对哲学关注实际道德问题的传统的重新发现，坚决反对把应用伦理学看做全新的理论形态⑤。

---

① 韩思 W. 伦理学：美国治学法. 孟悦译. 北京：社会科学文献出版社，1994：44.
② 孙慕义. 质疑应用伦理学. 湖南师范大学学报（社会科学版），2006，（4）：31-34.
③ 王伟，戴扬毅. 中国伦理学百科全书·应用伦理学卷. 长春：吉林人民出版社，1993：1.
④ 比彻姆 T. 哲学的伦理学. 雷克勤，郭夏娟，李兰芬，等译. 北京：中国社会科学出版社，1990：42-45.
⑤ Edel A，Flower E，Conor F W O. Critique of Applied Ethics：Reflections and Recommendations. Philadelphia：Temple University Press，1994：4-5，22.

弱的否定论看到了应用伦理学和理论伦理学的外在联系，这比强的否定论是一种进步，但它否定应用伦理学和理论伦理学的根本区别，把应用伦理学遮蔽于理论伦理学之内，忽视了应用伦理学自身的独创性和超越性，实际上取消了应用伦理学的独立地位。

第二，肯定论，是对否定论的否定，它肯定了应用伦理学相对于理论伦理学的独立性，具有如下三种基本形态。

（1）经验论或片面肯定论，认为应用伦理学不是弱的否定论讲的理论的应用，它只涉及具体事例的研究，仅仅是经验研究。比彻姆反对规范伦理与理论思辨，将应用伦理学比拟为经验的自然科学，主张以自然科学的方式研究应用伦理学。他认为，道德并非是通过某种可以从中导出一切其他规则与判断的规范的体系构造起来的，道德理论应是按照自然科学的标准建构而成的。因此，仅有规范伦理是不够的，还必须给应用伦理学以应有的地位[①]。

这是一种科学主义的思路，与否定论相比，它肯定了应用伦理学不同于传统理论伦理学的新的资料和研究领域，是对否定论的一种否定，但却以否定伦理学的自由本质和割断应用伦理学与传统伦理学的内在联系为惨重代价。

（2）历史主义的肯定论，是对经验的片面肯定论的否定，它主张从历史的视阈来理解应用伦理学：应用伦理学植根于实践哲学的传统，是20世纪60年代以来元伦理学式微之后传统规范伦理学的复兴，而且在很多方面特别是在结合理论和实践解决实际道德问题上具有创新性。阿尔蒙德（Brenda Almond）认为，应用伦理学与传统道德哲学区别很大，"首先，应用伦理学对道德问题所产生的背景以及各种情境的详细结构给予了较大的注意；其次，应用伦理学的方法在一般意义上更具整体主义色彩，也就是说，它在考虑问题时更乐意包容心理学、社会学的洞见以及其他的相关知识领域；应用伦理学的实践者愿意和其他人——特别是和专业人士以及其他领域中的有经验者——一起工作以达到对完全是由相关事实所表现的道德问题的解决"[②]。在追求对道德问题的理解和解决的过程中，应用伦理学既涵盖并深化了传统意义上的规范伦理学、元伦理学和描述伦理学，又吸收了其他自然科学和社会科学的知识与方法，具有极强的应用性和学科交叉性。

---

① 甘绍平. 论应用伦理学. 哲学研究, 2001, (12): 60-78.

② Almond B. Introducing Applied Ethics. Malden: Blackwell Publishers Ltd., 1995: 3.

这一观点已经从历史和现实相统一的角度，从历时性和共时性相统一的视阈，对应用伦理学有了更为深刻的认识和把握，但它停留在外在的伦理理论范式的历史和现实的联系，未能深入伦理学自身的逻辑，从逻辑的和历史的相统一的角度把握应用伦理学的要义：只看到了元伦理学和应用伦理学之间的抽象的断裂，未能看到伦理学的话语学转向中的元伦理学和应用伦理学之间的内在关系，更没有看到伦理学的话语学转向中的另一方面的解释伦理学和应用伦理学之间的内在关系。于是，它只看到了元伦理学式微之后规范伦理学的复兴，看不到这种复兴的实质是一种对理论伦理学的超越而达到了应用伦理学的水平。

（3）新伦理论，认为应用伦理学是一个正在形成的全新的研究领域，它与传统的理论伦理学存在着较大的差异。卡拉汉（Joan C. Callahan）认为，从事应用伦理学并不是简单地应用哲学技术把理论加于实践，"毋宁说，它要试图发现目前具有现实紧迫性的道德问题的可接受的解决办法"[1]。在此过程中，应用伦理学对传统伦理学的理论框架和方法论都提出了严峻的挑战。应用伦理学对道德问题的细致把握和其所涵盖的广泛知识领域是传统的道德哲学所无法比拟的。尤其值得关注的是，中国学者形成的几种典型观点，即甘绍平的程序共识论、卢风的双向反思论、陈泽环的终极关怀论等。虽然他们的观点不同，但都认为当代应用伦理学是伦理学本身的一种崭新的发展形态。

这是针对否定论的否定，也是对肯定论中的前两种的扬弃，较为客观地看到了应用伦理学和传统伦理学的内在联系以及其独特的地位和价值，代表了迄今为止的最新认识水平，但其也没有深入、全面地把握应用伦理学自身的内在逻辑和历史。

或许有人会认为这几种看法都是对应用伦理学的误解，这从应用伦理学的概念或应用伦理学本身来看，诚然有一定的道理，但从应用伦理学的逻辑和历史来看，似乎是不全面的。在我们看来，这是几种对应用伦理学的见解，因为每种观点都包含着一定的合理成分，只不过有深浅之别。正是它们一步步把对应用伦理学的认识推向深入，为我们进一步探讨应用伦理学的逻辑和历史奠定了坚实的基础。

---

① Werhane P H, Freeman R E. Blackwell Encyclopedic Dictionary of Business Ethics. Malden：Blackwell Publishers Ltd.，1998：3.

二、应用伦理学的逻辑和历史进程

如上所述，否定论和肯定论这两类见解比较倾向于对应用伦理学的某些层面的探究，没有深入地从理论自身的内在矛盾把握应用伦理学自身的逻辑和历史，也没有认真对待应用伦理学的经典之作和理论形态。实际上，如果我们用伦理学自身的实践（即应用）精神激活它们，那么每一种观点就会动态地贯通起来，展现出应用伦理学自身的逻辑和历史进程。

第一，从伦理学的学科性质看，即从伦理学作为实践哲学自身的实践或应用的本质来看，它是一个实践或应用过程，这就是广义的应用，即伦理学从对自身的目的至善（highest goodness）的追求开始的否定自我、展现自我、实现自我的过程。它是由经验伦理学、理论伦理学到应用伦理学（可称之为狭义的应用）的过程，也是由经验、独自到商谈的过程。经验伦理学、理论伦理学的应用关心的主要是个体或个体-整体的关系，如亚里士多德关心的个体德性和城邦整体的关系，即个体和整体追求自身的目的至善的实践。但是，基督教伦理学提出了每个人都是自由的思想，康德伦理学提出了伦理共同体的思想，他们已经开始考虑类的关系了，只不过并没有成为其伦理学的主题罢了。可见，理论伦理学的实践之中已经包含着应用伦理学的萌芽。狭义的应用，即应用伦理学的应用是一个交互主体的商谈协调、解决现实重大伦理问题的过程，它是广义的应用否定自身的独自阶段而达到的高级阶段——它不仅把独白阶段的理论包含于自身之内，作为自身发展的要素，而且在超越个体层面的基础上面对关乎人类全体的新问题，提出新的伦理理论以解决理论伦理学没有遇到、不能解决的新的伦理困境。就是说，应用伦理学关心的主要是类和类-类（如人类和物类）之间的关系，它把伦理学对至善目的的追求由个体-独白推进到类-商谈的新的高度，它主要是类的目的至善的否定自我、展现自我、实现自我的过程。

应用伦理学是理论伦理学的自我反思、自我否定的产物，不是理论伦理学自身之外的其他东西。对"应用伦理学"而言，"应用的"的首要含义就是"实践的"，这种强烈的"实践"指向正是话语伦理学的自我否定。从根本上讲，这是理论伦理学的自我否定，或者从道德思维的角度说，"实践"指向是批判性道德思维的根本功能，也是元伦理学思维的自我否定。这直接体现为应用是一个不断自我否定的实践过程，即伦理学自身的逻辑和历史进程。

第二，从伦理学自身的逻辑和历史进程来看，应用伦理学是伦理学的高级阶段。

黑格尔认为，人类认识发展的逻辑进程是由概念、判断到推论的过程。在我们看来，伦理学史的发展也符合这个过程。德性伦理（亚里士多德）代表概念伦理，因为每一种德性就是一个伦理概念；规范伦理代表的是判断伦理，因为规范从语言上是以命令的形式出现的，每一个道德命令都是一个判断。康德对伦理原则的一元化、形式化，使伦理学的认知活动进入推论的层面。而且，这种进展是符合逻辑的。正如黑格尔所说："推论常被称为证明的过程。无疑地，判断诚然会向着推论进展。但由判断进展到推论的步骤，并不单纯通过我们的主观活动而出现，而是由于那判断自身要确立其自身为推论，并且要在推论里返回到概念的统一。"[①]伦理学在话语伦理学（包括摩尔开创的元伦理学和伽达默尔开创的解释伦理学）中，回到了对概念如善、恶（元伦理学）、"应用"（解释伦理学）等的逻辑分析或"视域融合"的解释，但这并非简单的回归，而是包含了此前伦理学理论的语言分析或解释应用。理论伦理学至此基本完成了自己的历史使命，因为它面对前所未遇的关乎类的新的经验领域时已经无能为力了。它的出路在于通过自我否定而自我提升为应用伦理学。

一方面，元伦理学对道德语言和道德判断的语义分析，已经把伦理学从个体性、德性、规范等转向了人的普遍性。语言逻辑分析的普遍性和它所反映的实践的特殊性之间的矛盾，构成了元伦理学自身的否定因素。当这种普遍性自身具体化时，必然要求其自身在生活实践中能够实现或"兑现"，进而转向人类自身的共同存在的生活领域——这已经不是肇始于苏格拉底的理论伦理学所面对的狭小的、个体或城邦的伦理领域，而是广阔的类的伦理领域。元伦理学无力解决这个新的领域的问题。这就要求元伦理学自我否定并提升为应用伦理学，在应用伦理学的领域里解决相对性和普遍性的矛盾。实际上，正是元伦理学家们自身在不断地修正其学说的过程中，从内部实现了元伦理学的突破，为伦理学的应用伦理学转向开辟了道路。其中，黑尔（M. Hale）是元伦理学过渡到应用伦理学的桥梁，黑尔试图综合义务论和目的论的探求正是元伦理学自我否定的出路，这个出路必须在广阔的社会领域中才能找到，这就是应用伦理学的领域，但他并没有完成向应用伦理学的转变。真正完成这个转变的是罗尔斯的《正义论》这部应用伦理学的经典之作。这或许是很多人不能赞同的一个观点，因为人们往往把《正义论》看做规范伦理的回归，殊不知这是一种超越了理论伦

---

① 黑格尔 G W F. 小逻辑. 贺麟译. 北京：商务印书馆，2004：356.

理学而达到了应用伦理学高度的创造性理论，或者说，是一种属于应用伦理学的规范伦理学。

另一方面，和元伦理学把伦理学看做道德语言的逻辑分析不同，解释伦理学把语言看做本体和存在，认为语言不仅是存在的家，也是人类理性的普遍特质。正是这种普遍特质和其解释应用的具体境况之间的矛盾迫使其进入实践哲学的领域，这主要是通过伽达默尔在《真理与方法》中对"应用"概念进行的实践的解释来完成的。他认为，理解、解释和应用都是解释学的要素。理解是在具体境况中的理解，解释是对理解的再理解，理解就是解释，解释是深层次的理解，而"理解在这里总已经是一种应用"[①]。"应用"绝不是对某一意义理解之后的移植性运用，即把先有的一个基本原理应用于实践——这实际上就是前面说的弱的否定论的观点。伽达默尔认为，对于伦理学这样的"实践的学问"而言，"实践"就是"应用"。"应用"就是特定目的和意图在特定范围与时机中的实践性"行为"。实践性"行为"是基于某个特定事物的"内在目的"，而"内在目的"又必然包含其现实化的根据，这样的实践性行为就是"事物"成其自身的自我实现活动。因此，"应用"就是事物朝向自身目的（内在的好——善）的生成活动，或者说是一种自在到自在自为的活动。就是说，"应用"是善本身的实践—实现—生成活动（自在—自为—自在自为的过程）。由此，我们可以推论说，伦理学的应用就是伦理学本身的实践—实现—生成活动。当这种活动由个体进入类的领域时，应用的普遍性形式和类的特殊资料才应该真正结合，因为应用的普遍性和个体的特殊性结合只不过是低级的有限的结合——这是理论伦理学的领域；而应用的目的的真正实现必须和广阔的类的领域相结合才能自我完成，这就是应用伦理学的领域。可见，伽达默尔对"应用"的实践性解释，为应用伦理学作为一门新的学科的诞生奠定了理论基础，解释伦理学的自我否定已经孕育了应用伦理学的萌芽，但并没有完成应用伦理学的突破。哈贝马斯的商谈伦理学正是在和伽达默尔的论辩中形成的应用伦理学的另一条出路和理论形态。

如果说解释伦理学从思辨的角度推出了应用的根本含义，元伦理学则主要从逻辑分析的角度推动着理论向应用的转向。两者都对应用伦理学起到了语言学的不同层面（形式逻辑、辩证逻辑）的奠基作用，而各自理论自身的自我否定，殊途同归地走向应用伦理学。虽然英美应用伦理学偏重经验科学分析，欧洲大陆应用伦理学偏重思辨，两者的经典理论却在相互

---

① 伽达默尔 H.G. 真理与方法（上卷）. 洪汉鼎译. 上海：上海译文出版社，2004：400.

辩论商谈中极为接近。这是以罗尔斯和哈贝马斯两位大师的理论和辩论为标志的。罗尔斯的正义论和哈贝马斯的商谈伦理学,探求关乎人类的普遍价值原则,确立民主的对话商谈的伦理程序,建构公共道德权衡机制,解决公共道德悖论,区分理论伦理学和应用伦理学,为应用伦理学提供了经典著作和理论形态,对应用伦理学的发展产生了巨大的推进作用。应用伦理学正是以《正义论》为典范著作,以商谈伦理为典范形态,超越传统的理论伦理学成为当今伦理学的主导形态的。

伦理学的发展经由通俗的经验伦理学、理论伦理学即德性伦理学、规范伦理学、话语伦理学,再到应用伦理学(包括罗尔斯的正义论、哈贝马斯的商谈伦理学)的发展,正好体现了伦理学由通俗的经验伦理学到理论伦理学再到民主的商谈的过程,同时是伦理学的认知活动或伦理学的逻辑由经验到概念、判断,到推论,然后再重新回到概念,由此进入新的理论和新的经验相结合的应用伦理学的逻辑进程。从伦理学的整个实践过程来看,应用伦理学和经验伦理学好像类似,但却是包含经验伦理学和理论伦理学于自身并容纳新的经验和理论的新的伦理学形态。应用伦理学是伦理学自身的逻辑和历史的高级阶段,而不是外加的另类伦理学。

这就是伦理学的逻辑和历史,应用伦理学不但属于这个大的体系,而且有自己独特的逻辑和历史。

第三,从应用伦理学自身的逻辑和历史来看,它是通俗的应用伦理学、理论的应用伦理学、实践的应用伦理学构成的一个逻辑过程,而不是各个部分简单的分割和对立。

伦理学只有一个,但却有层次的区别。康德曾经对理论伦理学做了层次的区分,即通俗的道德哲学、形而上学的道德哲学和实践理性批判[①]。黑格尔不但明确地把理论伦理学区分为抽象法、道德和伦理三个环节,而且还把理论伦理学判定为由这三个环节构成的伦理有机体[②]。元伦理学家黑尔在《道德思维》一书中认为,人类道德思维(无论是类还是个体)的发展已经显示出三个层次,即直觉思维的层次、元伦理学思维的层次和批判思维的层次。直觉思维是直觉主义的思维方式,主要认识一般道德原则,思考一般的伦理行为。但直觉思维是有限的,其主要问题在于不能帮助我们解决道德冲突:当面临两个"应该"而只能按一个去做时,直觉思维就无能为力了。这就要求非直觉的思维解决这种冲突。这种非直觉的思维就

---

① 康德 I. 道德形而上学原理. 苗力田译. 上海:上海人民出版社,1986.
② 任丑. 黑格尔的伦理有机体思想. 重庆:重庆出版社,2007.

是元伦理学的思维和批判思维,它使人们通过对道德概念、语词的分析(元伦理学的思维)而达到一种自由的"选择"和"原则决定"(批判的思维)。这是在道德冲突境况中经过批判性审视之后做出的决定,因而它具有特殊性,能解决道德活动中的特殊的实际道德问题。在我们看来,正是批判的思维把伦理学推进到应用伦理学的高度。

透过大师们的深刻洞见和伦理的发展,可以看出理论伦理学是由经验部分、理论部分和实践部分构成的一个充满生命力的发展过程。应用伦理学作为理论伦理学的自我否定,和理论伦理学一样,也有其经验的部分、基础理论部分以及实践的部分。正是这三个环节的相互纠正、相互否定,才构成应用伦理学生命力的勃发和涌动。通俗的应用伦理学就是孙慕义等说的零乱的各种部门伦理学,如医学伦理学、工程伦理学、传媒伦理学等和经验论者说的研究领域。理论的应用伦理学就是在传统伦理学理论的根基上,反思通俗的应用伦理学,而提出的应用伦理学的基础理论和最一般的基本原理。实践的应用伦理学就是理论的应用伦理学和通俗的应用伦理学的综合,在通俗的应用伦理学领域运用、修正、发展基本的应用伦理学原理,在应用伦理学基本原理的运用中提升通俗的应用伦理学的理论品味。应用伦理学就是由这三个部分构成的一个实践过程。

问题在于,为什么应用伦理学自身也有其经验、理论和应用部分呢?首先,经验、理论、应用是历时性和共时性的统一,这是由人类的思维层次和伦理学内在的逻辑决定的:类的思维层次主要决定着历时性,个体的思维层次主要决定着共时性,两者的视域融合决定着历时性和共时性的统一,也就是伦理学的逻辑,同时也是应用伦理学的逻辑。这和黑尔说的直觉的道德思维、元伦理学的道德思维、批判的道德思维也是基本一致的。其次,如果没有经验的部分,理论部分就是空的;没有理论部分,经验部分就是盲的;没有经验部分和理论部分,实践部分也就不可能存在。没有实践部分,经验部分就不能得到纠正,理论部分就不能得到提升,应用伦理学就丧失了自我批判、自我否定的动力和功能。应用伦理学缺少了三个环节中的任何一个,都不成其为其自身。所以说,它是一个不断自我否定的过程,而不是某个静止单一的点或平面。

不过,应用伦理学的三个层面和理论伦理学的三个层面有着重要区别:①经验部分。和理论的经验部分不同的是,它涉及的主要不是个体的经验,而是类的经验。②理论部分。和理论的理论部分不同的是,它的道德思维主要不是个体的,而是类的;它关心的主要是类的德性、规范和语言,侧重于寻求普适的伦理和人权的原则。③应用部分。和理论的应用部分不同的是，它的程序主要不是个体独白的，而是民主商谈的；它的价值主要不是个体独善其身的，而是类的共同关切和发展；它的精神主要不是个体自律（individual autonomy）的，而是通过近乎法制的强制的他律，力图达到类的自律；它的运行机制主要不是个体的意志和良心，而是类的意志和良心（通常体现为伦理委员会的意志和良心）；它的目的不仅关心个体的自由，更关心类的自由和人权，追求个体自由和类的自由的统一。

应用伦理学既然是一个不断追求自身目的至善的实践或应用过程，因此，它应该是一个民主的开放的自由领域。在此领域中，传统德性论陷入困境。传统德性论如何摆脱困境并闯出新的出路也就成为必须回应的重要问题之一。

第二节　传统德性论困境及出路

一般而言，研究德性论的两个基本路径是德性现象论（the symptomology of a virtue）和德性本原论（the aetiology of a virtue）[①]。德性现象论回答德性现象是什么，德性本原论回答德性现象的原因和根据是什么。随着应用伦理学的崛起，传统德性论在这两个基本路径中都陷入了进退维谷的困境。

一、德性现象论

德性现象论偏重从经验的角度思考德性现象，回答德性（virtue）是什么或德性的具体表现是什么。它认为德性是由事物的特性引起的一系列行为，每一种德性都有其特定的行为领域，例如，勇敢是控制危险的德性或者受威胁状况下的德性，勇敢者就是以正确的方式面对危险的人，他们在战场上的典型表现是英勇应战，而不是临阵脱逃。从德性现象论看，传统德性现象可以归结为如下三类。

其一，德性是一种向善的习惯或习性。有些德性论者认为德性是生活中的行为习惯或习性。这是古代德性论的重要观点之一。阿奎那在《神学

---

① 这个术语首先是 David O' Connor 使用的。O' Connor D. The aetiology of justice//Lord C, O' Connor D. Essays on the Foundations of Aristotelian Political Science. Berkeley：University of California Press，1991：150-151.

大全》中明确主张，"人类的德性乃是习惯"①。爱尔维修、伏尔泰等也主
张德性是人们的某种习惯。他们的共同点是，都主张德性是一种向善的习
性，而不是趋恶的习性。对此，有些哲学家有不同看法。康德就针锋相对
地反驳说，如果德性是一种没有经过实践理性考验的习性或习惯，那么它
就不是自觉自愿的道德习性——德性②。这实际上就引出了德性的第二类
看法。

其二，德性是一种道德性的技能或实践力量。有些德性论者认为，德
性是一种道德性的技能或实践力量。和完成体力任务所需的技能不同的是，
作为道德技能的德性可能意味着我们已经学会了控制期望、倾向和情感的
心理技巧（skill）或方法，因此可以避免不道德的行为。康德进一步提出，
伦理学中的德性不仅仅是一种技能，更重要的是，它是出自自由规律的意
志，在行为中呈现出来的一种道德实践力量。一些当代德性伦理者继承了
这类看法，例如，乔治·亨瑞克（Georg Henrik von Wright）就经常用技能
（a skill）这个术语理解德性这个概念。他主张德性是一种品格技能，因为
它"能够阻碍、消除并且驱逐情感可能给我们的实践判断带来的模糊晦涩
的影响"③。合而言之，德性是人们学会用可以胜任的方式发展和履行任
务的道德技能或实践力量。

不过，多伦多大学哲学系的埃利奥特（David Elliott）教授对此提出了
质疑。他认为，在不同的境遇中，德性和恶性（vice）甚至可以相互转变。
以诚实的德性和说谎的恶性为例，面对一个身患绝症、清白无辜的人，自
愿说谎（不告知其绝症真相），无损于诚实正直。相反，如实相告，虽然比
自愿说谎更加诚实，但却丧失了德性，因为人还应当具有其他德性，如同
情等④。这样一来，能够在特定境遇中转变为恶性的德性作为一种道德技
能或实践力量就非常可疑了。

其三，德性是一种在特定境遇中以特定方式行动的倾向。西季维克
（Henry Sidgwick）早在其《伦理学方法论》中就分析了德性倾向，他说：
"德性，尽管被看做精神的相对持久的属性，但它如同其他习性和意向一
样，依然是某些属性。"⑤瑞尔（Gilbert Ryle）、华莱士（James D. Wallace）

---

① 周辅成. 西方伦理学名著选辑（上卷）. 北京：商务印书馆，1964：370.
② 李秋零. 康德著作全集（第6卷）. 北京：中国人民大学出版社，2007：396-397.
③ von Wright G H. The Varieties of Goodness. London：Routledge and Kegan Paul，1963：147.
④ Elliott D. The nature of virtue and the question of its primacy. The Journal of Value Inquiry，1993，
（27）：317-330.
⑤ Sidgwick H. The Methods of Ethics. Indianapolis：Hackett，1981：222.

和西季维克一样，不赞同德性是技能或能力（capacity）。为此，华莱士认真地区分了能力和倾向（capacity and tendency）。他说，力气（strength）是运用体力的能力，视力是看到某种对象的能力。然而，"喜好航行却不是航行的能力；毋宁说，它是一种航行的倾向，一种考虑航行的倾向，诸如垂头丧气、得意洋洋之类的情绪和诸如仁善、慷慨之类的德性都清楚明白的是倾向而不是能力"[1]。因此，德性并非技能或能力，而是一种倾向[2]。另外，弗兰克纳（William Frankena）、格沃斯（Allan Gewirth）等也都赞同此说。格沃斯说："道德德性源自道德规则设定的命令内容；拥有道德德性就是具有依照道德规则所指而行动的倾向。"[3]把德性看做特定境遇中的倾向，其实就以德性的特殊性或多否定了德性的普遍性或一。

问题的关键是，作为德性现象的习性、能力、技能或倾向的价值根据或普遍性的依据是什么？如果不解决这个问题，这些德性现象也可能是恶性的习性、倾向、技能和能力。这样，德性现象论的考察就可得出一个基本结论：德性是道德的主体现象（技能、习性、能力、倾向等），它们共同的特点是应当有一个价值标准。那么，这个价值标准从何而来？德性主体如何获得据此价值标准而判断的德性，如勇敢、慷慨、公正等？这就需要从德性本原论的角度继续寻求。

二、德性本原论

马凯特大学弗斯特（Susanne Foster）博士说："以往未曾高度重视的是，每种德性都既有其现象论，又有其本原论。"[4]德性本原论认为，任何德性行动主体的行动（德性现象）都是有原因、有条件、有根据的。弗斯特博士把动机看做德性行为的重要原因，"德性动机就是引起行动者有德性地行动的那种行动者的典型状态"[5]。对于每一种类型的行为而言，在行动者的动机结构中都会有其潜在的根本原因或动机。其实，德性的原因不仅仅是动机，而是由动机、德性现象的价值标准和德性的养成机制等要素共同形成的综合性的本原体系。

其一，价值基准是德性的价值根据。德性的判断、培育、养成和实践必须以某种价值基准，如功利、幸福、自由或责任（responsibility）、权利

---

① Wallace J D. Virtues and Vices. New York：Cornell University Press，1978：40.

② Wallace J D. Virtues and Vices. New York：Cornell University Press，1978：47.

③ Gewirth A. Rights and virtues. Review of Metaphysics，1985，(38)：751.

④ Foster S. Justice is a virtue. Philosophia，2004，(3)：501-512.

⑤ Foster S. Justice is a virtue. Philosophia，2004，(3)：501-512.

等为前提。在如何确定德性的标准的问题上,针锋相对的论辩是亚里士多德的中道标准和康德的法则标准间的颉颃。

古希腊盛行的德性观认为,中道是德性的标准,德性就是两种恶的中道。亚里士多德是此论的经典作家,他认为:"德性是两种恶,即过度和不及的中间。"①他同时也察觉到,从最高善的角度看,中道又是一个极端②。换言之,如下说法是站不住脚的:适度的过度和适度的不及,过度的不及和过度的适度③。这就陷入了两个不可避免的困境:一方面,就过度和不及而言,它们有中道,又没有中道;另一方面,就适度而言,它是过度和不及的中道,又是极端。亚里士多德并没有真正解决这些问题。

康德反对亚里士多德式的中道德性,他对此做出了细致的分析和批判。康德认为,德性和恶性都是一种极端,德性的中道只能是德性,恶性的中道也只能是恶性,二者不可通过量的变化而相互转化。因此,中道不是德性的根据和标准,德性和恶性的区别必须从质的角度去寻求④。我们认为,康德的批判很有道理,德性和恶性的性质的确截然不同,必须根据一个价值基准加以区分。

亚里士多德和康德的观点提醒我们:无论德性的标准是中道、法则或其他标准,如功利、责任等,如果德性是道德建构的话,它们无论如何应当是有道德价值的习性、特性、倾向、技能或能力。就是说,德性只能源自一些更具普遍性的道德信念体系,只有在我们详尽说明价值是什么以及它为何如此之后,才能具体判断何者为德性。西季维克说,我们应当把德性仅仅看做"最为重要的仁善的分类或正当行为方面的首脑"⑤。罗尔斯认为,德性应当理解为"由一个更高秩序期望所控制的意图和倾向的相关类属,在此情况下,行动的期望来自相应的道德法则"⑥。格沃斯也主张,"道德德性源自道德规则设定的命令内容,拥有道德德性就是具有依照道德规则所指而行动的倾向"⑦。绝不存在脱离道德体系之外的德性或凌驾于一切道德体系之上的德性。

实际上,德性现象自身并没有一个明确的要求和强力(power)的保障,

---

① 亚里士多德. 尼各马科伦理学. 廖申白译. 北京:商务印书馆, 2003:48.

② 亚里士多德. 尼各马科伦理学. 廖申白译. 北京:商务印书馆, 2003:48.

③ 亚里士多德. 尼各马科伦理学. 廖申白译. 北京:商务印书馆, 2003:48.

④ 李秋零. 康德著作全集(第6卷). 北京:中国人民大学出版社, 2007:416.

⑤ Sidgwick H. The Methods of Ethics. Indianapolis:Hackett, 1981:219.

⑥ Rawls J. A Theory of Justice. Cambridge:Harvard University Press, 1971:192.

⑦ Gewirth A. Rights and virtues. Review of Metaphysics, 1985,(38):751.

它必须求助于价值基准和伦理范式——即使是公认的亚里士多德的德性论也是建立在幸福目的基础上的。德性论不能排除感性、功利、情感、习俗、社会制度、法规等因素，并不存在脱离价值基准和伦理范式的孤零零的德性。要确定什么是德性，只能根据目的论的善、义务论的正当、责任论的责任或权利论的权利来判断。不过，这只是德性的一个价值原因。

其二，综合运行机制是德性的保障根据。德性的判断、培育、养成和实践必须以个体动机、社会条件和具体德性境遇等为综合运行机制。所有德性论伦理学家都同意，构造一个德性主体需要通过童年教育对德性的谆谆教诲，但在需要更多的教诲条件方面他们产生了分歧。

一些人主张内在动机形成论，认为德性似乎就像骑自行车一样，只要有动机的自律就足够了。"伦理学的作用发挥时，不是因为某些人争先恐后地复印康德或密尔著作作为行为决定的指南，而是因为某些人在某些伦理问题境遇中发展出了一种善感以及如何应对之的善感。"①不过，更多的人则认为德性不仅需要主体的动机，还需要从他们自身到其周围社会的更多的条件和教诲。埃利奥特说，虽然可以从心理（动机）和道德两个角度探究德性之本性，但是，由于没有这样的心理（动机）实体独立存在，这是极其困难的事情。从道德的角度看，德性的鉴定要容易得多。它们是具有道德价值的人们的状态或品性。因为，它不但肯定德性是一个人自由选择的品性的特质，并因此确证他应当为此承担相应的责任。因此，有德性的品质必定在正当行为中育成②。弗兰克纳也说，德性"必定全部至少是部分地通过教育和实践，或许是感恩祷告而获得的"，它们不仅仅是以某种方式思考或感受③。德性论需要德性主体的稳定性和完整性，需要其周围社会持之以恒地努力并鼓励人们把他们的不同作用或角色聚合起来，以便支持和反思批判他们自身与塑造他们的社会秩序，社会秩序反过来把德性渗透到个体德性的育成之中。

综合德性现象论和德性本原论，可以看出传统德性论不能也没有解决德性的价值基准问题，并因此导致其偶然性、相对性、随意性、模糊性而陷入被玩弄或被抛弃的困境。有鉴于此，传统德性论必须融入应用伦理学的全新领域之中，自觉地吸纳应用伦理学视阈的新视角、新思路和新的伦理精神，并基于此把自身提升到应用德性论的高度，才有可能寻求到德性

---

① Kupperman J J. Virtue in virtue ethics. Journal of Ethics，2009，（13）：243-255.

② Elliott D. The nature of virtue and the question of its primacy. The Journal of Value Inquiry，1993，（27）：317-330.

③ Frankena W. Ethics. New York：Prentice-Hall，1973：63.

论的复兴之路。

三、应用德性论

应用德性论发轫的根本原因是：①传统德性论自身的问题；②应用伦理学的兴起给德性论带来了冲击和新的发展契机。随着应用伦理学研究水平的不断深入和研究领域的不断拓展，层出不穷的新伦理问题远远超出了传统德性论的理论视野和思维限度：如何理解人造生命（artificial life）带来的伦理问题、如何看待安乐死立法的道德基础、如何理解机器人带来的道德危机、如何把握国际政治关系的正当性等问题，都是传统德性论无能为力的。在此境遇中，传统德性论的出路在于，认真反思现实的应用伦理问题，从应用伦理学的新维度探究德性本质，自觉地转向应用德性论之路。

应用德性论应当在传统德性论的基础上，在应用伦理学的支撑下发展而来。众所周知，和关注个人德性修养的传统德性论相比，社会性伦理秩序尤其是社会制度和法律是具有比较明晰性、可行性的伦理力量。麦金太尔和罗尔斯等都是研究此方面的当代著名学者。麦金太尔从人的脆弱性（vulnerability）、社会依赖性的角度，赋予了德性以完整性社会要求的内容：一个人如果不把做一个好父母的要求和做一个好公民的要求联系起来，他就不可能拥有此种德性。德性主体所拥有的自我责任因此被确立，这就清楚地表明了保持德性的社会需求[①]。罗尔斯把正义看做社会制度的第一德性，他主张一旦确定了权利和正义的法则，就应当用它们来限定道德德性[②]。哈贝马斯、富勒（Lon L. Fuller）、勒维纳斯（Emmannuel Levinas）、阿多诺（Theodor Adorno）等从不同视角阐释了类似问题。这种明确地通过法律民主程序和社会制度设计的德性来保障个体德性的思维高度和理论视野，远远超出了传统个体德性论的视野，进入了应用德性论的全新领域。

与传统德性论不同，应用伦理德性试图将某种个体行为转化为一种普遍性的行为方式，使它不再仅仅是一种个体的修养和行为，而是一种普遍的社会行为模式和民主商谈程序。因此应用德性必须具有能够渗透到制度和程序之内的普遍性。有鉴于此，斯瑞内瓦舍（Gopal Sreenivasan）教授曾主张"不为大恶、不践踏基本权利"的底线道德标准[③]。这个富有见地的观点告诫我们，具有现实性（actuality）、普遍性特质的应用德性必须建

---

① MacIntyre A. Social structures and their threats to moral agency. Philosophy, 1999,（74）: 311-329.

② Rawls J. A Theory of Justice. Cambridge: Harvard University Press, 1971: 192.

③ Sreenivasan G. Disunity of virtue. Journal of Ethics, 2009,（13）: 195-212.

立在具有普遍性的价值基准的基础上，把自身渗透到社会制度和法律中。我们认为，应用德性论的价值基准是人权。这不仅因为《世界人权宣言》等有关人权的国际公约或国际法的国际权威性和影响力，更根本的原因在于人权是人之为人的价值确证，是人之为人共同享有的普遍性道德权利。诚如人权伦理学家米尔恩（A. J. M. Milne）所言，人权是任何时间、任何地域的任何人都平等享有的权利[①]。因此，人权具有对其他特有权利或义务的绝对优先地位。另外，所有的应用伦理学问题都与人权的价值基准相关，所有应用伦理学领域的争论都涉及人权问题。

人权作为德性的价值基准，一方面它为各种个体德性提供了判断标准：在尊重和保障人权的前提下，以人权为价值基准的倾向、能力、技能、习性等才可能成为德性，诸如诚实、慷慨、智慧（wisdom）、明智等才配享有德性之美誉。相反，任何德性只要违背了人权这个价值基准，都是不道德的，都会转化为违背德性的恶性（行）。例如，从事法西斯的人体试验的人的所谓"求真""忠诚"等在践踏人权的境遇中都成了恶性（行）。另一方面，它为主要关注与每个人密切相关的伦理问题的应用伦理学提供了基本的价值基准，如人造生命的伦理问题、安乐死立法的道德问题、机器人带来的道德危机、国际政治关系的正当性等，都可以在人权这个价值基准的框架内得到论证，并根据一定的民主程序纳入立法、制度和实践之中。可见，一旦传统德性论以人权为价值基准，把个体和社会性问题结合起来，也就超越了自身而上升到了应用德性论。同时，应用德性论并没有完全拒斥传统德性论，而是把它提升到应用德性的新境地，进而开辟出一条具有强劲生命力的应用德性论之路。

第三节　应用德性论及价值基准

目前，关于德性论的争论日渐活跃。传统德性论能否冲破其固有樊篱，自觉纳入应用伦理学的轨道，闯出一条具有强劲生命力的应用德性论之路，是伦理学研究的一个新课题。

---

① Milne A J M. Human Rights and Human Diversity: An Essay in the Philosophy of Human Rights. London: The Macmillan Press Ltd., 1986: 1.

一、应用德性论的特质

层出不穷的应用伦理问题远远超出了传统德性论的理论视野，如如何看待克隆人、如何看待社会制度的正当性、如何理解善治和法治、如何把握环境生态和人的关系等问题，都是传统德性论无能为力的。这既是传统德性论被边缘化的主要原因，同时是应用德性论兴起的重要契机。只有直面现实的各种应用伦理问题，从应用伦理学的视角探究德性，才可能把传统德性论提升为应用德性论。完成这种转化的逻辑前提是：在厘清传统德性论和应用德性论之本质区别的基础上，从德性的问题视域、理论性质、实践特质三个层面，准确把握应用德性论的特质。

（一）从德性的问题视域来看

传统德性论，如亚里士多德、阿奎那、康德等的德性论，主要局限在探讨个体德性的狭小领域内。诚如一些学者所说，传统德性论把道德的核心问题看做"我将会成为何种类型的人"[1]"当我们说某些人有德性时，就暗示着他们已经学会了用完全正当的方式处事"[2]。传统德性论往往偏重于把道德德性看做个体修身养性的私人领域的道德问题。

和传统德性论不同，应用德性论从根本上超出了个体的狭小范围，拓展到了整个社会乃至人类整体的宽广领域，重点关注国家性的、全球性的、未来性的人类伦理问题，如生命伦理、生态伦理、科技伦理、机器人伦理、经济伦理、政治伦理、媒体伦理、性伦理以及国际关系伦理等。因此，应用德性论的指向主要是寻求具有普遍指导价值的整体性德性或类的德性，其核心问题是我们将如何共同应对与我们每个人息息相关的各种现实的伦理问题。这就决定了应用德性论的主旨在于：力图寻求处理这些应用伦理问题的普遍价值基础，藉此探究如何以正当的程序和合理的路径来应对当前或今后人类共同面临的紧迫的现实伦理问题。

传统德性论和应用德性论之问题视域的上述不同，直接决定着二者理论性质和实践特质的区别。

（二）从德性的理论性质来看

传统德性论常用的表述方式是："假如遇到某种道德问题，有德性的

---

[1] Schneewind J. The misfortunes of virtue// Crisp R, Slote M. Virtue Ethics. Oxford: Oxford University Press，1997: 179.

[2] Kupperman J J. Virtue in virtue ethics. Journal of Ethics，2009，（13）: 243-255.

人该如何选择或作为"。例如，康德讲到诚实的德性时，就假设如果遇到企图侵害他人的某人向你询问被侵害者时，你依然不应该说谎①。此类假设的道德情景可能导致语言的模糊不明，如亚里士多德在叙述勇敢的德性时认为，勇敢就是要像勇敢的人那样行动，勇敢的人就是勇敢行动的人②。这致使传统德性论常常独断地认为，有德性的人在某些境遇中做得最好，而另一些人则做得很坏。对此，库普曼（Joel J. Kupperman）批评说："许多人认为德性就如同走直线那样，不会因为诱惑或压力而偏离它。"③事实上，德性并不像以上所说的那样简单。传统德性论以不同方式把行为分为有德性的和违背德性的，但这常常和人们行为的实际状况相悖。

和传统德性论相异，应用德性论直面的是现实存在着的、直接和我们每个人密切相关并且具有相当程度的紧迫性的伦理问题，如生态问题、食品安全问题、基因工程问题、安乐死问题、医疗卫生问题、突发事件的应急机制问题、消费者权益的维护问题等。对这些现实问题的思考和解决，不允许用模糊不明的语词表达，其语言表述必须明确清晰、精当简洁。一般而论，其常用的表述方式是："在我们面对的道德问题面前，应该如何有德性地选择或作为？"更为关键的是，这些伦理问题的紧迫性、重要性内在地要求应用德性论必须持之以恒地秉持民主商谈的伦理精神，具备切实有效地解决问题、化解矛盾冲突的伦理实践特质。

（三）从德性的实践特质来看

传统德性论涉及的往往是独特境遇中的个体行为。在具体的伦理境遇中，个体在匆忙中大多凭德性直觉做出道德应对和行为选择，这就不可避免地具有随意性、偶然性、多样性和模糊性。原因在于：首先，人是不完善的脆弱性存在，不可能始终如一地持有德性，"任何个人具有的动力和习性，可能在某些境遇中表现为德性行为，而在其他境遇中却没有表现为德性行为"④。其次，善和恶常常互相交织，以至于本来看似恶的选择有可能导致善的后果，而本来看似善的选择也有可能导致恶的后果。而且，仁慈、慷慨之类的德性往往并不在需要它们的时刻如期而至。最后，实际情况往往是，只有极少数人通过高度自律（可能也有自我批判）比大多数人

---

① Kant I. Practical Philosophy. Cambridge edition of the works of Kant I. Translated by Gregor M J. Cambridge：Cambridge University Press，1999：552-554.

② 亚里士多德. 尼各马科伦理学. 廖申白译. 北京：商务印书馆，2003：79-80.

③ Kupperman J J. Virtue in virtue ethics. Journal of Ethics，2009，（13）：243-255.

④ Kupperman J J. Virtue in virtue ethics. Journal of Ethics，2009，（13）：243-255.

更为接近完善的德性。并且，我们通常尊敬和崇拜的这些人也并非始终如一的为善，他们也会有不那么善的行为，甚至也会有恶的行为。更何况，每个人的德性在其一生的不同时段和不同境遇中也常常会有所变化。库普曼主张："我们不必要看那些和现象一样繁多的命题，因为现象是会变化的。对于德性伦理而言，最有用、最基本的是关注个体案例的特性。于是，可以得出的有趣的结论是在句子陈述中可以用'有时'或'经常'等开始，偶尔也可用'有个性地'等开始。"①然而，仅仅依靠道德语词的严谨精当（其实，库普曼所说的"有时""经常"等语词本身也并不那么严谨），还不能真正摆脱传统德性的随意性、偶然性、多样性和模糊性所带来的困境，即它可能导致人们无所适从，甚至自觉或不自觉地走向破坏德性的恶。这是传统德性论不可回避的一个重大问题，也是其日渐式微的主要根源之一。此类问题只有在应用德性论中才有望得到解决。

应用德性论试图将某种个体行为普遍化为一种一般的行为方式，使它不再仅仅是一种个体的修身养性和行为选择，而是转化为一种普遍性的社会行为模式和民主商谈程序。应用德性论不再像传统德性论那样将道德难题归咎于个体德性的修养和实践，而是调动全社会的整体性道德能力和伦理智慧，通过商谈讨论等民主程序进行道德权衡和判断决策。也就是说，由社会力量（取代个体力量）做出明智的最后决断，并依据一定的价值基准制定出一种普遍有效的、具有一定约束力的行为方式或道德规则，然后通过法律制度等伦理程序有秩序地、理性地付诸实践。在应用伦理境遇中，个体德性并没有被完全否定而丧失其所有功能，它主要体现为积极参与旨在制定或变更道德规则的民主商谈和道德实践。

由于应用伦理学的目标是靠社会结构与制度的正当、决策程序的民主、人类整体的共同性伦理行为来实现的，所以应用德性必须具有普遍性，并能渗透到社会制度和民主程序之中。应用德性的这种实践特质实际上体现着一种尊重人权、民主和自由的道德精神。据此观之，斯瑞内瓦舍教授提出应用德性的"最低限度的道德准则"——其基本要求是不得为大恶之行，不得践踏重要权利②——是很有见地的。它提醒我们，直面现实伦理问题的应用德性论必须否定传统德性论的虚拟性、模糊性、偶然性、随意性，追求具有现实性、普遍性或共识性、明晰性的伦理实践。如此一来，寻求具有现实性、普遍性、明晰性的价值基准，就成为确证应用德性论的

① Kupperman J J. Virtue in virtue ethics. Journal of Ethics, 2009, (13): 243-255.
② Sreenivasan G. Disunity of virtue. Journal of Ethics, 2009, (13): 199.

至关重要的问题。这关涉到从应用德性论的视角，重新反思传统德性论关于一和多的争论。

二、德性的一和多

有关德性的一和多的讨论，早就经典地体现在著名的苏格拉底对话之中：当回答者认为德性是自由人的德性、奴隶的德性、孩子的德性、老年人的德性、男子的德性、女子的德性等时，苏格拉底责难道，"本来只寻一个德性，结果却从那里发现潜藏着的蝴蝶般的一群德性"[①]。斯多亚学派秉承苏格拉底德性论的基本精神，也主张只有一种德性[②]。柏拉图和亚里士多德则开始质疑只有一种德性的看法，试图寻求德性的多，但他们并没有否定德性的普遍性或一。其实，亚里士多德的中道就是他所认为的德性的一或德性的普遍性标准。当今英美哲学界盛行的德性统一论（追求德性的一）和德性境遇论（追求德性的多）之间的颉颃[③]，也正是古希腊以来德性的一和多的哲学争论的拓展与深化。

特别值得重视的是，康德从先验哲学的高度对德性的一和多问题所进行的考察。他认为，从形式上讲，德性只能有一种形式——意志的形式即道德法则；但从质料即意志的目的讲，即考虑人应该当做目的的东西，则德性可以是多种。德性的多样性只能理解为理性意志在单一的德性原则的指引下达到的多种不同的道德目的[④]。康德以他特有的方式回答了德性的一和多的关系：德性的形式是一，一和其质料的结合形成一的多。如果我们把康德的这一传统德性论的思路推进到应用德性论的视域，就可以对古典德性的一和多的争论（包括当今的德性统一论和德性境遇论的争论）做出一个明确的回答：人权是德性（包括传统德性和应用德性）的一或德性的普遍性标准，其他德性则是以人权为价值基准的德性的多。不过，此回答尚需要论证，即需要回答如下问题：人权有何资格成为德性的一，即德性的普遍性标准？这首先涉及人权和德性的关系。

由于人权就是人的自然权利（natural rights），因此，人权和德性的关系应当从自然和德性之间的表面联系和内在关系中去追寻。

---

① 苗力田. 古希腊哲学. 北京：中国人民大学出版社，1995：238.

② MacIntyre A. After Virtue. Notre Dame：University of Notre Dame Press，1981：157.

③ Milgram S. Obedience to Authority：An Experimental View. New York：Harper and Row，1974：193-202.

④ Kant I. Practical Philosophy. Cambridge edition of the works of Kant I. Translated by Gregor M J. Cambridge：Cambridge University Press，1999：512-526.

（一）自然和德性的表面联系

众所周知，自然有两个基本含义：①本然、天然；②本质、本性。根据海德格尔的考察，natura（即英文 nature）出自于 nasci（意为诞生于、来源于），"natura 就是：让……从自身中起源"①。合而言之，自然的完整含义是："从本然中产生出其本质或本性"。

在古希腊文中，德性原指每种事物固有的天然的本性，主要是指每种事物固有且独有的特性、功能、用途，或者是指任何事物内在的优秀或卓越。任何一种自然物包括天然物（如土地）、人造物（如船、刀等）、人等都有自己的德性，如空气的德性是流动，鱼的德性是善游等。可见，德性和自然的含义是基本一致的。

随着人们对德性理解的深入，其含义在原来的基础上逐渐发生了一些变化。在亚里士多德那里，德性虽然还具有较广的含义，但它往往专指使事物成为完美事物的特性或规定："每种德性都既使它是其德性的那事物的状态好，又使它们的活动完成得好。例如，眼睛的德性，既使眼睛状态好，还要让它功能良好（因为有一副好眼睛的意思就是看东西清楚）。"②这里的德性主要限定在自然的第二个含义上，它涉及的主要是德性的第一个层次——非人自然的德性，即不包括人在内的其他自然物的德性，如鱼的德性、眼睛的德性等。

其实，苏格拉底就已经开始扭转古希腊自然哲学的方向，他试图使哲学从追问自然的本体转向追寻德性。柏拉图尤其是亚里士多德秉承这一理论，开始把德性主要归结为人的内在本质的卓越或优秀，逐渐倾向于把德性限定在理智德性和道德德性上。亚里士多德以后，人们主要在道德意义上讨论德性的内涵。斯宾诺莎就把德性直接规定为人的本性，他说："就人的德性而言，就是指人的本质或本性，或人具有的可以产生一些只有根据他的本性的发作才可理解的行为的力量。"③当代德国自然法学家海因里希·罗门（Heinrich A.Rommen）也明确主张："社会伦理和自然法的原则就是人的本质性自然。"④可以说，亚里士多德以后，德性主要特指人的本质、本性，卓越、优秀即人的德性；德性是人的第二天性的观念也因此得到广泛认可。然而正如库普曼所说："假定我们说某人是有德性的，我们把

① 海德格尔 M. 路标. 孙周兴译. 北京：商务印书馆，2007：275.

② 亚里士多德. 尼各马科伦理学. 廖申白译. 北京：商务印书馆，2003：45.

③ 周辅成. 西方伦理学名著选辑（上卷）. 北京：商务印书馆，1964：625.

④ 罗门 HA. 自然法的观念史和哲学. 姚中秋译. 北京：三联书店，2007：171.

诸如与生俱来的、固定不变的品质之类的东西归之于他，这当然是荒唐可笑的。"①雷德（Soran Reader）也明确主张，德性不是与生俱来的，它至少是通过训练得来的："我们需要德性，如同燕子需要通过星体确定飞行方向的技能一样。"②这里涉及的主要是德性的第二个层面——人的德性。

至此，自然和德性的这种表面联系已经触及到了二者的内在联系。

（二）自然和德性的内在联系

自然和德性的表面联系根源于二者的内在联系："自然"的真实含义是指，展现出其"本然"的"本质或本性"（即德性）的过程。

从自然史的角度看，尽管整个自然潜在的具有思维的可能性，但迄今为止，就我们所知的范围而言，整个自然只有通过人才意识到自身，才能够支配自身。换言之，从人的眼光来看，自然史可以视作为人的产生而预做准备的过程。正如马克思所说："全部历史是为了使'人'成为感性意识的对象和使'人作为人'的需要成为需要而做准备的历史（发展的历史）。历史本身是自然史的即自然界生成为人这一过程的一个现实的部分。"③这就是说，人是自然的一切潜在属性的本质体现，体现为人与人、人与社会、人与自然的自由自觉的本质（即德性）。在这个意义上，人的德性体现的恰好就是完整自然（即自然和人的总体）的卓越或优秀，即完整自然的德性。换言之，德性是完整自然在其一切潜在属性实现的过程中体现出的卓越或优秀。非人自然德性（如刀之锋利、马之善跑等）可以看做人的德性的预备，它潜藏着向德性的高级阶段（人的德性）转化的可能性。人的身体德性，如善跑、健康等和理智德性，如精于计算、博闻强识等，则成为非人自然德性向人的意志德性过渡的桥梁。人的身体德性虽然极其接近非人自然德性，但它并非纯粹的自然德性，因为它和理智、意志密不可分。人的理智德性虽然已经从根本上超越了非人自然德性，但它还应当以意志德性为归宿和价值标准，否则它也可能成为恶。

这里必须明确的是，尽管意志和理智（其实就是思维）的区别就是实践态度和理论态度的区别，但不能设想人一方面是意志，另一方面是思维。因为它们不是两种官能：意志不过是一种特殊的思维方式，即把自己转变为定在的思维。人不可能没有意志而进行理论的活动或思维，因为在思维

① Kupperman J J. Virtue in virtue ethics. Journal of Ethics，2009，（13）：243-255.

② Reader S. New Directions in ethics：naturalisms，reasons and virtue. Ethical Theory and Moral Practice，2000，（3）：341-364.

③ 马克思 K H. 1844 年经济学-哲学手稿. 中共中央编译局译. 北京：人民出版社，2000：90.

时他就在活动。这就是说，意志是决心要使自己变成有限性的能思维的理性：人唯有通过决断，才能投入现实实践，因为不做出决定的意志不是现实的意志。这恰好体现出意志的本质规定或意志德性——自由："自由的东西就是意志。意志而没有自由，只是一句空话；同时，自由只有作为意志，作为主体，才是现实的。"①和非人自然德性、理智德性不同的是，意志德性（即意志的本质）就是自由。由于只有经过意志的判断、选择的行为才和道德相关，所以只有意志德性，即自由才是道德德性。可见，自由正是人之为人的特质和卓越所在，或者说，道德德性是人区别于任何其他事物的本质性标志。这样，完整自然通过人，人通过自由意志，就把非人自然德性、理智德性和道德德性连接起来，并把完整自然的本质或德性，即自由充分地展示出来了。

由于人本身就是完整自然本质的体现者，因此，在人这里，理智、意志与欲望和非人自然的斗争就体现着完整自然的内在本质——自由。换言之，"自由是从它的不自由那里发生出来的"②。人作为自然人和自由人的综合体，同时就是非人自然德性、理智德性和意志德性的综合体。由于非人自然德性、理智德性只有出自意志德性或至少符合意志德性才具有道德价值，所以，虽然非人自然德性、理智德性与意志德性有一定联系，但前两者只是伦理学的参照系，只有意志德性（自由）才是伦理学的真正研究对象。不过，自由是一个模糊不明、歧义繁多的理念，故要确定"何为自由"，应当根据一个明确的普遍的价值基准加以判断。否则，非人自然德性、理智德性、意志德性就失去了价值根基，应用德性论和传统德性论也将不能存在。

三、应用德性的价值基准

自然和德性的表面联系和内在关系已经预制了人权是德性的一或价值基准。列奥·斯特劳斯（Leo Strauss）之所以特别强调自然权利应回归古代的德性观念来理解，也正是基于德性和人权的内在关系③。如前所述，既然自然的完整含义是"从本然中产生出其本质或本性"，那么人权即人的自然权利，就是"从人的本然中产生出的人的本质性权利"。换言之，人权就是基于人之内在本质即自由的权利，它体现着人与其他事物卓然不同的

---

① 黑格尔 G W F. 法哲学原理. 范扬，张企泰译. 北京：商务印书馆，1982：12.
② 黑格尔 G W F. 历史哲学. 王造时译. 上海：上海书店出版社，2003：381.
③ 斯特劳斯 L. 自然权利与历史. 彭刚译，北京：三联书店，2006：110-135.

特有本性和人之为人的普遍共性——德性的普遍性或德性的一。

格老秀斯曾说，人权和权利是人作为理性动物所固有的道德本质，"由于它，一个人有资格正当地享有某些东西或正当地去做某些事情"[①]。因此，相对于人而言，人权具有普遍性，是人之为人的价值确证，也是标志和体现着人的整个本质即自由的普遍性权利。或者说，人权是自由的明确化、具体化的最为基本的底线要求或普遍德性。

其实，人权（德性的一）和与之相对的多样性的德性（德性的多）正是自由的不同层面在现实中的展现。不同境遇中的不同个体的自由虽然有其共性，但更多的则是在这个共性基础上所体现出的多样性、差异性。前者体现为普遍权利（universal right）即人权（普遍自由），后者则体现为以人权为价值基准的相对权利（相对自由）。

具体来讲，人权不是至善，而是作为自由的底线要求的德性的一或价值基准。在尊重和保障人权的前提下，以人权为价值基准的勇敢、诚实、仁慈、慷慨、智慧、明智等各种各样的德性（其实质在于对相对权利的尊重），才配享有德性之美誉。相反，任何德性只要违背了人权这个价值基准，就可能转化为恶。以冒险为例，冒险救人，因其尊重生命权这个基本人权而是勇敢的德性；冒险杀人，则因其践踏生命权而是恶。有了人权这个价值基准，不仅为各种个体德性提供了判断标准，使传统德性论的争论得以化解，更重要的是为主要关注和每个人密切相关的伦理问题的应用德性论提供了基本的价值基准。诸如克隆人问题、环境生态问题、法治和善治问题、科学技术的价值取向问题等，都可以在人权这个价值基准上得到论证，并根据一定的民主程序纳入立法、制度和实践之中。

至此，我们可以对传统德性论关于一和多的争论（及其当代变式德性统一论和德性境遇论的争论）做出明确回应：主张一的观点的可取之处在于，它坚持必须有一个判断德性的价值基准，其错误在于把德性固定为一种静态的没有生命力的绝对至善，从而扼杀了德性的多；主张多的观点试图脱离前者的独断虚幻、高不可攀的至善标准，这是可取的，但它却错误地否定德性共有的价值基准，混淆善恶价值，甚至可能把恶冒充为德性。正因如此，二者共同把传统德性论推向了衰落，同时又为德性论孕育了新的出路：德性必须有一个价值标准——不是高不可及的至善，而是每一个人都应当践行也能够践行的作为道德底线的价值基准——人权；德性不仅仅是一，也不仅仅是多，而是一（即普遍性的人权）和多（即相对权利）

---

① 周辅成. 西方伦理学名著选辑（上卷）. 北京：商务印书馆，1964：580.

共同构成的权利规则体系。

可见，一旦我们以人权为价值基准把个体和人类社会结合起来，我们也就超越了传统德性论而上升到了应用德性论。换言之，应用德性论并不是完全抛弃传统德性论，而是扬弃它，即把它提升到应用伦理学视域的新境界。至此，德性的一和多之间的矛盾得到化解，应用德性论也得到确证。

值得注意的是，在人权的普遍意义与人权实现的具体条件之间，存在着一种独特的紧张关系，即在现实生活境遇中，诸如生命权、健康权等人权都是通过受具体条件限制的相对权利来实现的。尽管相对权利必须以人权为根据，但人权只能在相对权利中有限地、不完满地实现，而永远不可能绝对地完成。因此，实践应用德性时，仅仅依靠人权底线是不够的，还必须依靠以人权为价值基准的正义的法律制度的坚强保障和有效规范。其根据在于：德性、正义和人权之间具有内在的联系[1]。福斯特（Susanne Foster）说："正义也是一种德性，是一个国家为其公民的昌盛发挥作用的特性，也是一个共同体为其成员的发展做出贡献的特性。"[2]罗尔斯在《正义论》中也明确主张正义是社会制度的首要德性，认为一旦确定了人权和正义的法则，它们就应当被用来限定道德德性[3]。正义可以作为亚里士多德式的个体的德性（传统德性），也可作为福斯特、罗尔斯所说的共同体或社会制度的德性（应用德性），其共同的价值基准则是人权。只有在公正的法律制度中，一个公正的人才可能真正发挥其尊重法律制度和尊重人权的作用。换言之，尽管人权不是法律制度赋予的权利，但它应该也必须通过公正的伦理秩序尤其是法律制度，最终落实为具体个体的正当权利。

如果说没有公正的法律制度，人权就是一盏虽有油但不亮的灯，那么如果没有人权，公正的法律制度就是一盏因无油而同样不亮的灯。因此，只有二者的相互支撑，才能点燃应用德性之明灯，照亮光辉人性之大道。

---

① Foot P. Virtues and Vices. Berkeley：University of California Press，1978：3；McDowell J. Virtue and reason. Monist，1979，（62）：331-350；Adams R. A Theory of Virtue. Oxford：Oxford University Press，2006.

② Foster S. Justice is a virtue. Philosophia，2004，（3）：501-512.

③ Rawls J. A Theory of Justice. Cambridge：Harvard University Press，1971：192.

第二章
法律伦理基础探究

　　法律伦理基础探究的核心是对法律本质的哲学追问，以及对法律与道德内在关系和外在联系的反思，进而深刻把握法律和道德的理论价值和实践意义。

第一节　法本质的追问

　　法律观念和法律实践之间的矛盾是法哲学必须回答的核心问题。此问题虽然历经无数哲人的殚精竭虑，但至今依然"没有任何人能够说服所有人"[①]。这里内在地包含着追问并把握与法律观念、法律实践密切相关的法本质这个重大的法哲学问题。

　　根据法学研究对象，可以把关于法本质的哲学追问的途径归结为三种基本范式：①研究实证法律的法学现象论；②追问法学现象的价值根据的法学价值论；③试图融合法学价值和实证法律主体性的法学主体论。这三类具有内在联系的基本法学范式，蕴含着法学方法论和法学真理论。一旦我们深入法学真理论，法本质也就呼之欲出了。

---

① Marina J A. Genealogy of morality and law. Ethical Theory and Moral Practice, 2000, (3): 305-327.

一、法学现象论

从法学现象论的角度看，法律是依靠国家机器规定公民的权利和义务以维护特定社会团体（主要是国家和民族）的基本价值理念的强制性社会秩序之一。这种法律概念把立法或法规描述成一套具有公认权威形式的、规范人们行为的控制技术。用尅恩（P.Cane）的话说，法学现象论认为"法律是一套人们的行为规范"[①]，其主要理论形态是实证法学。纯粹的实证法学主张，只有可以强制执行的法律规范才是法律。德国法学家罗门据此总结道：法学实证主义只有一个法律标准，"按照宪法所规定的立法程序所公布的主权者的意志"[②]。这一形式化标准就是遵守宪法的技术性规则所规定的立法方法和程式。

值得肯定的是，实证法学把握了法律实效性、权威性的根本特征：①法律是平等地适用于每个人的具有强制性的社会规范和文明秩序。在特定的实证境遇中，法律必须直面当下的各种实践问题和矛盾冲突，能够真正有效地解决现实中的各种价值冲突和人际矛盾。②真正有效的法律必须具有权威。任何个人和团体都不得轻易挑战法律的权威地位，即使要触动法律条文，也应该通过一定的程序进行。这是法律成为法律的一个根本性标志。③据此，实证法学揭示了法律和其他规范，如风俗习惯、道德规范等的本质区别——法律是人际关系调节系统的一部分，它依靠国家力量强制性地把某些行为规则、规范和程序的遵循作为解决冲突的途径。具有实际效能和绝对权威的实证法律，是人类实践理性高度发达的重要成果的标志之一。实证法学也因此大行其道：当其胜利之时，大多数法学教授和从事法律实务的法学家、法律工作者，都把自然法当成一个已死的东西予以摒弃。不过，这绝不意味着实证主义法学就是法学的全部或法学真理。

问题在于，法律实证主义只承认形式的合法性和法律是这种机制产品的纯粹事实，却遮蔽了法律和国家的伦理目标、客观的共同善以及道德规律的内在联系。首先，从法律发生学的角度看，实证法律不是从来就有的，也不是永恒不变的。它是人们根据特定的价值目的（如主权意志或阶级利益等）设立的强制性行为规范，因而同样也会随着特定目的的转变而转变甚或废止。其次，从法律实践的角度看，纯粹的实证主义从来没有、也不

---

① Cane P. Taking law seriously：starting points of the hart/Devlin debate. The Journal of Ethics，2006，（10）：21-51.

② 罗门 H.A. 自然法的观念史和哲学. 姚中秋译. 北京：三联书店，2007：125.

可能完全付诸实施。最后，固守实证法律的观点既违背逻辑，也和法律实践相悖。实证法是国家创造的产物，国家"毋宁是各种社会力量发展变化的产物。它是名副其实的自然产物。这样，法律就是实际上仅仅是事实上占据优势的那个阶级，即统治阶级的东西"①。实现社会生活福祉的绝对重要的基础机制是应对分歧，以便达成利益冲突的妥协。至关重要的是，"这个机制应当是善的，它能够成为一个人普遍或大体上能够接受并遵守的运行机制"②。法治社会应当容忍、尊重甚至鼓励价值观念的分歧。其实，这个问题也引起了实证法学阵营内部的反省和自我批判。著名实证法学家哈特（H.L.A.Hart）就明确地批判了奥斯丁（J.L.Austin）和边沁（J.Bentham）的实证法观点。他认为："坚持区分法律是什么和应当是什么"是首要的理性追求，这"能够使人们从容坚定地看到道德上恶的法律的存在所造成的明显问题。"③哈特的这一观点实际上已经肯定了法律和价值（如恶善等）的内在联系。

退一步讲，即使坚持实证法学所主张的立法者产生了符合正义的意志的观点，也依然难以自圆其说，"因为这样一种解释预设的不是现实的立法者，而是一位理想的立法者，即一位只选择公道规范的立法者"④。实证法学没有想到，理想立法者所立的法就是自然法，实证法律是从自然法中推出的结论。所以，实证法不得不一次又一次地诉诸道德，诉诸自然法规范，即法学价值论。

二、法学价值论

法律是由价值本体发展而来的强制性规范体系或要求，这就是法律价值论，其主要理论形态是自然法学。自然法学的研究对象是许多世纪以来关于"自然法"的理念，它试图为既有的实证法提供一个普遍的评判性规范价值基础和立法理想。

自然法学认为，如果不以正义或道德法则为价值依据，法律就不可能把自身与武力或暴力区别开，甚至可能导致貌似合法、实则非法的政治专制体制。诚如奥古斯丁所说："没有正义的国家除了是一帮巨盗，还能是什

---

① 罗门 H A. 自然法的观念史和哲学. 姚中秋译. 北京：三联书店，2007：115.

② Cane P. Taking law seriously：starting points of the hart/Devlin debate. The Journal of Ethics，2006，（10）：21-51.

③ Hart H L A. Essays in Jurisprudence and Philosophy. Oxford：Clarendon Press，1983：53.

④ 罗门 H A. 自然法的观念史和哲学. 姚中秋译. 北京：三联书店，2007：120.

么呢？"①一个公平正直、没有偏见的人本质上是指向自然法的，或者说，所有人天生都具有成为自然法法学家的禀赋（talent）。罗门说："在人的心灵中就有一种根深蒂固的需求：法律必须活于道德中。所有的法律必须是公道的；只有那时，它才能获得最初组织每个共同体，随后不断地更新共同体的那种力量，尤其是在政治共同体中，获得人们从良心上接受其约束的那种力量。"②公正自由的价值理念植根于本质性、社会性存在的人性自然中，其基础法则和进一步的推论就构成了自然法的内容。正是基于法律价值基础的考虑，自然法学坚持把特定的道德价值，如正义、自由等作为判断法律正当与否的根据，主张法律不仅是实证性的法律条文，而且是源自特定的正义或道德法则等价值基础的具有合法性的强制性规则的典范。自然法理念的功能在于通过对实证法的质疑、批判，为其提供理论根据和自我反省精神，以避免实证法走向僵化，甚至沦落为专制独裁的工具。就是说，为了达到协调各种人际社会关系、实践公正的价值目的，法律不仅仅关于法本质的哲学追问是清晰、固定的法律条文，还应当是应然的伦理秩序的构成要素之一。

毋庸讳言，和实证法相比，自然法主要致力于抽象的法的形而上的思辨，缺失强制性力量的坚实保障而不具有实证法律的实践力量，存在着操作性、权威性不强的重大实践缺陷。这是导致自然法在某些历史时期内，尤其在第二次世界大战期间被摒弃甚至被当做已丧失生命力的僵死教条的根本原因。因此，自然法只有通过实证法才可能实践其价值理念。

如果说实证法固守的是实然的法律条文，自然法则（laws of nature）秉持前法律的终极法则（自然法）而拒斥现存的实证法的权威。换言之，实证法学是实然的法律学说，自然法学则是应然的法律学说。二者具有内在的联系，即自然法应当是实证法的应然，实证法则应当是自然法的实然。自然法应当把实证法作为实践其自身价值理念的实证途径，实证法则应当通过体现自然法的价值理念来确证自身的正当性。如此一来，自然法和实证法（或法律价值和法律现象）就有望在法律主体的法律实践中交织重叠、相得益彰地融为一体——这正是法学主体论的历史使命。

三、法学主体论

其实，实证法和自然法都是法律主体不断论证、修正和实践的成果。

---

① Marina J A. Genealogy of morality and law. Ethical Theory and Moral Practice, 2000, (3): 305-327.
② 罗门 H A. 自然法的观念史和哲学. 姚中秋译. 北京：三联书店，2007：171.

法学主体论认为，法律是一个法律主体"通过运用政治权力解决利益冲突的产品"①。法学是由法律主体思考、认定、颁布、履行和不断修订，以期达到完满、精确的法律理念的秩序工程。法学主体论的主要理论形态是习惯法学。

从某种意义上讲，17 世纪的英国古典习惯法的著作者，如库克（E.Coke）、黑尔等和法官，无疑是法律主体论的典范。法官根据古典习惯法观念，诠释共同体道德经验的本质，并以明智的判决形式对之加以抽象、提炼、总结和实践。赫尔曼（S.Herman）说："至少自爱德华·库克时代以来，英国习惯法没有怀疑法官的重要传统。因此，也就没有特别强调对法官作用的限制。相反，法官的判决成了发展法律的主要途径。"②传统习惯法的部分任务是把特定共同体的道德经验转化为法律形式，法官在这个过程中成为把法律和道德在习惯法概念中连接起来的首要的基本缔造者，即名副其实的法律主体。习惯法实践是法律主体在特殊性的敏感度和普遍性与通用性的愿望之间，寻求具体和抽象、非体系化和体系化、柔韧性和固定性之间的平衡，力求在每一个案例中更加接近前者而远离后者。可见，习惯法实践的基本任务就是从诉诸法院之前的不可预知和各种各样变化无穷的案例中反映出来的道德与社会经验中创造出法律准则，其实质是法律主体理性地追求或反对特定后果的法学过程。因此，法律主体论既不追求用精确语言表达的法律规范命题的一览表（实证法），也不把普遍价值奉为神明（自然法）。法律主体的经验性、偶然性乃至随意性是习惯法存在的主要问题。韦伯（M. Weber）曾对比习惯法和源于罗马法的欧洲大陆法系，认为习惯法从根本上是实用主义的、经验性的法律裁决的实践。它紧紧地盯住实际案例的特殊性以寻求和这些事实相联系的直觉公平，是一种非理性、非体系化的行为规则的法律实践③。由于缺乏抽象的体系化的法律理性，习惯法很难成为理性政府机构追求政治的、组织化（organization）目的的法律体系。

自然法追求自上而下的普遍价值法则，实证法关注当下的法律条文，而"古老的习惯法观念作为具有自下而来的道德经验——就是说，通过诉

---

① Cane P. Taking law seriously：starting points of the hart/Devlin debate. The Journal of Ethics，2006，（10）：21-51.

② Herman S. Quot judices tot sententiae：a study of the English reaction to continental interpretive techniques. Legal Studies，1981，（1）：165-189.

③ Weber M. Economy and Society：An Outline of Interpretive Sociology. Translated by Fischoff E et al. Berkeley：University of California Press，1978：87.

讼人的请求和关注法庭的经验，和作为自上而来的，即置于各种各样的道德要求和经验的各个层次之上的立法而成的现代法律观念共存"①。因此，古典习惯法以自然法为批判理念和价值根据，才可能具有正当性；以现代颁布的实证法律为实践秩序，才可能更具有力量和权威。

如果说法学现象论、法学价值论和法学主体论是法学建构的基本路径的话，更深层次的问题则是：这种法律建构是如何可能的。这个问题可分解为两个层面：①法律建构的方法是什么；②法律建构方法的根据是什么。它们分别是法学方法论和法学真理论要探究的问题。

四、法学方法论

法学方法是法学主体性的体现，是法学主体对法学现象和法学价值的理解与把握方式。尽管可以罗列很多法学方法，但最基本的方法则是演绎法和归纳法。只要考察这两种法学基本方法，就足以把握法学方法论的命脉。

其一，演绎法。从法学的基本方法来看，实证主义法学和自然法学秉持的主要是演绎方法：以一个既定的标准（既定的法律条文或自然法则）为大前提而进行的法学演绎推理。实证法学和自然法学将其信念建立在三段论的基础上，其思维方法主要是从原则到实例、从一般到特殊的演绎推理。不过，法学演绎推理的大前提，无论在实证法还是在自然法那里，都是通过归纳方法得来的：实证主义的本质特征是将精神的视野局限于经验和殊相，赋予关于个别事物的经验知识以至高无上的绝对真理位置，即作为其逻辑推理的大前提；自然法学的推理过程亦是如此，只不过它试图寻求的是具有普遍性的大前提——自然法。可见，演绎方法所根据的大前提是归纳方法的产物，换言之，演绎方法内在地要求以归纳法为前提。

其二，归纳法。一般而论，归纳法是习惯法的主要方法。传统习惯法强调的是运用归纳法来制定法律规则，并在一定程度上抵制体系化和普遍化，尤其抵制理性法典的形式。习惯法信奉前例，致力于对当下实际存在问题的切实可行的方案的认真讨论，偏重于运用具体的历史的术语而不是体系化的思考或抽象术语。因此，"习惯法学家的推理思考则理所当然的是

---

① Cotterre R. Common law approaches to the relationship between law and moraliy. Ethical Theory and Moral Practice，2000，（3）：9-26.

从实例到原则"①。在法官的审判中，习惯法从特殊到共相、从实例到原则的归纳方法占据优先地位。这种归纳出来的原则，一旦运用于法律实践，就是演绎法所根据的大前提。

归纳和演绎之间的内在联系，早已蕴含着习惯法、自然法和实证法之间不可分割的内在联系。有鉴于此，法学应当综合习惯法、实证法学和自然法学，把理论和实践、归纳和演绎、实证和价值综合起来，直面具体案例，在商谈和程序中不断地归纳、演绎、论证法律法则，走出一条通向法学真理观的法学之路。欲达此目的，有必要认真反思休谟对归纳法和价值论的质疑——我们可以把这种质疑统称为"休谟问题"。

"休谟问题"有两个层面：其一，逻辑上的休谟问题，即对归纳和演绎的有效性合理性的质疑②。由于演绎是以归纳推出的一般性结论为前提的，所以，对归纳的质疑也是对演绎的有效性合理性的质疑。如果归纳和演绎都是不确定的，由之而来的法律命题、法律条款等就都需要用更高的标准进一步加以检验。这个标准涉及法律实践的价值领域。其二，价值论或伦理学领域的休谟问题。归纳和演绎的根据都是主体实践，主体实践都是有目的的。此目的本质上已经指向了价值领域，这就涉及价值论领域的休谟问题。休谟在论述道德并非理性的对象时有一个惊人的发现："我所遇到的不再是命题中通常的'是'（is）与'不是'（is not）等连系词，而是没有一个命题不是由一个'应该'（ought）或一个'不应该'（ought not）联系起来的。"③其实，这是对归纳和演绎的有效性合理性的价值论的质疑。就法学而言，实证法通常是由"是"或"不是"等联系起来的命题，自然法的命题主要是由"应该"或"不应该"联系起来的命题，作为体现法律实践的习惯法承担着诠释、说明法律的"是"和"应该"之间的关系的使命。"休谟问题"告诫我们，实证法、自然法、习惯法只是相对可靠的，法律的"是"（主要形态是实证法）和"应该"（主要形态是自然法）之间的内在关系必须在法律主体的实践过程（主要形态是习惯法）中加以确证。那么，这种方法和论证的终极根据又是什么呢？至此，我们已经跨入了法律真理论的领域。

---

① Zweigert K, Kötz H. Introduction to Comparative Law, 3rd ed. Translated by Weir T. Oxford：Clarendon Press, 1998：181.

② 休谟 D. 人性论（上册）. 关文运译. 北京：商务印书馆，2005：206-214.

③ 休谟 D. 人性论（上册）. 关文运译. 北京：商务印书馆，2005：509-510.

五、法学真理论

法律方法从根本上讲是探究法律真理的途径和工具。休谟对归纳、演绎的怀疑以及对事实和价值的逻辑关系的质疑，不但打破了哲学独断论的迷梦，而且也摧毁了法学独断论的根基。这就迫使人们寻求法学方法和论证的终极根据。这里直觉的观点是，法学是法律方法论体现出来的实证法、自然法和习惯法等诸法律范式的实践过程。这个过程彰显着法学的本质——法学是奠定在自由基础上的实践哲学的一部分，自由是法律真理的终极根据和价值基础。不过，这种直觉的回答需要论证。

首先，就一般真理观而论，最为流行、最易接受、最具影响力的真理观是亚里士多德以来的符合真理观。符合真理观认为真理就是符合某个设定的标准，如法律条文、概念、理智、公理、规范等。在西方哲学史上，康德率先对符合真理观提出了挑战，他在《道德形而上学基础》中提出了"合乎道德法则"和"出自道德法则"的思想[①]。康德把"出自道德法则"作为"合乎道德法则"的基础的思想，蕴含着从符合真理观（合乎道德法则）深入价值真理观（出自道德法则）的洞察。不过，康德是从前者跳跃到后者，而没有从真理观的角度予以详尽的论证。

以上问题在海德格尔提出的去蔽真理观中得到了进一步的反思和论证。海德格尔认为，"真理"并不是有效命题或正确命题的标志。亚里士多德把真理同事情、现象相提并论。这个真理就意味着事情本身，意味着自身显现的东西，意味着得到揭示的存在者。符合标准来自此在，符合是第二位的，"真理的存在源始地同此在相联系"[②]，此在是真理之根基。从词源上看，"真理"的本意是去蔽，希腊人使用"真理"时，是不言而喻地把它作为基础的。对于无所领会的存在者，其所行之事处在晦蔽状态中。"真理"把存在者从晦蔽状态中揭示出来，让人在其无蔽（解释状态）中来看，即是对存在者的解蔽。这就是希腊人先于哲学而领会到的"真理"的解蔽的意义[③]。

"真理"在去蔽的过程中成其本质，"真理的本质解释自身为自由"[④]。而这其实就是自由真理观。也就是说，真理是在不断解蔽的过程中探求自

① Kant I. Foundations of the Metaphysics of Morals. Translated by Beck L W. Beijing：China Social Sciences Publishing House，1999：15-16.
② 海德格尔 M. 存在与时间. 陈嘉映，王庆节译. 北京：三联书店，1999：264.
③ 海德格尔 M. 存在与时间. 陈嘉映，王庆节译. 北京：三联书店，1999：219-253.
④ 海德格尔 M. 路标. 孙周兴译. 北京：商务印书馆，2007：221.

由本质的呈现过程，作为符合真理观标准的法律条文、公理、规范、法则等只不过是解蔽过程中所呈现的阶段性的相对的自由本质的不同现象。自由是真理之终极的初始根据，一切违背、践踏自由的所谓真理都是伪真理。

其次，法学真理观同样具有一般真理观的三个基本层面：①符合真理观的主要理论形态是实证主义法学。实证主义法学注重法律事实，试图驱除法律的道德权威，"它仅仅追求政治权威的需要"①，把合乎法律规范看做法律真理。②习惯法学秉持动态的去蔽真理观，它立足实际案例和断案传统，注重特殊性、经验性以及道德判断和道德实践的复杂性，尊重法官之间的讨论商谈和法律实践的创造性。值得注意的是，习惯法深深植根于文化传统和道德价值之中，其真正的本质根据是道德价值。③自然法学秉持自由真理观，把自由作为法律真理的最高检验标准。自然法学拒斥政治权威，尊重前法律、前政治的道德权威。自然法学认为，国家或城邦起源于人的自由决定，即某种自觉自愿的契约，而不是某种必然性。因此，在政治组织出现之前，必定存在着某种纯粹的自然法发挥作用的自然状态，任何国家都无权也不能改变自然法。自然法是前法律的价值根据，其本质体现的是一种具有普遍价值的自由规律。不过，自然法拒斥实证法和习惯法，它秉持的是一种抽象的自由真理观。

综上，实证法学是追求法律的实然真理的学说，自然法学是关于法的应然真理的学说，习惯法学则是经验的法律实践过程中试图综合法的实然和应然的具有商谈性质的经验学说。法学的两种基本方法是演绎法和归纳法。法学真理则是在运用上述法学方法的过程中，综合并超越实证法、自然法、习惯法基础上的具体的实践自由，这就是法的本质。具体而言，法律依据自由理念表达、维系社会共同体的基本价值并试图传达沟通这些基本价值，社会共同体的公民通过深思熟虑试图在公共范围内使这些基本价值变得人人皆知，并自觉遵守法律或承担法律责任。

简言之，法的本质是法律主体通过一定的民主商谈程序，依据终极的普遍的道德价值即自由，确定当下的社会秩序的价值基准，据此修改、废止、订立以及践行当下的实证法律秩序的自由实践过程。法律是体现法的本质的实践伦理秩序，它以保障人类社会的基本价值为根本使命，在其实践中彰显着尊重人性尊严的自由之真理。

---

① Cotterre R. Common law approaches to the relationship between law and moraliy. Ethical Theory and Moral Practice, 2000, (3): 9-26.

第二节 法律还是道德

实际上，法的本质也就包含着法律与道德关系的思考。法律与道德之间的关系是亘古以来争论不休的重要话题之一。

实证法学主张法律独立于道德，认定法律不必求助道德即可得到清晰表达和准确理解，试图把道德完全排除在法律领域之外，甚至拒绝法律中的任何道德推论。这就是所谓法律的道德中立性。与此针锋相对，自然法学断然否定法律的道德中立性，主张法律和道德具有观念上的必然联系，且法律应当听命于道德。如果根据实证法，法律势必完全取代道德，这就可能迫使私人生活司法化、公共化，乃至陷入泛法律主义或法律专制论的泥潭。设若根据自然法，法律必定屈从于道德，道德就可能完全取代法律，引发践踏法律的泛道德主义或道德乌托邦的灾难。无论听命于实证法还是听命于自然法，法律与道德似乎都将陷入难以自拔的困境。唯有在准确把握法律与道德之内在联系的基础上，才有望化解两者间的矛盾冲突。

一、法律与道德的内在联系

法律与道德具有密切的内在联系，这种内在联系主要体现在三个方面，即法律的道德德性、法律的道德动因以及法律的伦理地位。

（一）法律的道德德性

其实，实证法在道德和法律关系的问题上存在着矛盾，即它虽然主张法律和道德没有关系，却并不否认法律自身的德性问题。著名实证法学家哈特说，虽然法律体系"是完全中立的，和道德规则没有任何必然的联系"[1]，但是，"在由通常规则构成的一个法律体系的理念中，存在着一些阻止我们似乎应该道德地对待的东西"[2]。另一著名实证法学家拉茨（Joseph Raz）在诠释哈特的这一观点时明确地说："像其他工具一样，法律有其特定的德性，这种德性就是中立于此工具所追求目的的道德中立。它是效率的德性，是一种作为工具的工具德性。"[3]据此，拉茨悲观地断言：仅仅具有工具德性的法律只能阻止恶，不能产生善，而且它所阻止的恶极有可能是法律自

---

[1] Hart H L A. Essays in Jurisprudence and Philosophy. Oxford：Clarendon Press，1983：81.
[2] Hart H L A. Essays in Jurisprudence and Philosophy. Oxford：Clarendon Press，1983：81.
[3] Raz J. The Authority of Law：Essays on Law and Morality. Oxford：Clarendon Press，1979：226.

身导致的。就是说，有些恶是没有法律就不会出现的恶，法律对于它所阻止的恶而言，没有任何道德功劳可言[①]。然而，阻止恶本身即是一种消极意义的善——这就是法律的消极德性。法律的消极德性已经消极性地肯定了法律和道德间的关系，只要再往前推进一步，就可跨进自然法学所探究的法律的积极德性的领域。

设若法律阻止的恶是法律自身导致的，恰好证明这样的法律违背了其自身的道德目的——正义，应当予以修正或废除，而代之以正义的法律。自然法学家富勒认为，只有道德的法律才可能使人们"在和他者共享生活的过程中找到美好的或善的生活"[②]。所谓德性，就是某种存在的本质规定性[③]，法律德性就是法律的本质规定性。法律不是其自身的目的，而是伦理共同体实现其本质性目的的重要技术途径之一。法律以某种人性共同的东西为参照，这种共同的元素就是普遍公认的法律目的——正义。针对正义的普遍性，德国著名法哲学家施塔姆勒（Rudolph Stammler）秉承康德的法哲学思想，提出了合道德的正义法律必须遵循的"纯形式"的普遍原则："允许每个人的行为不顾他人目的而追求自己的目的，显然是不可能彼此协调的，法律的目的必须成为包容一切的目的。"[④]正义的基本内涵主要是指权利的正当分配，"正如亚里士多德和罗马法教导我们的，主要是权利分配，即总体权利的分配。即使权利是根本不平等的，权利的比例也能够是正当的或公平的"[⑤]。所以，法律虽然具有工具德性（消极德性），但法律的德性不可简单地仅仅限定为工具德性，它还是一种蕴含着正义目的的实践德性（积极德性）。法律的推理论证、各种层次的表达都应当求助于道德价值，立法活动和司法实践都应当深思熟虑地保障其道德价值。简言之，法律的本质规定（即法律的德性）在于，以正义为自身目的，在有效遏制恶的前提下，正当地分配并保障权利，为每个人提供实现其作为人的先天目的的合理性伦理秩序。

法律的道德是消极德性（遏制恶）和积极德性（保障和促进善）的统一，其终极目的和本质规定是正义。这和法律自我完善、不断趋向其正义目的的内在道德动因密切相关。

---

① Raz J. The Authority of Law: Essays on Law and Morality. Oxford: Clarendon Press, 1979: 224.

② Fuller L L. The Morality of Law. New Haven: Yale University Press, 1969: 13.

③ 关于德性本质的详细论证，请参见：任丑. 应用德性论及其价值基准. 哲学研究，2011，（4）：108-113.

④ Husik I. The Legal philosophy of rudolph stammler. Columbia Law Review, 1924, （4）: 379-380.

⑤ Campagna N. Which humanism? Whose law? Ethical Theory and Moral Practice, 2001, （4）: 285-304.

（二）法律的道德动因

实证道德（positive morality）和批判道德（critical morality）是法律得以可能的双重道德动因。

实证道德是法律得以可能的消极动因。所谓实证道德，就是依赖社会舆论、风俗习惯和道德自律等非强制性力量加以维系的日常道德规则和行为规范。实证法反驳并拒斥的其实仅仅是实证道德。在哈特看来，实证道德"是被一个特定的社会团体所实际接受和共享的道德体系"[①]。实证道德规范是各个民族或社会团体在其历史发展过程中自发形成的一套几乎没有批判性的道德信念和价值规则，它是通过宗教、制度、权力等教化途径适用于特殊性社会团体的未经反思的行为要求和各种实证行为规则。因而，自然法家德沃金（Ronald Dworkin）把实证道德规定为约束限制个人行为和团体行为的一套规范体系的静态道德[②]。实证的静态道德规范往往犹如霉菌一样生存在封闭的环境中，偏好消极防守，拒不接受任何批判，更不用说进行公开的辩论探讨和民主的商谈对话。这就必然导致实证道德的偶然性、随意性和软弱性。社会价值体系如果仅仅依靠实证道德系统加以维系，必将陷入软弱任意、无序混乱的自然状态，并最终陷入崩溃解体。为了纠正实证道德的问题，进而避免社会价值体系的解体，一种具有强制力的新的伦理形式（法律）便应运而生。法律就是在摒弃实证道德的低效和软弱的基础上，形成的一种能够强力保障社会交往网络不至断裂的行为规则体系。

尽管实证道德从反面"促使法律诞生为一种社会性技术，以便提升行为规则的功效"[③]，但是法律并不因为实证道德的局限就会自然生成。推动法律产生并得以有效运转的积极性道德动力是批判性道德。哈特说，批判性道德是由"运用于批判实际的社会风俗习惯以及实证性道德的道德法则"构成的[④]。批判性道德的消极性理论形态有道德怀疑论、境遇主义或道德相对论，如皮浪、恩皮里克、霍布斯、休谟、弗兰克纳等的道德理论[⑤]，其积极性理论形态主要有康德式的道德形而上学（divine-command metaethics，DCM）、罗尔斯式的道德建构主义、哈贝马斯式的对话商谈伦

① Hart H L A. Law, Liberly and Morality. Oxford: Oxford University Press, 1963: 20.
② Dworkin R. Taking Rights Seriously. London: Duckworth, 1977: 240-258.
③ Marina J A. Genealogy of morality and law. Ethical Theory and Moral Practice, 2000, （3）: 305-327.
④ Hart H L A. Law, Liberly and Morality. Oxford: Oxford University Press, 1963: 20.
⑤ Irwin T. The Development of Ethics: A Historical and Gritical Study. Oxford: Oxford University Press, 2007: 233-254.

理等。批判性道德由怀疑批判实证道德，经过商谈论证和一定的法律程序，在尊重社会基本价值的基础上，重构社会伦理秩序——把一些实证道德规范转化为法律，摒弃一些法律条文或把一些法律条文转化为实证道德规范，进而使法律规范和实证道德在伦理秩序中理性动态地运转。法律凭借国家机器等强制性力量（如权力等）在维系社会秩序和社会基本价值中发挥着坚强有效的实践作用，它不仅是对个人任意和国家任意的消极性限制，同时还是保障、提升个人自由和国家自由的积极性伦理秩序。或许这就是拉茨所说的法律的效率德性和工具德性存在的合理性，也是实证法存在的根据所在。不过，这种工具德性必须以正义为目的才是合法的。

（三）法律的伦理地位

法律的道德德性及其道德动力决定了法律的伦理地位。首先，伦理学并非是一个由混乱不清的戒律、箴言、规则和义务等简单拼凑而成的实证性行为规范体系，亦非仅仅从量的层面所说的各种行为规范的总和，而是属于哲学范畴的一门人文学科。大致说来，哲学主要包括逻辑学、理论哲学和实践哲学三大基本层面[①]，其中实践哲学是伦理学的质的规定：伦理学是研究先验伦理和实证伦理的实践哲学。先验伦理探究超越实证道德和实证法律之上的、具有普遍性价值的道德法则体系，并据此为法律和实证道德提供批判性的评定标准和哲学论证。实证伦理是先验伦理的经验实践部分，其具体形态主要体现为由法律和实证道德构成的规约现实行为的规则体系。其次，从法律发生学的角度看，法律是作为一种维护伦理秩序的实证社会技术而产生并逐步兴起的。玛芮纳（Jose Antonio Marina）把法律观念的这一逻辑进程解释为："①技术有其自身独立的方法。冶金技术、生物技术或法律技术等概莫能外。②技术在理论上从属于规定其有效性的知识体系。冶金技术隶属于化学，电脑技术隶属于电子学和数学，生物技术隶属于分子生物学，法律技术则隶属于伦理学。③技术在实践上隶属于规定其目的的实际情形，这些目的是人的需求、希望或诉求。电子技术或许用来治愈癌症或生产炸弹。法律是用来追求正义或强化权力。每种技术的

---

① 古希腊哲学把哲学分为逻辑学、物理学、伦理学三大部类。康德在认同这一划分的前提下，把理性分为理论理性和实践理性。在他看来，所有的理性知识既是形式又是质料的，质料又分为自然部分和自由部分。逻辑学是研究形式的哲学，理论哲学是理论理性研究自然法则的哲学（相当于古希腊哲学所说的"物理学"），实践哲学是实践理性研究自由法则的哲学（相当于古希腊哲学所说的"伦理学"）。在这个意义上，我们主张哲学主要包括逻辑学、理论哲学和实践哲学三大基本层面。具体论述请参见康德的《纯粹理性批判》《道德形而上学基础》《实践理性批判》《道德形而上学》等著作，亦可参见：安倍能成. 康德实践哲学. 于凤梧等译. 福州：福建人民出版社，1984：25-64.

最终实践评价都要和作为更高层次的实践知识的伦理学相一致。"①在此，从伦理学史或法哲学史来看，柏拉图、亚里士多德、奥古斯丁、阿奎那、边沁、密尔、康德、黑格尔等著名哲学家都将法律视作伦理学体系的基本部分之一，如边沁的《道德与立法原理》、康德的《道德形而上学》、黑格尔的《法哲学原理》等经典著作都将法律视作伦理学的重要部分。最后，从现实的法律体系来看，诉之于基本的道德价值已被许多现代宪法所认可。其中，西班牙宪法是把法律奠定在道德基础上的典范，它清楚地表明："法律是伦理主干的一个分支"。其第 1 款明确写道：西班牙据此建立一个民主的国家，"遵循法的规则，并提倡自由、公正、平等和政治多元化作为法律秩序的最高价值"②。法律自身应当是善的（法必善法），因为接受法律保护的价值是由伦理学提出建议并加以论证的。可见，法律是为了人和引导人而人为地设计的一种具有强力限制性的规约行为的实证性底线道德要求，它和实证道德共同构成伦理学的实证部分。

法律与道德的内在联系不但是化解两者尖锐冲突的基本理据，而且直接预制了摆脱法律专制论或道德乌托邦困境的基本路径。

二、道德权利与法律权利

法律和道德的冲突不是抽象的，而是明确具体地呈现为道德权利与法律权利（道德义务与法律义务）的冲突。需要说明的是，由于道德义务与法律义务的冲突本质上是道德权利与法律权利冲突引发的，化解了道德权利与法律权利的冲突，道德义务与法律义务的冲突也就迎刃而解了。因此，这里只阐释如何化解道德权利与法律权利的冲突，不再赘述如何化解道德义务与法律义务的冲突。

道德权利包括两个基本层面：先验道德权利即前法律权利或先验人权，以及经验道德权利即实证道德权利。实证道德权利是指那些并非人人都享有的道德权利，如医生的治病救人权利、参与科学实验者的知情同意权利等。据此，道德权利与法律权利的冲突主要体现在两个层面：先验道德权利（先验人权）与法律权利的冲突；实证道德权利与法律权利的冲突。化解了这两个层面的冲突，也就从根本上消解了道德与法律的冲突，法律专制论或道德乌托邦的困境也将随之烟消云散。

---

① Marina J A. Genealogy of morality and law. Ethical Theory and Moral Practice，2000，（3）：305-327.

② Marina J A. Genealogy of morality and law. Ethical Theory and Moral Practice，2000，（3）：305-327.

（一）先验道德权利与法律权利冲突的化解

法律的目的和根本使命是探求并保护社会基本价值，社会基本价值的价值基准是法律正当性的根据。因此，社会基本价值的价值基准不可能是法律，其实质是一种出自先验道德（而非法律）的适用于每一个人的普遍价值即前法律权利——先验道德权利或先验人权。就是说，"选择和确证这些基本价值的不是法律而是道德。这些合法地解决问题的基本标准，是不受法律支配、超越法律之上的前法律"①。先验人权是奠定在人的普遍性基础上的不受时间和地域限制的前法律、前国家的普遍性权利，是一种最为基本的神圣不可侵犯的作为人的资格的正当性诉求。用马哈内（Jon Mahoney）的话说，先验人权"适用于任何人，无论他们身为何人、身处何地"②。既然社会的基本价值基准是先验人权，法律就只能以先验人权为绝对命令和价值基准。所以，法律权利体系是以先验人权为价值基准、以法律人权（经验人权）和一般性法律权利为基本要素的权利体系。据此，先验道德权利与法律权利冲突可以分为两个层面。

其一，先验人权与一般性法律权利的冲突。一般性法律权利是法律人权之外的其他法律权利，它不是人人平等享有的法律权利，而是法律在尊重保障法律人权的前提下，赋予个别领域或个别人员的法律权利。在法律权利体系的实践过程中，先验人权是法律人权和一般法律权利的价值基准。因此，先验人权与一般性法律权利发生冲突时，一般性法律权利听命于先验人权。

其二，先验人权与法律人权的冲突。法律人权是先验人权通过一定的法律程序转化而来的人人平等享有的法律权利。在逻辑上，作为前法律权利的先验人权优先于作为法律权利的法律人权；在实践中，法律人权的效力和功能强于先验人权。或者说，先验人权是法律人权的正当性根据，法律人权是先验人权的实践路径和经验后果。因而，先验人权与法律人权发生冲突时，后者听命于前者。特别需要重视的是，在秉持法律人权服从先验人权的原则下，化解先验人权与法律人权冲突的具体途径主要是实现两者的转化。可以设想一个先验人权和法律人权转化的有益模式：假定先验人权是 X，这就等于认同了法律的合理性和正当性应通过法律途径保障其成员具有稳妥安全地获得拥有 X 的途径或权利。法律应对人们冒险拒绝 X

---

① Marina J A. Genealogy of morality and law. Ethical Theory and Moral Practice, 2000,（3）: 305-327.

② Mahoney J. Liberalism and the moral basis for human rights. Law and Philosophy, 2008,（27）: 151-191.

以及官方通过政府或其代理机构或政府官员剥夺 X 的可能性予以有效遏制或强力阻止，尤其关键的一环是建立官方或政府官员不尊重和玷污 X 的前科记录。在审视反思这种经验模式的基础上，法律权利体系以先验人权为价值基准，以《世界人权宣言》为基本文献，通过法定程序把先验人权转换为法律人权，或者摒弃虚假的不正当的法律人权（即不以先验人权为价值基准的法律人权），进而通过正当的法律程序把法律人权落实到伦理秩序和人们的日常生活之中。

（二）实证道德权利与法律权利冲突的化解

实证道德权利是先验人权之外的其他道德权利的通称，它千差万别，具有偶然性、地域性、差异性、多样性、流动性等。与实证道德权利相比，法律权利保护的是更具普遍性的社会基本价值。因而，一般情况下，如果实证道德权利与法律权利发生冲突，实证道德权利应当听命于一般性法律权利尤其是法律人权。

如果实证道德权利与法律人权发生激烈冲突，而双方都不能提供令对方信服的论证和理据，乃至陷入难以明确断定何者更为正当的尴尬境遇（如第二次世界大战之后的东京审判所面临的法律人权与实证道德权利激烈冲突的困境），则以先验人权为价值基准，因为先验人权既是判定法律人权正当与否的价值基准，又是判定实证道德权利正当与否的价值基准。就是说，并非所有的实证道德权利和法律人权都是正当合法的，只有先验人权才是判定它们是否正当合法的价值根源。

如果实证道德权利与一般性法律权利发生激烈冲突，乃至触及道德底线问题，应当通过法律程序合理有序地实现两者的相互转换来加以解决。实证道德权利和一般性法律权利的实践途径虽然不同，但本质上都是维护社会秩序的正当诉求，这是两者可以相互转化的基本理据。实证道德权利和一般性法律权利之间转化的基本程序是：以先验人权为价值基准，以法律人权为法律基础，通过合法的商谈和程序确认具体的社会价值，据此判断某些实证道德权利是否被公众确认为对维护具体的社会共同体的存在是必要的，是否要以一般性法律权利的形式出现。若然，就应当通过一定的程序把这类实证道德权利转化为一般性法律权利。相反，如果现有的某些一般性法律权利被公众确认为丧失了其基本的社会价值地位，就应当通过一定的合法程序取消其一般性法律权利的资格，继而转化为实证道德权利或予以废除。就是说，以先验人权为价值基准，运用道德批判的思维和方法对一般性法律权利与实证道德权利进行道德形而上学意义上的严格审查，反思、判断、选择并确定当下的社会基本价值，然后通过一定的民主商谈程序，划定一般性法律权利和实证道德权利的界限，并实现两者的动态转化。值得注意的是，只有先验人权可以转化为法律人权，实证道德权利不具备转化为法律人权的潜质，只具有转化为一般性法律权利的可能性。

（三）法律专制论与泛道德主义的崩溃

法律与道德冲突的化解，同时是法律专制论和泛道德主义的崩溃。

实证法与自然法长期争辩不休，致使法律与道德陷入重重困境的根本原因是：它们并没有深刻把握普遍与法律、道德权利与法律权利之间的内在联系，也没有准确理解人权的内涵，而是把前法律权利、人权和道德权利独断地等同起来，并简单地将其作为法律权利的绝对对立面。这是实证法和自然法的共同失误之处。道德权利与法律权利冲突的化解，既是道德和法律内在联系的本质要求，又是对实证法和自然法共同失误的拒斥，这就是法律专制论与泛道德主义的彻底崩溃。

第一，道德权利与法律权利冲突的化解，避免了陷入泛法律主义或法律专制论的泥潭。与自然法相比，实证法认为"权利和法律权利是一回事"[①]，断言人权不是前法律权利或道德权利，亦非法律权利。实证法否定道德和道德权利，只承认实证法和实证法律权利，摒弃或者忽视了法律自身的目的——正义（德性）。实证法把遵守实证法律作为凌驾于法律正义目的和先验人权之上的绝对命令或法律的实践德性，认为只要具有经验性效果或根据一定程序获得合法地位都是必须遵守的法律，乃至主张法未必善法，恶法亦法。拉茨甚至说："根据法律或许可以建立奴隶制度而不违背法律规则。"[②]遵守法律固然重要，但是遵守恶法就极有可能产生拉茨悲观地看到的法律所导致的恶果。设若法律规则不具有道德价值，追求罪恶目的的纳粹式政权也将符合法律规则，这就必然陷入法律专制论的泥潭。与此论针锋相对，自然法主张法必善法，肯定法律正当性的道德价值，其所推崇的先验人权（道德权利的先验层面）超越了实证法的狭隘经验论，否定了法律完全取代道德的错误观念。虽然法律并不完全听命于道德，但是它必须听命于先验人权。以先验人权（先验道德权利）作为法律权利的价值基准，就可能有效地避免私人生活司法化、公共化的危险，并摆脱泛法律主义或法律专制论的暴虐。

---

① Waldron J. Nonsense upon Stilts. London: Duckworth, 1987: 73.

② Raz J. The Authority of Law: Essays on Law and Morality. Oxford: Clarendon Press, 1979: 211.

　　第二，道德权利与法律权利冲突的化解，预示了泛道德主义或道德乌托邦的破产。自然法所推崇的先验人权只是一种先验层面的"应该"的要求，如果不转化为经验层面的"是"的命令（法律人权或经验人权），就不可能具有真正的实践力量。法国实证法学家维耒（M. Villey）甚至断言，重视前法律权利或先验人权，势必"把我们带进无法无天的无政府状态"[①]。此论虽然不能否定先验人权，但是它的确击中了自然法的软肋：缺失实效功能的先验人权在现实的权利冲突面前近乎空谈。虽然法律并不创造权利，但是它赋予以先验人权为价值基准的各种权利以法律效力使之成为具有实效性和强力保障的法律权利。任何个人和组织单位都有责任和义务维护法律权利的尊严。一旦这些法律权利被践踏，法律就会运用强大的国家力量有秩序地、合法地追究践踏权利者的相关法律责任。藉此法律弥补了先验人权的抽象、空洞和软弱，进而成功摆脱道德乌托邦或泛道德主义的羁绊而成为维护社会公共秩序的坚强有力的重要伦理力量。简言之，法律并不遵循所有的道德标准，更不屈从于实证道德规范，它只听命于以先验人权为价值基准的社会基本价值，因为法律不但是具有德性的善法，而且是具有时效性和强制性的行为规则体系。

　　法律和道德共同构成人类共同体所应维系的基本规范价值体系。在这个体系中，先验人权是价值基准。实证道德，如诚实、仁爱等应当以先验人权为价值基准，以遵守法律为道德底线，在社会伦理规范体系中发挥法律和先验人权不可取代的规范和调节作用。法律正当性的基本价值诉求是出自先验人权、合乎先验人权，如果法律背离了这个基本的价值诉求，就应当通过合法程序予以修正乃至废除。纳粹法律之所以应当并已经废除，根本的价值理据就在于此，即使是最坚定的实证主义者也不得不承认这一不可辩驳的法律事实。因此，在法律和道德相互冲突和不断协调的伦理秩序中，两者既不屈从于实证法，也不听命于自然法，而是相互批判、相互转化、相互支撑，坚定地摒弃法律专制论和道德乌托邦，共同构成维系社会伦理秩序的规范力量，携手保障人类有尊严地行走在法治和文明的自由之途中。

---

　　① Campagna N. Which humanism? Whose law? Ethical Theory and Moral Practice，2001，（4）：285-304.

第三章
政治伦理基础探究

　　权力是政治伦理的关键问题。权力的根源、内涵、正当性以及权力滥用（集权是权力滥用的极端形式）的伦理反思自然也就成为政治伦理基础探究的核心课题。

第一节　权力及其正当性

　　表面看来，权力和人权似乎毫不相干，甚至相互反对。强大的权力犹如一把悬在人们头上的德摩克利斯之剑，给人以莫名的恐惧和无尽的威慑感。和权力的强大威慑力不同，人权似乎只是一个软弱无力的空洞口号，甚至不过是政治家们利用权力玩弄于股掌之中的托辞。与此相应，在对权力和人权的研究中，尽管进展深入而广泛，遗憾的却是对权力正当性的思考基本上停留在人性或德性的模糊层面，鲜有从人权的视角反思权力正当性与合法性，进而寻求依靠强大的权力去保障和维护人权的实践路径的研究。

　　这种倾向对权力和人权而言都是巨大的悲哀。权力因无人权支撑而常常背负腐败之恶名，阿克顿勋爵的名言"权力导致腐败，绝对权力绝对导致腐败"[①]可谓妇孺皆知。更为严重的是，缺失了权力正当性的价值维度，

---

① 阿克顿 J E E D. 自由与权力. 侯健，范亚峰译. 北京：商务印书馆，2001：342.

权力这个实践哲学问题只能停留在技术理性的层次上，权力机制的设置和运行不过是一架盲目运转的机器而已。同样，如果没有权力的坚强保障，人权只是一个近乎徒有虚名的空中楼阁，甚至随时可能沦为暴力强权的玩偶。可见，研究两者之间的内在关系无疑是一个重大的哲学课题和现实课题。

问题是，权力和人权之间有关系吗？如果有，它们又是什么关系呢？为此，我们拟从分析权力的基本含义入手，进而从人权的视角反思权力的正当性及其本质，希求由此探索一条权力和人权携手同行的实践路径。

一、权力的内涵

power 有三个基本含义，即潜力、强力（潜力在现实中体现出的能力和力量）和权力。

从最为广义的范围讲，"power 能够属于人或物"①。power 最基本的内涵，是指任何事物所具有的相对于其脆弱性的潜力或强力，例如，运动或改变的 power。雷蒙德·阿伦（Raymond Aron）从语言学的角度分析说，英文 power 和德文 macht 意义相同，都是指做某事的能力以及这种能力的实际行使。在法语中，权力有两个不同的词：puissance 指潜在性或能力；pouvoir 指行为。两者的流行用法通常并不严格区别。实际上，应当把puissance 看做更一般的概念，把 pouvoir 看做其中的一种特殊形式②。合而言之，power 或 macht（即 puissance 和 pouvoir）是指潜在性力量的外在行为体现。

当 power 指人的行动所释放的物理性能量时，就等于潜能（potency），或参与者成功地执行、履行、完成事务工作的一般能力或推动事物的能力或技巧等，其复数（powers）是指一个人的全部能力和能量或才智（faculties）。在英语中，power 通常指能力、技巧或禀赋的同义语。所以，阿伦特（Hannach Arendt）说"相当于人的能力，不仅是行动的能力，而且是协调一致地行动的能力"③。在需要复杂的体力或智力技巧的情况下，power 是对外部世界产生某种效果的能力，以及潜藏在一切人的禀赋中的物理或心理能力，即行动能力。或者说，power 主要是指影响、控制或主

---

① White A R. Rights. Oxford：Oxford University Press，1984：150.

② Aron R. Macht，power，puissance：prose democratique ou poesle demoniaque? European Journal of Sociology，1964，（5）：27-33.

③ Arendt H. On Violence. New York：Harcourt，Brace and World，1970：44.

宰（mastery）抵抗物的技巧或能力。诚如高若尔（Geoffrey Gorer）所言，一般意义上的 power 就是"使外部世界产生显著变化"的能力或主宰的能力[1]。Power 主体面对的抵抗物，既包括外部环境中的客体，更重要的是主体自身。康德所谓的人为自然立法和人为自己立法的能力正是人的 power 的典型体现。这其实已经体现了 power 更深层的含义：power 是相对于脆弱性而言的强韧性，是以力量、强大、实效为特点的强势控制力量和能力。脆弱性是 power 得以存在的基础，也是其从潜能和强力转化为权力的基础，因为没有脆弱性，power 就丧失了行使的必要性和可能性而不成其为 power。问题是：power 是如何从潜能和强力转化为权力的呢？权力应当为何呢？

当潜力和强力适用于人的时候，即当某一个或某一些人把自己的潜力和强力适用于他者时，尤其在未经他者同意甚至遭到他者的反对依然有效地得以实现时，power 就可能从潜力和强力提升到或转化为人类社会特有的权力。其中，通过一定程序赋予并依靠国家力量，如法律和制度为坚强保障的 power 就是权力。显然，作为权力的 power 已经把潜力和强力融入了伦理关系之中，权力正当性问题也由此而来。

power 作为权力，其价值判断或正当与否是和脆弱性密切相关的。这有两种情况：其一是 power 危害践踏脆弱性而产生的负价值关系或不正当的价值关系。它体现的是恃强凌弱的丛林法则或弱肉强食的自然法则，这是违背道德直觉和道德现实的。此类 power 其实就是不正当的暴力或武力。因此，把武力、利剑看做权力本质的马基雅维利、霍布斯传统的强势权力论，很可能成为暴力霸权扼杀自由和人性的借口，甚至可能成为肆意践踏人权的"道德"借口。卢梭批评说"最强有力的人绝不能成为任何时候都强的主人，除非他把武力转变为权力，把服从转变为义务"[2]。阿伦特在《论暴力》一书中也说"权力和暴力（violence）是截然相反的，在一个绝对统治的地方，另一个就不存在了。暴力出现在权力处于危险的地方，不过任其发展，它会在权力消失中结束"[3]。暴力是以破坏或滥用为目的而使用的体力或权力。和暴力密切相关的是武力，"没有任何权力比枪炮威逼的权力更大"[4]。当反思法国大革命时期被屠戮的生命时，当直面两次世界大战的枪炮肆意践踏生灵时，武力或强制性权力的正当性问题就立刻凸

---

[1] Fromm E. Escape from Freedom. New York：Farrar and Rinehart，1941：157.

[2] Rousseau J J. The Social Contract. Haimondaworth：Penguin Books，1968：53.

[3] Arendt H. On Violence. New York：Harcourt，Brace and World，1970：56.

[4] Arendt H. On Violence. New York：Harcourt，Brace and World，1970：37.

显出来。难怪阿克顿说:"在所有使人类腐化堕落和道德败坏的因素中,权力是出现频率最多和最活跃的因素。"[①]这是权力不正当的最好注脚,或者说,这种权力并非真正的权力,只不过是作为潜力和强力的 power 的滥用而已。其二是 power 以不侵害脆弱性为底线的保护、提升脆弱性的价值关系。这体现出自由对自然的反抗,即人性对兽性的反抗,彰显着自由规律或人性规律对丛林法则或自然规律的超越。因此,这样的 power 是正当的权力。可见,权力正当性源自潜力、强力对脆弱性的扬弃、挽救和提升引出的正当性的价值诉求。众所周知,正当(right)的实质就是权利(right),所以权力源自权利。

二、权力的正当性

自古以来,人们常常自觉或不自觉地把权力和权利联系起来,苏格拉底、卢梭传统的权力观就是如此。其实,真正的权力是为了达到理性的道德目的而运用智慧的道德技艺或伦理技能,是"应当意味着能够"的自由实践而不是"能够意味着应当"的暴力控制或武力强迫。这就是权力的正当性、合法性,或者说权力是一种包含着道德价值的权利。

从权利主体看,权利包括人人享有的普遍权利(即人权)和个别人或团体享有的特别权利(special rights)。权力属于具有强制性力量的特别权利,是权利现实性的有效途径之一。一般意义上的权力是指政治领域的权力。因此,艾兰·R.怀特(Alan R. White)强调说:"权力在政治领域中居于举足轻重的地位,权利在道德领域具有举足轻重的地位。"[②]此论把握了权力的政治性特质。值得商榷的是,其逻辑前提是权力和权利、政治和道德属于截然不同的两个领地。我们认为,政治权力和道德权利并非截然对立,后者是前者的价值基础和正当性根据。在所有秉持理性的政治道德的社会里,许多案例非常清晰地表明许多对象可以同时被看做权力和权利。权利是使权力成为权力的价值诉求,正是这一点把权力同其他强制性规则和命令,如暴力、专制等区别开来,使权力在公民中享有特别的权威,并因此也更具有强大的效力和生命力。

严格说来,权力是一种政治领域的具有强制性特质的特别权利,是人类通过一定的程序赋予权力主体的以强力为基础和后盾的权利。所以,它是有条件的、暂时的、可以被剥夺或终止的权利。斯托亚(Samuel Stoljar)

---

① 阿克顿 J E E D. 自由与权力. 侯健,范亚峰译. 北京:商务印书馆,2001:342.

② White A R. Rights. Oxford:Oxford University Press,1984:154.

说："权力通常意味着持续性的允许，一直持续到权力拥有者的任务完成为止。"[1]因为一切有权力的人都具有滥用权力的倾向和可能性，以至于有权力的人往往滥用权力，直到遇到明确的界限方才罢休。为了积极预防权力的滥用，必须设定一定的权力期限，如总统的每届任期等，当权力完成自己的使命时（如临时政府的权力在正式政府成立后）即予以终止。即使权力主体没有任何过错甚至功德盖世，只要其权力到了期限，也应当终止。原因在于，权力主体以前的权力正当并不能保证以后的权力正当，且由于其能力权威的不断深化和拓展而极有可能导致今后的不正当。同时，即使权力个体是其时代的最强者，在强大的人类和自然面前，他也仍然是一个有限的脆弱的存在者。人类不应当把权力的行使完全交付给某一个领袖或英雄。同理，人类也不应当把权力完全交付给某一个家族或某一个团体组织。其实，和有期限的权力相比，没有期限的权力本质上就是绝对权力。尽管权力未必导致腐败，但不可否认的是"绝对权力绝对导致腐败"[2]。世袭的权力和专制集权的权力，因其把相对权力误用为绝对权力而必然从整体上和程序上导致权力的不正当而走向腐败和暴力。因此，绝对权力并非权利，或者说并非真正的合法的正当权力，而是一种应当祛除、拒斥和禁绝的暴力。

避免权力滥用和绝对权力的有效途径是，利用伦理程序，如民主选举的公众力量，选举新的权力主体，实现权力的合法交替和运用。从这个意义讲，维护权利以及保障权力自身的正当性就成为权力自身不可推卸的义务和责任。诚如斯托亚所说："极为重要的是，一种权力可以被看做共同完成特定任务或公共职责的权利和义务的综合。"[3]权力的真正的逻辑秘密在于：权力是一种权利和由此带来的维护权利的正当性的义务和责任的综合体，是一种赋予权力主体履行公共职责的权利，但又是一种控制其完成任务的委托义务所限定的权利和义务。简言之，权力是属于政治领域内的具有强制性特质的包含着道德价值的权利和义务或责任。

至此，我们不禁要进一步追问：权力（自身蕴含的权利和义务或责任）的价值根据或价值基准何在？这里直觉的回答是：人权是权力的价值基准。

权力和人权的自身规定决定着其外在区别（人权是普遍权利，权力是特别权利）中包含着内在联系（两者都属于权利范畴）。著名伦理学家皮切姆（Tom L. Beauchamp）说："权利是从一定的原则出发，对应得的或应享

[1] Stolhar S. An Analysis of Rights. London：The Macmillan Press Ltd.，1984：66.

[2] 阿克顿 J E E D. 自由与权力. 侯健，范亚峰译，北京：商务印书馆，2001：342.

[3] Stolhar S. An Analysis of Rights. London：The Macmillan Press Ltd.，1984：66.

有的东西的要求。"①权利出发的原则是什么呢？在权利体系中，某些基本权利因其把握了整个道德理论之根源而成为其他权利之本。这些基本权利就是人人享有的平等权利或普遍性权利——人权，所以，"人权能够作为一个普遍性伦理法则，指导所有人在全球化境遇之中的行为"②。就是说，人权是权利出发的一元道德法则，其他权利，即特别权利包括权力皆派生于人权。可见，人权是权力及其正当性特别权利的价值基准，当然也是权力的价值基准。因此，尊重人权是绝对的无条件的道德命令，也是权力正当性的绝对命令和道德底线。或者说，权力源于保障人权的普遍价值诉求，出自人权、合乎人权的权力就是正当的、合法的权利，侵害人权的权力，如特权、暴力、极权等绝不能成为权利。简言之，权力是以普遍人权为价值基准的一类特别权利。

三、权力、权利和人权

权力、人权、权利是三个有着外在区别和内在联系的实践哲学理念。这从 power 的三个基本含义（潜力、强力、权力）中也可以得到印证：潜力是人权、权利、权力得以可能的基础，潜力体现出的现实性强力是实现人权、权利的力量保证，但也可能成为践踏人权、权利的暴力或武力。权力最为复杂，也最为深刻地体现着权力、人权、权利之间的关系：如果说人权是一种自在的、潜在的权利，其他权利是具体实践人权的正当性诉求，权力则应当是以人权为价值基准，通过合法有效的程序赋予的掌握在少数国家公职人员手中的，以强制性的政治力量或国家力量（主要是指立法、行政、司法）为坚强后盾的具有强制性和效益性的国家、民族或国际性的相对性权利及其相应的义务、职责或责任共同构成的伦理综合体，其主要使命是保障人权和权利，而不是保障权力主体自身的特殊地位。这是因为人权、权利和权力的地位是不同的人权和权利，是人性尊严之目的，权力本身的强制力和武力后盾只是实现此高贵目的的手段，而不是目的。权力应当为人权和权利，但绝不应当为权力自身而设置、行使或控制。

值得重视的是，人权、权力和权利主要通过法律制度这个联结点而相互转换，并由此形成一个有生命力的权利系统。人权从根本上讲是道德权

---

① Beauchamp T L. Philosophical Ethics: An Inruoduction to Moral Philosophy. New York: McGraw-Hill Book Company, 1982: 195.

② Mahoney J. The Challenge of Human Rights: Origin, Development, and Significance. Malden: Blackwell Publishing Ltd., 2007: 166.

利。经过一定的立法和程序，人权被赋予法律效力，即把人权从道德权利转化为法律权利。权力从本质上讲是政治权利，它主要是由法律权利派生的制度性权利。因此，法律权利和人权发生冲突时，法律权利至少从价值判断上应当服从人权；权力和法律权利冲突时，权力至少从价值判断上应当服从法律。当人权和权力发生冲突时，从伦理程序上应当通过法律制度促使权力服从人权。既然权力是以人权为价值基准的权利，就必须承担相应的维护人权的义务、职责或责任。或者说，权力必须以不侵害人权为道德底线，以尊重人权、保障人权为根本法则。换句话说，权力的重要使命就在于积极主动地为人权保驾护航，绝对不能允许任何蔑视人权、践踏人权的所谓"权力"肆意横行。

不过，人权、权利只能成为权力正当性和一系列保证权力正当性的法律制度设置的道德哲学根据，却并非有效保证权力正当性的强大力量。因为人权和其他权利主要是个体权利，权力则是整体赋予并依靠坚强的国家力量保障的特别权利。诚如阿伦特所说："权力绝不是个人财产；它属于整体，只要整体保持一致，权力就继续存在。"[1]随着当代权力的体系化、制度化、加强化，权力已经渗透影响到每个社会成员和社会组织之中。在强大无比的权力机器面前，个体自身的力量微不足道。人权、权利在与整体权力的冲突中，个体基本的反抗能力和论辩机会几乎丧失殆尽。博登海默（Edgar Bodenheimer）不无担忧地说："权力在社会关系中代表着能动而易变的原则。在它未受到控制时，可将它比作自由流动、高涨的能量，其效果往往具有破坏性。权力的行使，常常以无情的不可忍受的约束为标志，在它任性统治的地方，易于造成紧张、摩擦和突变。再者，在权力不受限制的社会制度中，发展趋势往往是社会上的有实力者压迫或剥削弱者。"[2]这种状况往往践踏的是基本人权甚至是生命权和其他权利，其主要根源就是权力没有受到法律制度的有效遏制。为了预防和限制权力的滥用，必须确立设置以人权为价值基准的法律制度尤其是权力问责制，利用这样的整体性力量为坚强后盾，以权力约束权力，以保证权力的正当性，实现维护人权、权利的伦理目的。没有权力问责制的权力设置的逻辑前提就是强力对脆弱的暴力，更是权力对人权、权利的侵害，它本身就是以违背自由伦理法则的丛林法则为基础的不正当。缺失了权力问责制之类的法律制度的保障，人权、权利往往被权力践踏而无能为力，权力也往往因此

---

① Arendt H. On Violence. New York: Harcourt, Brace and World, 1970: 44.
② 博登海默 E. 法理学——法哲学及其方法. 邓正来译. 北京: 华夏出版社, 1987: 346-347.

转化为暴力或集权而成为非法的侵犯人性尊严的工具，进而丧失其正当性而趋向毁灭。当权力被滥用而侵犯了人权和其他正当权利时，就违背了权力自身的理念而应当被剥夺。这就是权力问责制和权力有限制的法理根据。

权力本身是反腐败的，因为腐败侵犯了人权或权利，侵蚀了权力的价值基础和存在根据，是对权力的挑衅和危害。换言之，权力未必导致腐败，导致腐败的必是权力的滥用或暴力。这样的权力是对权力本身的践踏和毁灭，是对人权或权利的公然挑衅和蔑视，它不配享有权力之名，更不配具有权力之实。为了维护人权和人性尊严，人们具有不服从、反抗乃至剥夺此类"权力"的权利。

第二节　集权的伦理批判

集权是权力滥用的极端形式。因此，集权的伦理批判也成为政治伦理探究的必要问题。

权利包括平等共享的普遍性道德权利（即人权）和不平等非共享（某些人或某个人独享）的特殊权利。平等人权和特殊权利的冲突一直是道德哲学的一大难题。尤其在第二次世界大战期间，纳粹集权（作为极端化独裁化的特殊权利）对人权的践踏把这种冲突推到极致。有鉴于此，去除集权以保障普遍人权无疑是人权伟业首要的历史使命。这样一来，追问集权的附魅根源，探究集权的祛魅路径，就成为道德哲学必须反思的基础课题。

集权是一种特殊的权利，它表面上是赋予国家或政府的特权，实际上是元首个人的独裁权。集权的行使，必然以践踏普遍人权为根本途径。有史以来，集权和人权的尖锐对立最突出地体现为以社会达尔文主义伦理学为理论基础的希特勒式的纳粹集权。为简明集中起见，我们以纳粹集权为考察对象。

一、集权的附魅

1897 年，法国社会达尔文主义者乔治斯·瓦赫（Georges Vacher de Lapouge）在给德国社会达尔文主义者哈耶克尔（Ernst Haeckel）的《联结宗教和科学的一元论》一书所写的法国版的导言中说，和法国革命的自由、平等、博爱的三个主要理念相比，达尔文主义革命提出了新的、发展了的三位一体的理念，即决定论、不平等、自然选择[①]。这种理念通过社会达尔文主义伦理思想体系为纳粹集权思想奠定了理论基础，它主要体现为：在权利法则上，以物理命令取代伦理命令；在权利主体上，以差异抹杀平等；在权利性质上，以集权取代人权。

（一）权利法则：物理命令取代伦理命令

达尔文和多数达尔文主义者否定不朽精神和自由意志，主张把物理命令作为伦理命令。

达尔文在《自传》中总结自己的伦理思想时认为，不要相信上帝和来世，人类生活的唯一规则是必须"追随最强烈的或最好的冲动或本能"[②]。此论和奠定在神圣启示基础上的基督教伦理学、奠定在理性基础上的康德和许多启蒙思想家的伦理学，甚至与奠定在道德情感基础上的英国哲学家的伦理学都大相径庭。它把伦理学奠定在动物性的生理基础上，为以物理命令取代伦理命令的权利法则奠定了基础。

19 世纪末 20 世纪初，德国著名的达尔文主义者哈耶克尔、物理学家布赫（Ludwig Bilchne）、哲学家卡尔内里（Bartholomaus von Carneri）等的观点虽然各有不同，但"他们都同意自然过程能够解释包括伦理在内的人类社会及其行为的各个方面。他们否定任何神圣干预的可能性。蔑视身心二元论，拒斥自由意志而偏爱绝对的决定主义。对于他们来讲，自然的每一种特征——包括人的精神、社会和道德——都可以用自然的因果关系来解释。因此，任何事物都不可避免地屈从于自然法则[③]。哈耶克尔相信达尔文主义以严格的决定主义驱除了自由意志的根基，认为"无机界的永恒的、铁的自然规律在有机界和道德界依然有效"[④]。卡尔内里和功利主义相似，他拒绝康德的绝对命令，拒斥人权和道德自然法则，认为道德应建立在追求幸福的动力上，他向哈耶克尔解释说："人无论在精神方面还是在生理方面，都和最不重要的细胞、最不重要的原子一样，屈从于因

---

① Weikart R. From Darwin to Hitler：Evolutionary Ethics，Eugenics，and Racismin Germany. New York：Palgrave Macmillan，2004：89.

② Darwin C. Autobiography. New York：Norton，1969：94.

③ Weikart R. From Darwin to Hitler：Evolutionary Ethics，Eugenics，and Racismin Germany. New York：Palgrave Macmillan，2004：13.

④ Weikart R. From Darwin to Hitler：Evolutionary Ethics，Eugenics，and Racismin Germany. New York：Palgrave Macmillan，2004：25.

果关系的普遍法则。"①当将这种否定自由意志的绝对决定主义的自然法则应用于道德领域时，蔑视人权甚至种族屠杀都可以成为伦理命令了。

在达尔文出版《人类起源》(*The Descent of Man*)和希特勒出生之前，达尔文主义动物学家雅戈尔(Gustav Jaeger)在 1870 年的文章中就认为："科学家们正确得出的结论是战争，确切地说，大屠杀的战争——因为所有战争的本质就是大屠杀——是自然法则，有机界没有战争将不称其为有机界，甚至不能继续存在。"②达尔文主义人种学家奥斯卡·佩希尔(Oscar Peschel)在 1870 年也已经明确主张伦理学不应当反对种族灭绝的自然进程。他说："如果我们看做个人权利的每种东西和人类社会的迫切需求不一致的话，它就必须屈从于后者。因此，塔奇曼人的衰败应当看做一种地质学的或者古生物学的命运，即强者排除并取代弱者的命运。虽然这种灭绝本身是可悲的，但是要认识到，更为可悲的是，物理命令每次和伦理命令相遇时，总是践踏伦理命令。"③奥斯卡·佩希尔认为，事实上，物理命令总是用科学践踏道德，人们必须服从的事实是"没有普遍人权，甚至没有生命权"④。虽然达尔文主义伦理思想较好地解释了自然与自由、人和自然的密切联系，但却抹杀了二者的本质区别，进而以自然本能取代自由规律，以物理命令取代伦理命令。这就必然走向否定普遍人权，进而主张以绝对差异消解普遍平等，把人变成动物的集权道路。

希特勒钟爱进化论伦理学，他的道德观建立在大力否定和批评犹太基督教伦理和康德绝对命令伦理观的基础之上，主张道德随时而变的道德相对主义。在他这里，达尔文主义的生存竞争，尤其是种族竞争成为道德的唯一仲裁，适者生存是唯一的自然法则。其实质就是以物理命令（动物生存竞争法则）充当伦理命令，反对人权和传统的自然平等的法则，进而强调权利主体的巨大差异而抹杀其平等地位。

(二)权利主体：差异抹杀平等

人权理论认为人人生而平等是自然法则，达尔文主义则认为生存竞

① Weikart R. From Darwin to Hitler: Evolutionary Ethics, Eugenics, and Racism in Germany. New York: Palgrave Macmillan, 2004: 26.

② Weikart R. From Darwin to Hitler: Evolutionary Ethics, Eugenics, and Racism in Germany. New York: Palgrave Macmillan, 2004: 8.

③ Weikart R. From Darwin to Hitler: Evolutionary Ethics, Eugenics, and Racism in Germany. New York: Palgrave Macmillan, 2004: 8.

④ Weikart R. From Darwin to Hitler: Evolutionary Ethics, Eugenics, and Racism in Germany. New York: Palgrave Macmillan, 2004: 167-168.

争、优胜劣汰所产生的差异和不平等才是自然法则，并据此证明人种的差异和不平等，强调权利主体的绝对差别。

达尔文认为遗传对生理、心理、精神和道德特性具有长期性力量，利他主义、利己主义、勇敢、懒惰、勤奋、脆弱、怯懦等和其他生理本能一样是遗传而来的。他试图表明动物，尤其是灵长类动物也具有理性能力、语言和道德。达尔文虽然也同情非欧洲人种，反对奴隶制，但他认为在最高等的人种和最低等的奴隶之间存在着巨大的鸿沟。在《人类起源》的导言中，他明确地说，此书的三大目标之一是考虑"人种之间的所谓差异的价值"[①]。令人震惊的是，社会达尔文主义者竟然把这一思想夸大到以人性差异抹杀人性平等的荒唐地步：他们在试图把动物提升为人的同时，又极力把人贬低为动物；在竭力夸大人种的差异的同时，又企图抹杀人之为人的普遍共性。其中，哈耶克尔在这方面尤为突出。

在达尔文人种差异理论的基础上，哈耶克尔极力鼓吹不平等论："在最高的发达的动物心灵和最不发达的人类心灵之间，仅仅存在着微小的量的不同，但绝不存在质的差别。而且，这种差别比最低等的人的心灵和最高等的人的心灵之间的差别要小。或者说，就和最高级的动物的心灵与最低级的动物心灵之间的差别一样。"[②]低等人的价值和类人猿的价值相等或相似，"最高等的人和最低等的人之间的差距远远大于最低等的人和最高等的动物之间的差距"[③]。这种贬低人的价值，把人降低为动物的思想，迈出了种族灭绝的第一步，因为它一旦和达尔文思想中死亡是善的观念结合起来，种族灭绝是合乎道德的思想就会"科学"地出现。

达尔文理论之前，死亡被多数欧洲人看做应当战胜的恶，而不是仁慈的力量。达尔文理论中的自然选择和生存竞争是建立在马尔萨斯的人口论基础上的，其本身就隐含着死亡是有机界的规则，以及低等器官的死亡是仁慈和有利于进化的思想。达尔文在《物种起源》中说："从战争的本性、饥荒和死亡的角度看，我们能够设想的最为尊重的、令人兴奋的事就是更高级的动物的生产顺畅地相继进行。"[④]这就颠覆了传统的死亡是恶的观念，明确了在生物进化和自然选择过程中死亡是善的思想。更为严重的是，

---

① Weikart R. From Darwin to Hitler: Evolutionary Ethics, Eugenics, and Racismin Germany. New York: Palgrave Macmillan, 2004: 105.

② Weikart R. From Darwin to Hitler: Evolutionary Ethics, Eugenics, and Racismin Germany. New York: Palgrave Macmillan, 2004: 90.

③ Weikart R. From Darwin to Hitler: Evolutionary Ethics, Eugenics, and Racismin Germany. New York: Palgrave Macmillan, 2004: 105-106.

④ Darwin C. The Origin of Species. London: Pengium books, 1968: 459.

"许多达尔文主义生物学家和社会理论家解释说,种族灭绝是不可避免的,甚至是仁慈的,因为从整体上看,这会推进物种进化过程"①。不幸的是,希特勒也认同此论。他嘲笑人道主义和基督教伦理学试图保护弱者,提高弱者的能力和地位,结果导致人种的低下乃至人类的灭绝。对于劣等种族,"根据希特勒的观点,杀死他们实际上比让他们活着更加人道(仁慈)"②。由人种差异的极端化和死亡是善的观念而引出的种族灭绝的思想,已经预制了践踏人权的法西斯集权。

(三)权利性质:集权取代人权

19世纪的德国达尔文主义人种学者赫尔瓦德(Friedrich von Hell- wald)在《文化史》(1875年)一书中对人类历史做了达尔文主义的解释,主张暴力是权利的最高根基,"最强者的权利就是自然法则",就是自然界中唯一的一种权利,也是人类历史中的基本权利③。这一思想和希特勒不谋而合。

希特勒在其著作和演讲中并不反对道德,相反,他高度推崇道德,并把其道德观一以贯之地运用于其政治决策包括发动战争和种族灭绝等。希特勒在《我之奋斗》(Mein Kampf)中说:"保持(文化和产生文化的种族)是铁的必然法则,是最好者和最强者胜利的权利。"④最好者暗示着最强者同时是道德最优者。他把印欧语系的雅利安人(Aryan)作为道德优等人,把其他人种作为道德劣等人。希特勒在1923年的一次演讲中进一步阐述了强者的权利:"在历史上起决定作用的是民族自身具有的强力;它表明上帝面前的强者有权利在这个世界强力推行其意志。有史以来,如果没有巨大的强力做后盾,权利本身是完全无用的。对于任何没有强力把其意志强加于人者来说,单独的权利毫无用处。强者总是胜利者……自然之全体就是一个强力和屠弱持续竞争的过程,就是一个强者不断战胜弱者的过程。"⑤这样一来,在希特勒的世界观里,"战争和屠杀在道德上不但可证明是正当

---

① Weikart R. From Darwin to Hitler:Evolutionary Ethics,Eugenics,and Racismin Germany. New York:Palgrave Macmillan,2004:18.

② Weikart R. From Darwin to Hitler:Evolutionary Ethics,Eugenics,and Racismin Germany. New York:Palgrave Macmillan,2004:215.

③ Weikart R. From Darwin to Hitler:Evolutionary Ethics,Eugenics,and Racismin Germany. New York:Palgrave Macmillan,2004:34.

④ Weikart R. From Darwin to Hitler:Evolutionary Ethics,Eugenics,and Racismin Germany. New York:Palgrave Macmillan,2004:214.

⑤ Weikart R. From Darwin to Hitler:Evolutionary Ethics,Eugenics,and Racismin Germany. New York:Palgrave Macmillan,2004:210.

的，而且是值得颂扬的"[①]。他讽刺平等人权理念是弱者的产物，认为"只有一种最神圣的人权，它同时是最神圣的义务，这就是尽力保持血统的纯洁"，以便提高高贵人性的进化[②]。"人权"在希特勒这里竟然成了战争、屠杀、种族灭绝的工具和纳粹集权的代名词。

在第二次世界大战期间的人类大灾难中，以暴力集权为坚强后盾的优生、杀婴、安乐死、屠杀等所谓消除"劣等"人发展"优等"种族的种种罪恶行径，却以"人权"和道德的名义横行霸道，人权和尊严在纳粹集权的铁蹄践踏下几乎丧失殆尽。空前惨痛的历史教训犹如洪钟大吕，警诫着人类必须无条件地禁绝集权。

二、集权的祛魅

从道德哲学的角度看，（纳粹）集权产生的原因，一是每个人都有一种基于功利目的的特权心理倾向；二是道德相对主义的灾难性后果；三是道德一元论的极端化。

（一）基于功利目的的特权心理倾向

从道德心理学的角度看，集权并非某一个偶然的个体，如希特勒所能够独自造成的，而是因为每个人都有一种基于功利目的的特权心理倾向，即"例外特质"（exception making）。一旦这种倾向形成一股思潮并渗透进政治权力的领地，元首个人的贪欲和"例外特质"倾向在独裁暴力的支撑下，集权就会"应运而生"。难怪艾伦·R. 怀特（Alan R. White）说："许多人推测每个人都有试图通过特殊权利的途径以实现其意图的心理。正是特殊权利的这种偏好特殊待遇的基本特性解释了它经常不能享有权利那样的良好口碑。"[③]美国加利福尼亚州立大学教授理查德·维卡特（Richard Weikart）也分析说，建立在"例外特质"基础上的"种族灭绝的思想体系不仅仅蛊惑了希特勒，而且蛊惑了和他同时代的许多德国人，这些人将会支持他，和他同心协力，共创一个种族的乌托邦"[④]。在这种自认为是具

---

① Weikart R. From Darwin to Hitler：Evolutionary Ethics，Eugenics，and Racismin Germany. New York：Palgrave Macmillan，2004：214.

② Weikart R. From Darwin to Hitler：Evolutionary Ethics，Eugenics，and Racismin Germany. New York：Palgrave Macmillan，2004：214.

③ White A R. Rights. Oxford：Oxford University Press，1984：156.

④ Weikart R. From Darwin to Hitler：Evolutionary Ethics，Eugenics，and Racismin Germany. New York：Palgrave Macmillan，2004：216.

有例外特质的特权心理倾向的蛊惑下，即使没有希特勒，第三帝国也会有其他个体窃据纳粹元首的位置。

我们可以从道德内涵和道德外延的角度分析"例外特质"。

首先，道德外延关涉个人的道德身份和地位，它是道德结构的范围，其功能主要是"把个人的道德责任固定在其领地或对象上"[①]。特瑞·L. 普莱斯（Terry L. Price）在研究领袖伦理的专著《理解领袖道德的失败》一书中专门研究了"例外特质"问题。他说："当领袖否认其行为的道德要求应当和其他人一致时，伦理的失败就会发生。"[②]的确，每个人尤其是领袖一旦自认为自己具有"例外特质"，就意欲把自己排除出一般的道德限制，这就成为集权的可能性因素。19世纪末的德国达尔文主义地质学家弗里德里希·卢勒（Friedrich Rolle）就认为，强者的权利绝不屈从于道德，人们竞争中的有效规则是，我击败你，比你击败我更好[③]。一旦元首把自己夸大为具有"例外特质"的强者，他就会力图把自己排除出普遍的道德法令，如人权法则之外，甚至认为自己具有凌驾于普遍道德命令之上的"例外特质"。践踏人权的集权由此得到了独断的根据和虚假的借口。

其次，道德内涵是指在道德外延的范围内，关于什么行为是道德上正当的或许可的，或者什么行为是道德上不正当的和不许可的道德信念。例如，领袖或许会错误地认为，撒谎是使下属服从的合乎道德的途径，或报复不忠诚者是道德上正当的。德国著名人种学家赫尔瓦德就认为，既然科学已经证明在自然中生存竞争是进化和完善的动力原则，必须消除弱者，以便为强者让路。因此，在世界历史中，强者毁灭弱者是进化的基本要求。自然法则就是，"强者必须踏着死者的尸体阔步前行"[④]。在这样一种悖逆人权的所谓强者权利思想的支配下，元首甚至会错误地自认为集权是道德上正当的。如前所述，希特勒事实上正是如此认为的。

不过，即使领导者能够真正认识到其道德内涵和道德外延范围都是道德上正当的，依然会出于不可告人的功利动机而导致伦理失效。此种境遇中，"行为者违背道德要求不在于他相信根据其价值观念能逃避道德要求，

---

① Price T L. Understand in Ethical Failures in Leadership. Cambridge：Cambridge University Press，2006：19.

② Price T L. Understand in Ethical Failures in Leadership. Cambridge：Cambridge University Press，2006：25.

③ Weikart R. From Darwin to Hitler：Evolutionary Ethics, Eugenics, and Racismin Germany. New York：Palgrave Macmillan，2004：191.

④ Weikart R. From Darwin to Hitler：Evolutionary Ethics, Eugenics, and Racismin Germany. New York：Palgrave Macmillan，2004：169.

而在于他完全预计到行为收益大于代价"①。就是说，无论是道德外延的"例外特质"，还是道德内涵的"例外特质"，其根基都是主体把其自身的功利考量作为道德目的而导致的。现代集权主义的道德哲学根基就在于此。德国法律学家海因里希·罗门在批判"希特勒法学"时说："现代集权主义让人丧失人格，将人降格为一个不定型的大众中的一个可以按照'领袖'制定的变幻不断的政策予以塑造或重塑的点，这种集权主义，就其本质而言，是极端意志论，即法律就是意志。集权主义的理论家和实干家几乎很少提到理性，他们经常以意志的胜利而自豪。领袖的意志是不受那显现于存在的秩序及人性中的客观的道德价值实体或客观的伦理规范所约束的，也不对它们负责任。这种意志不受词语客观的、通用的含义或它们与观念和事物间的关系所约束。观念及表达它们的词语只是意志的工具而已；只要对自己有利，就可以将其随意改造。"②希特勒及其同党认为自己的种族是具有"例外特质"的优秀种族——他们是这个世界的最优秀者，因此有权利剥夺其他人种的权利甚至屠杀之。他们以"例外特质"为借口发动了一系列灭绝人性的屠杀和战争，其实质不过是出于个人或其民族的强烈的自我功利动机罢了。这也是达尔文主义伦理学和希特勒伦理思想共同反对基督教、康德的伦理思想以及法国革命的平等、自由、博爱和普遍人权的秘密所在。

由于领袖的特殊地位，若没有明确的底线要求和法律保障，其以功利目的为道德基础的"例外特质"几乎不可能得到有效限制。尤其值得注意的是，基于功利的"例外特质"心理并非个别集权者如希特勒之类才有，而是每个人都有这种倾向。因此，我们不能把希望寄托在领袖个人的道德素质上，而是必须设置一道坚固的底线，以保障无论哪个个体成为领袖，都不可违背此底线。

（二）道德相对主义的灾难性后果

以"例外特质"为基础的道德理论要么是道德相对论（多元的"例外特质"），要么是道德帝国论（唯我独尊的一元"例外特质"）。

众所周知，后现代伦理学思潮批判古典理性主义的一元论会导致集权和独裁，主张道德多元化和道德相对主义。具有讽刺意味的是，正是社会达尔文主义的道德相对主义为希特勒的纳粹集权奠定了理论基础。

---

① Price T L. Understand in Ethical Failures in Leadership. Cambridge：Cambridge University Press, 2006：41.

② 罗门 H A. 自然法的观念史和哲学. 姚中秋译. 上海：三联书店，2007：239-240.

哈耶克尔认为达尔文主义运用于伦理学有一个重要意义，即既然道德随着时间而不断变化，而且不同人种有不同的道德标准，它就暗示着道德相对主义[①]。理查德·维卡特也指出，大多数社会达尔文主义者否定超验的伦理学，认为道德和其他自然现象一样，是处在不断的进化中的，他们共同促进了道德相对主义的发展[②]。希特勒本人的道德观就建立在极力否定和批评犹太基督教伦理与康德绝对命令伦理观的基础之上，主张随时而变的道德相对主义。一个奇怪的问题出现了：以抨击集权著称的道德相对主义为何在这里反而走向了集权呢？

值得肯定的是，道德相对论的确具有摧毁、解构专制的（即使以"人权"自诩的）集权、霸权的价值。问题在于，根据道德相对论的逻辑，它必然会否定普遍平等的人权，因为它主张特殊的多元的权利，这本身就为集权留下了发展空间和可乘之机。实际上，道德相对论有自己独特的道德标准，那就是无标准，即"没有关于好坏对错的普遍标准"[③]。在面对各种价值和权利冲突时，道德相对论就会陷入"怎么都行"的无政府状态。这种无政府、无基础、无共识的虚无化的多样性权利，恰好为集权留下了在多样性权利中独断地选择一种权利而吞噬其他权利的发展空间。因为集权实质上就是在多样性、差异性的权利中独断地选择一种有利于自己功利目的的特殊权利。就此而论，它实际上属于道德相对论中奉行道德帝国论的独裁者（或"伦理流浪者"队伍中的恶狼、匪徒）。

如果说道德相对论带来的灾难性后果在于为取消道德和人权以及集权的出现提供了可能性，那么道德帝国论则足以使这种可能性成为现实。

（三）道德一元论的极端化

和无原则的道德相对主义不同，集权是奉行伦理帝国论原则的道德相对主义。"伦理帝国主义意味着把自己的价值和道德观念强加于他人，而不考虑他们的愿望是否相反。"[④]它承认道德的相对性，却又独断地选择有利于自身的集权作为合法权利，把其他的道德多元论作为其任意践踏的对象

---

① Weikart R. From Darwin to Hitler: Evolutionary Ethics, Eugenics, and Racismin Germany. New York: Palgrave Macmillan, 2004: 25.

② Weikart R. From Darwin to Hitler: Evolutionary Ethics, Eugenics, and Racismin Germany. New York: Palgrave Macmillan, 2004: 16.

③ Speak J. A Dictionary of Philosophy. Basingstoke: PanReference, 1979: 281.

④ Mahoney J. The Challenge of Human Rights: Origin, Development, and Significance. Malden: Blackwell Publishing Ltd., 2007: 167.

而予以抛弃和否定。从这个意义上讲，集权又是一种伦理帝国论的一元论。随之而来的问题是，在集权这里，相互否定的道德一元论和道德多元论为何神奇般地统一了呢？原因在于以下几个方面。

首先，道德一元论分为独自的一元论和商谈的一元论。选择何种权利时，如果缺失民主商谈程序，而是通过暴力、独断的途径确定的一元的权利，就会走向霸权或集权，例如，达尔文主义人种学家赫尔瓦德就说："科学知道没有'自然权利'。自然界只有暴力和强者的权利，而没有其他权利。但是暴力也是法则或权利的最高根源，因为没有暴力，立法是不可想象的。"[①]既然生存竞争中目的被证明为工具，竞争中的胜利就是自然权利，那么就可以用科学和暴力诠释、取代或废弃伦理。这种典型的独断论直接就可以引发出集权思想。

其次，道德相对论或多元论分为道德帝国主义（承认道德相对论的同时，独断地运用暴力把多元中的集权作为一元的道德准则）和道德流浪主义（后现代伦理学之类的无目的、无基础、无原则的道德准则），正是后者为前者提供了机会和发展空间。

最后，集权的道德帝国论既具有道德一元论的某些特征，又具有道德相对论的某些特征。就是说，集权既是道德相对论，又是靠暴力和专制随意选择自己嗜好的道德准则的道德帝国论。因为不承认道德相对论，就不能打破道德绝对论主张的人权的绝对法则地位；不依靠暴力，就不能强制推行为己所好的强权准则。专制集权的实质是追求特殊权利中的一种霸权、独裁权、专制权，反对人人平等共享的普遍人权。纳粹集权就是这样把人权篡改为强者奴役弱者的权利的。这与道德相对论否定普遍人权是一致的。在某种意义上讲，它是道德一元论和道德多元论各自携带的不良基因（独断暴力和无原则）的联姻而产生的道德遗传病。

可以说，集权是以目的论（主要是功利主义）为理论根基，以"例外特质"为道德心理基础，以独断的道德相对论和独断的道德一元论（道德帝国主义）的不良基因的混合为"道德"特征，以暴力和强制为后盾的不道德的特殊权利。既然集权践踏人权、违背人性，就不配享有权利之名，而是必须祛除的对象。

据前所述，我们认为禁绝集权的基本路径在于：①否定道德相对主义的无政府主义，确立平等人权的绝对优先地位。任何权利都必须以尊重人

---

① Weikart R. From Darwin to Hitler: Evolutionary Ethics, Eugenics, and Racismin Germany. New York: Palgrave Macmillan, 2004: 169.

权、保障人权为根本法则，以任何借口蔑视人权、践踏人权都是绝对不能允许的。②祛除伦理帝国论的独断，代之以民主商谈的伦理精神。在逻辑上，人权理念似乎是独断的、在先的（先于任何国家、制度、道德等）、无条件的。但在现实中，人权的确认必须是民主商谈的结果，如著名的《世界人权宣言》就是民主商谈的典范。人们应当依据商谈伦理原则，通过论证程序来评价和审验现行各种权利，在这里唯有人权是定性的基准。③经商谈论证后，有效权利的最现实可靠的实践途径是把道德理论转化为具有一定可操作性的、可以明确化解权利冲突的程序和条文的法律制度。其中，普适性的国际法是现实人权的最高法则，虽然它并不能完全杜绝践踏人权的现象，但却提供了一个不得以任何"例外特质"为借口而试图侵害人权的刚性法则。在此法则面前，纳粹集权之类的非道德权利，就很难公然以人权的名义蛊惑人心、大行其道。

　　在日益趋向文明的当今社会，人权业已成为现代人常用的道德语词，也应当成为解决当代权利冲突的重要理据。在此境遇中，集权似乎已经难以立足，但与集权有着共同特点的一些侵害人权的特权却依然大行其道，甚至还可能会以"人权"的名义践踏人权。这类特权正是权利家族中"披着羊皮的恶狼"，其存在无疑昭示着集权的危险性并没有根除。警惕、鉴别、抵制和驱除这些"恶狼"，杜绝集权，筑起坚不可摧的人权堡垒，是人权伟业"防微杜渐"的重要使命。

第四章
宗教伦理基础探究

宗教伦理和世俗伦理的冲突以及宗教伦理内部的对立一直是人类面对的突出问题。二者冲突的根源主要在于宗教伦理和世俗伦理在共同价值问题上的矛盾分歧，以及宗教伦理内部在共同价值问题上的尖锐对立。是故，宗教共同价值问题、宗教伦理价值基准、宗教共同价值基础也就自然成为宗教伦理基础探究的问题。

第一节　宗教共同价值问题

宗教与人权的冲突是人类历史上极其复杂难辨、不容忽视的国际性问题。目前，宗教引发的国际人权问题日益突出。诚如宗教和人权关系研究专家麦高德里克（Dominic McGoldrick）所言："当代宗教呈现出一种令人关注的现象，它对人权提出了挑战。"[①]宗教领域的人权问题是如何的呢？

一、祛除苦难

任何宗教都不可能在没有人的地方存在，宗教只不过是人的创造物，

---

① McGoldrick D. Human Rights and Religions：The Islamic Headscarf Debute. Oxford：Hart Publishing，2006：23.

其正当与否或宗教善恶的价值基础皆取决于人。由于人权是人人应当享有的普遍性道德权利，是人之为人的道德底线和价值基准，因此人权是宗教的价值基准。任何践踏人权的教义和宗教行为都是恶，任何尊重人权、保障人权的宗教行为都是善。人权是祛恶求善的宗教价值形式所追求的道德底线。就祛恶和求善的关系来看，祛恶是消极性的求善，只有在此基础上，求善才能体现出其积极作用。可见，祛恶是求善的基础，作为宗教道德底线和价值基准的人权的具体内涵只能从祛恶中寻求。

一般而论，无论一种思想体系多么透彻和详尽，它从来都不能理解上帝。上帝的唯一真相总是在那个体系之外。从这个意义上讲，我们不得不承认上帝在事实中是思想或理念从来都不能把握的，然而"事实却是我们作为唯一的个体都能够遇到的"[①]。我们面对的最基本的事实就是普遍性的苦难。从终极意义上讲，普遍存在的苦难是人的有限性、脆弱性所蕴含的不可避免的宿命，正是它构成了恶的普遍性的基本内涵。

苦难包括两个基本层面：自我的苦难和他者的苦难。勒维纳斯认为，如果苦难是一种迫害，"我"似乎就是被选中遭受迫害的靶子。苦难找到并拥有"我"，"我"无可逃逸地处在苦难之网中。但是"我"绝不仅仅是一个无动于衷的苦难的接受器或一块白板。在这种针对"我"并把"我"作为靶子的被迫害的恶的经历中，"我"感到伤痛和苦难，苦难"唤醒了自我"[②]。在遭到苦难之时，"我"对它恐惧地做出反应，"我"抵制并排除它，力图把它从"我"这里消除殆尽。"我"也因此对他者的苦难感同身受，苦难激起"我"的同样感受（类似康德说的共通感）而产生苦难感应，他者对"我"的苦难也会同样产生苦难感应，"我"和他者，即每个人都会因此对苦难做出反应，力图抵制和消除它。消解苦难成为人的普遍性的内在要求和自由冲动，同时是人们需要上帝或神的基本动机。救苦救难、普度众生正是宗教得以存在的原初动因。相对而言，宗教的根基不在于快乐幸福，因为快乐幸福并非最强烈的宗教动机，也不具有普遍性，它只是一种信仰的附加品或安慰剂。因此，宗教领域的人权的基本要求是：祛除苦难是人人应当享有的权利，或每个人都有祛除苦难的权利诉求。

从道德哲学的角度看，追求极乐世界式的宗教道德观是典型的苦乐目的论。但是，一个人的苦与乐不可互相折算，痛苦不可能被快乐抵消平衡，一个人的痛苦更不可能被其他人的快乐所抵消平衡。既然无情的普遍性苦

---

① Morgen M L. Dicovering Levinas. Cambridge：Combridge University Press，2007：177.

② Levinas E. Transcendence and Evil. Pittsburgh：Duquesne University Press，1998：181-182.

难一直伴随着我们，此时此刻我们应该同一个个最急迫的、现实的罪恶苦难做斗争，而不是去为一个遥遥无期的、也许永远不能实现的至善或福乐的千年王国去做一代又一代的无谓牺牲。鉴于此，波普尔（Karl Popper）明确主张，处于痛苦或灾难之中的任何人都应该有权利要求得到救助，绝不应当以任何人的痛苦为代价去换取另一些人的幸福和快乐[①]。宗教伦理应该是一种较谦逊、较现实的人权诉求：尽最大努力消除可避免的苦难，把可避免的苦难降到最低，并尽可能平等地分担不可避免的苦难。祛除苦难作为人人应当享有的人权，绝不应向任何权势、利益、暴力、罪恶妥协。宗教领域的人权否认为了一些人分享更大利益而剥夺另一些人的宗教自由是正当的，秉持"多数人享受的较大利益能补偿强加于少数人的牺牲"（功利主义法则）是违背人权、绝不容许的基本法则。

二、尊重平等

祛除苦难是每个人平等享有的人权，因此，它应当具体体现为尊重平等的道德精神。在宗教领域中，人人生而平等的思想（卢梭）就具体化为宗教徒之间、宗教徒和非宗教徒之间人人平等、相互尊重的道德精神。

从道德哲学的角度看，宗教领域的人权所要求的人人平等、相互尊重是正当优先于善、人权优先于功利的人权伦理诉求的具体化。因此，安德森（Svend Andersen）教授认为，神学伦理学的理论前提不能是纯粹的功利主义，"理由是邻人之爱关涉把每一个他者看做一个具有内在价值的存在者，以致绝不可以证明为了提高非道德的善的总量而牺牲他者是正当的"[②]。每个人不仅作为类和伦理共同体的一员而存在，而且还作为具有独特个性的个体而存在。宗教领域的人权必须把人权理念的普遍性和宗教伦理规范的多样性统一起来，并落实为具体的个体权利。尊重平等的人权思想绝非抹杀差异，而是平等的相互尊重多样性和差异性，不得以某种善的价值或某种宗教教义凌驾于他者之上。例如，邻里之爱之类的规则应当建立在相互期望、相互尊重和相互平等的基础上。此规则要求"我"应当根据他者的期望和"我"对他者的期望相一致的方式对待他者。我们应当放弃那种以符合某种单一的、统一的宗教标准为基础的平等观，承认并尊重每个人平等拥有其自己身份的平等权利和个性差异。任何宗教形式的规则的真正意

---

① Popper K. The Open Society and Its Enemies. Princeton：Princeton University Press，1977：284-285.

② Andersen S. The ological ethics，moral philosophy，and natural law. Ethical Theory and Moral Practice，2001，（4）：349-364.

义都应当理解为尊重平等。

　　尊重平等是自我和他者伦理关系的人权诉求。在这个问题上，萨特的"他人是地狱"的思想常被误解。萨特辩解说这是他在德国战俘营中的感受，那时，时刻处在他人的注视之下，他人自然就成了地狱。这是站在弱者角度对强者侵犯、践踏人权尤其是弱者的人权的反思和控诉。萨特要说的是，如果与他人的关系被扭曲了，被破坏了，那么他人只能够是地狱。其实，对于认识自己来说，"他人是我们身上最为重要的因素"[①]。有史以来的各种宗教迫害、宗教冲突和流血，都是违背了尊重平等的道德精神所导致的"他人是地狱"的可怕的人权灾难。和萨特不同，勒维纳斯把他者推向上帝般的绝对优先地位[②]。在勒维纳斯这里，尊重他者成了宗教信仰。这是对把自我扩张到整体或试图把整体纳入自我麾下的惨痛教训的批判，尤其是对第二次世界大战中纳粹自我给人类、他者造成的不可磨灭、痛入骨髓的人类记忆的理论反思，更是对希特勒等独裁者践踏人权的严正控诉。勒维纳斯试图站在平等的角度思考人性和人权。不过，勒维纳斯的自我其实是一种强者，否则它就没有能力认识和承担具有上帝信仰地位的绝对责任。勒维纳斯的尊重他者是一种矫枉过正式的对他者的绝对尊重。在他这里，自我和他者其实是不平等的。

　　我们认为，他者和自我应当是平等享有人权的主体。无论是谁，包括任何宗教人士和非宗教人士在内，都不得希求任何凌驾于尊重平等之上的特权。谁希求这种特权，谁就拒绝了尊重平等的宗教道德精神，就成了宗教和他者的"地狱"，不配享有宗教人权，应当为此承担破坏宗教人权的责任和罪过。众所周知，追求平等的著名的现实运动是：在欧洲，继1995年追求平等的运动之后，21世纪初又发起了一场"所有人都不同-所有人都平等"（all different-all equal）的运动，其目标是以平等为基本精神，突出多样性——赞美丰富多彩的差异性人生，"允许每个人在建立一个更加美好的欧洲的过程中发挥作用，在那美好的欧洲，每个人都有权利成为他们自己——成为差异和平等的他们自己"[③]。当然，局限在欧洲范围内的平等，不可能是真正的平等。平等应该扩展到全人类：宗教徒之间是平等的，宗教徒和非宗教徒之间是平等的。前者没有任何特权凌驾于后者之上，反之亦然。只有相互尊重，"我"和他者才可能相互不是对方的地狱，而是同

---

① 萨特 J P. 他人就是地狱. 周煦良译. 西安：陕西师范大学出版社，2003：9-10.

② Morgen M L. Dicovering Levinas. Cambridge：Cambridge University Press，2007：176.

③ Marshall J. Women's right to autonomy and identity in european human rights law：manifesting one's religion. Respublica，2008，（14）：177-192.

心协力地维护人权，成为砸碎地狱的人权伦理的守卫者和承担者。

对于千差万别的作为个体的权利主体来讲，宗教领域的人权的普遍平等必然呈现出个体主观性的巨大差异。因此，尊重平等的宗教道德精神绝不是一句空话，它需要落实到商谈理解的民主程序和法律制度的人权保障的伦理实践之中。

三、民主商谈

宗教和人权的冲突绝不可能靠以绝对信仰为背景的恐怖活动或相互攻击加以解决，因为恐怖活动或相互攻击是建立在误解隔绝基础上的以暴力手段武断地加剧宗教和人权冲突的主要途径。宗教和人权的携手应当以人类沟通理解、互相尊重为前提。合理化解决和正当处理宗教和人权的冲突的可能途径在于：把尊重平等的道德精神具体化为对话商谈的伦理程序，在尊重平等人权的原则下，通过民主商谈的程序和宗教责任保障体系，切实尊重权利主体独立思考、选择、践行或放弃其宗教生活的权利，保障个体主观性权利的实现及其生活水平、生命质量、人生责任等在公正的社会制度保障下所呈现出的差异和个性。

从某种意义上讲，不信教是最大的原罪符合传统宗教规范，但与宗教领域的人权理念却是背道而驰的。因为它违背了基本的尊重平等的道德精神，套用哈贝马斯的话说，它是典型的独白式宗教伦理。独白式宗教伦理基本上是单向思维模式，是以思考作为一个宗教徒"我应当怎样做？我应当做什么？"或"我将会成为何种类型的宗教徒？"这一宗教问题为核心的。在特殊性的经验的宗教道德触及普遍性人权的边界之处，整个问题本身发生了一种根本性变化，即宗教道德从独白式思维的内在性转向对话商谈的公开性。从行为者的多样性状况，以及一种意志的现实性与其他意志的现实性同时发生这样的双重不确定性之条件中，产生了宗教领域人权目标的共同追求的核心问题——"我们将如何共同应对和我们每个人息息相关的各种现实性的宗教伦理问题？"即面对各种现实性的宗教伦理问题，"我们应当怎样做？我们应当做什么？"这类问题是独白式宗教伦理无能为力的，它们需要在宗教伦理的商谈程序中加以解决。

尽管人权是宗教的唯一合法化的价值基准，但在具体的宗教事务中对于如何正确理解和诠释宗教人权却不可能达到完全一致。原因在于，一方面，各种宗教的教义和信仰千差万别，神学的教导能力极度依赖相同体验和相异体验之间的脆弱性的平衡。这种平衡极难达成，却极易破坏。另一方面，虽然法律、制度、习俗、传统等在同一个国家、地区或民族中具有一定的普适性，但在国际范围内则具有多样性、相对性。只有在尊重人权的前提下，通过对话商谈，在相互理解、相互尊重的基础上才有望逐步得以消解宗教与人权的各种冲突和对立。

人权的现实内涵及其作为宗教价值基准的地位，主要是在和他人的对话中通过理解来确认的。理解既是商谈可能的前提，也是商谈的过程和结果。安德森教授说："理解就是把握人际的关系传达和交互作用的重要意义。这些要素不仅仅是语言表达，而且还包括行为和境遇等。"[①]理解是人际生活的基本认识能力，因为每个个体的理性资质及其宗教观念都是在实践中生成并在语言对话、伦理主体之间构成的世界里逐步形成和发展的。在宗教和世俗之间、各宗教之间、同一宗教内部三个基本层面的对话商谈中，"我"理解"我"应当如何对待他者和自我，他者也同样理解应当如何对待"我"和其他的他者，宗教领域的人权的交往实践在此理解的基础上得以可能。

宗教领域的人权的交往实践是交际主体相互展示自我的一个变动系列，是一种理解的相互性。在一个宗教人际关系交往的共同体中，每一个人际间的信息传达和相互作用都从诸如关注、旨定、承认等他者的期待中得到回应。在宗教交往结构中，当他者通过其期望而展示自身、去蔽自身时，"我"就获得了道德自我、道德本体的地位。在"我"具有选择肯定其期望或使之失望的意义上，这种方式构成的自我实际上是他者的期望赋予"我"的道德力量。这种选择构成了道德上正当与否的对抗。显然，他者是相对于"我"而言的，"我"相对于他者，又是他者的他者；他者相对于"我"，又是"我"的"我"。任何个体都是集"我"和他者为一身的互为主客体的目的性存在。这种力量的赋予和拥有，是相互的而不是单向的，是对话式的而不是独白式的，是平等的而不是专制的。正是宗教和世俗之间、各宗教之间、同一宗教内部三个基本层面之间这种相互平等的道德力量的赋予和拥有，才使宗教领域的人权具有坚实的主体根据和实体保障。

四、伦理责任

宗教领域的人权的具体问题应当通过一定的民主程序和对话平台，如

---

① Andersen S. The ological ethics, moral philosophy, and natural law. Ethical Theory and Moral Practice, 2001, (4): 349-364.

由宗教和世俗之间、各宗教之间、同一宗教内部三个基本层面的成员所组成的宗教联合体或国际宗教伦理委员会等组织，在对话商谈、相互理解的基础上，确立当时的世界宗教领域中的人权的原则要求和基本内容，并尽可能地落实到伦理责任之中。否则，商谈的结果就会仅仅停留在口头空洞的条文上，甚至会立刻化为乌有。

伦理责任就是对他者和自我的宗教人权的责任。勒维纳斯曾从他者和上帝的角度思考了伦理责任。他认为，他者是无限性的上帝，上帝在他者的面容中向我们显现，把我们指引向他人，孤儿、寡妇、苦难者等都向"我"发出责任的伦理命令。因而，他者是责任的根源。在面面相对和责任中，"我"的责任得以确证。证实不是讨论，而是接受他者的命令，把他者的命令转化为责任并切实践行①。勒维纳斯说："我的生命有意义的确是因为我遇到需要我并要求我给予帮助的他者，我因此支持他们，对他们负责，在我的欠缺和回应中，仁善和圣洁进入了我的生命。"②德里达（Jacques Derrida）不同意勒维纳斯的观点，他认为伦理秩序、道德领地和日常道德名目繁多却自相矛盾，结果，"伦理的多样性导致的是无责任"③。德里达指出，责任伦理暗中破坏了责任的决定性，使纯粹责任或无条件的责任成为不可能。值得肯定的是，这种指责很有道理。如果我们考虑到"我"是他者的他者，而且"我"和他者不可避免地时刻处在苦难的可能之中，那么，"我"和他者或每一个人就成了责任的接受者和承担者。在此前提下，每一个人对自己的宗教选择和活动负有主要责任。就是说，伦理责任的原初根据应当是以祛除苦难为基础的人权，而不是勒维纳斯的无限性他者。伦理责任不仅包括对他者的责任，更重要的是对自我的责任："人最终将自己理解为对他自己的人的存在负责的人。"④我们有责任选择好的宗教信仰或脱离宗教团体或不信仰任何宗教。直言之，信仰宗教与否、信仰何种宗教以及如何从事宗教活动等问题，我们有责任自由选择，有责任拒绝任何人、任何宗教组织或社会组织剥夺我们的自由而强行替我们做出决定。我们有责任独立于任何宗教或自主地融入某种宗教以成就自我，而不是成为一个个被宗教限制和浪费的工具性个体。

① Levinas E. Otherwise than Being. Translated by Lingis A. Pittsburgh：Duquesne University Press，1998：147-149.
② Levinas E. God and philosophy//Peperzak A T，Critchley S，Bernasconi R. Basic Philosophical Writings. Bloomington：Indiana University Press，1996：140.
③ Derrida J. The Gift of Death. Translated by Wills D. Chicago：University of Chicago Press，1999：61.
④ 胡塞尔 E. 欧洲科学的危机与超越论的现象学. 王炳文译，北京：商务印书馆，2005：324.

　　值得重视的是，宗教领域的人权只有在公民的交往形式及实践网络中才会清晰明确地发挥效力。在这种交往形式及实践网络中，民主程序促使尊重人权的道德命令转向法律制度。一般情况下，世俗的法律制度对宗教事务应当保持中立的态度或不干预的态度，但这有一个底线，即任何宗教事务不得侵犯人权。一旦突破这个底线，国家或国际组织就有权阻止任何践踏人权的宗教行为，强制任何践踏了人权的人或组织承担相应的法律责任。但也仅以此为限，不得以此为借口干涉、侵犯或剥夺宗教徒和非宗教徒的人权。

　　在涉及生死攸关的人权问题时，法律制度应当把宗教领域的人权明确为伦理责任，为它提供稳固的后盾和强有力的保障。首先，国际性的法律机构应自觉承担起建构普适性的公正的国际人权法作为各宗教人权意识的最高法律依据的伦理责任，尽管它并不能绝对保证人权的实现，但它比个别宗教的价值善恶观念更具有普遍性和权威性。各宗教派别应当自觉恪守国际人权法，相互尊重各宗教自身的多样性选择而不得妄加指责干涉其他宗教的人权选择，更不得以某个宗教的善恶理念冒充普遍人权或普遍价值而试图强制推行到其他宗教乃至整个世俗世界。其次，伦理共同体（主要是国家）应当承担起把国际人权法纳入公正的法律制度之中的伦理责任，切实有效地解决自身范围内的宗教领域的人权问题。法律制度有责任保障每个人都拥有一种不可侵犯的人权。这种普遍权利即使以宗教或社会的整体利益和幸福之名也不得僭越。尊重以人权为价值基准的法律和制度，是任何宗教组织和宗教徒们必须承担的重要伦理责任和法律责任。

　　综上所述，宗教领域的人权的基本内涵是：人人应当享有祛除苦难的权利。它具体展开为：①尊重平等的伦理精神；②进而把这种伦理精神一以贯之地融入商谈理解的基本程序之中；③切实依靠以伦理责任为要义的法律制度，以有效保障其具体实践和应用。

　　宗教领域的人权的这些特质昭示我们：上帝的法则就是神圣的人权法则，任何个人和组织包括国家和宗教组织都应当将之奉若神明，绝对无任何权利侵犯之。无论是谁，只要侵犯了人权，都没有任何借口和特权逍遥法外，都必须为此承担不可逃避的责任。换言之，人权是宗教伦理的价值基准，尊重人权是宗教领域和世俗领域都必须共同遵守的绝对命令。

第二节　宗教伦理价值基准

宗教和人权的冲突，目前已成为一个重大的国际伦理问题。21世纪以来最著名的宗教挑战人权的案例是，2001年9月11日穆罕默德·阿塔（Mohamed Atta）发起的对纽约世贸大厦中心的恐怖袭击。这和《圣经》中的参孙（Samson）攻击腓力斯人神庙，导致三千多无辜之人死于非命极其相似。尽管参孙和阿塔一样是恐怖分子，人们却常常盲从《圣经》把参孙吹捧为英雄——善的化身，把阿塔贬斥为罪犯——恶的化身。这种善恶混淆、自相矛盾的宗教价值观念，自然引出了一个令人困惑的宗教道德问题：是否存在判断宗教行为的价值（善恶）基准？如果有，它应当是什么？这个问题可分解为如下两个密切相关的分支问题：宗教不应当为何？宗教应当为何？回答了这些问题，判断宗教行为的价值（善恶）基准问题也就迎刃而解了。

一、宗教不应当为何

各种实存宗教的本质体现为不同的信仰对象，如佛教的释迦牟尼、基督教的上帝等。由于信仰对象的特质决定着宗教的根本性质，因此，宗教问题的关键是对信仰对象的把握。为简明起见，我们把各种宗教的信仰对象统称为上帝。

上帝的设定并非是某种既定的事实，而是人们试图追求的超越于既定事实之上的具有普遍性的应当。尽管经验的各种宗教都宣称自己的价值是普遍价值，但其实质只不过是各宗教魁首，如耶稣、释迦牟尼、安拉等所断定，并通过其宗教徒持之以恒地布道宣传和一系列强化程序，如宗教仪式等而为该教教徒所认同信仰并严格奉行的宗教教义和伦理规范。各宗教所宣称或信奉的善恶观和价值取向都是各个宗教团体的伦理观念的神秘化、至圣化、强制化的产品，它们各不相同，甚至相互冲突，不可能具有普遍性。不过，它们也有一个共同的特点，即善就是上帝的意志或上帝的意志就是善。哲学家们通常把这种典型的宗教价值观归结为神圣命令的道德形而上学，有时又称之为"神圣-命令道德"或者"神学唯意志论"。道德形而上学虽然遭到了很多哲学家的批评，但也为一些杰出学者所认同。近20年来，对它的哲学辩护者中最杰出的有亚当斯（Robert Adams）、奎因（Philip Quinn）等。

关于道德形而上学的内涵，阿卡迪亚大学哲学系的麦茨恩（Stephen

Maitzen）精当地解释说："像任何道德形而上学一样，道德形而上学试图解释伦理判断如何具有真理价值，客体（如行为、形体或实践）如何拥有道德特性——如果它可以拥有道德特性的话。道德形而上学断言，在任何其他事物之中，道德特性——尤其是道德善恶、正当和不正当——只能完全依赖上帝的意志。特别强调的是，道德形而上学认为必须坚持如下的主张：对于任何主体，×是（道德上）善的，因为且仅仅因为×所意志的是上帝的意志。"①道德形而上学虽然被其辩护者当做宗教应当的经典表达，其内涵却蕴含着如下四个方面的宗教价值问题，这些问题直接使它逆转为宗教的不应当。

其一，道德形而上学体现为 A=A 的同义反复。

根据道德形而上学，宗教之善的含义是，"对于任何主体，×是（道德上）善的，因为且仅仅因为×所意志的是上帝的意志"。同理，宗教之恶的含义是，"对于任何主体，×是（道德上）恶的，因为且仅仅因为×所意志的不是上帝的意志"。就是说，上帝的意志是判断善恶的绝对的唯一的价值基准：同上帝意志者为善，异上帝意者为恶。

既然善就是上帝的意志，上帝的意志就是善，由此自然可以得出"善就是善"这种模糊不清的呓语。同理，可以得出"恶就是恶"的空洞结论。它们本质上只是 A=A 的谢林式的同一哲学的同义反复而已。因此，麦凯（J. L. Mackie）说，道德形而上学"把上帝本身的描述等同于将善降格为极其琐碎、毫无价值的陈述：上帝爱他自身，或者喜欢他所是的方式"②。对于宗教信徒来讲，至为重要的是，上帝不仅是全能（omnipotence）和全知（omniscience）的，而且也是善的。如果我们接受了道德形而上学，这种观念就没有任何意义了，因为"'上帝的命令是善'将会仅仅意味着'上帝的命令是上帝发布的命令'"③。这只不过是一种空无的自明之理。就是说，作为宗教核心的上帝之善不可能依赖一个道德形而上学的制定者的未经证明的断言而获得普遍认同。无独有偶，英国著名分析哲学家摩尔在《伦理学法则》一书中从逻辑学的角度主张，善是不可定义的，由此提出"善就是善"的命题④。这和宗教的善就是上帝的意志一样模糊空洞。不过，这也从逻辑的角度暴露了宗教伦理的实质：它独断地认定"上帝的意志是善恶的价值基准"是一种自明的真理，而上帝的意志凭什么是善恶的标准

① Maitzen S. A semantic attack on divine-common and metaethics. Sophia, 2004, （2）：15-28.

② Mackie J L. Ethics：Inventing Right and Wrong. Hamondsworth：Penguin Books, 1977：230-231.

③ Rachels J. The Elements of Moral Philosophy. New York：MoGraw Hill, 1993：48.

④ Moore G E. Principia Ethica. Beijing：China Social Sciences Publishing House, 1992：58.

的问题却不能追问，也无须回答，这是导致"善就是善""恶就是恶"的空洞无物而又歧义繁多的宗教价值的混乱和自相矛盾的重要根源。

宗教之恶的逻辑和善的逻辑完全相同，它很难回应"为什么上帝就是善"的这一问题的诘难。根据道德形而上学的这种逻辑，任何人都可以说，同我就是善，非我就是恶。我或上帝的意志只是一个独断的可以任意阐释的空无，善恶也可借此游刃有余地相互转化。于是，善就是恶，恶就是善的结论便可水到渠成了。倘若如此，恶就具备了以上帝意志的名义宣称自己为善的资格。事实上，各种宗教之恶正是利用这种伎俩玩弄善和宗教于股掌之中的。对此，骞德勒（John Chandler）严肃地告诫说："如果善和正当的标准只能是上帝的意志，'上帝是善的'的说法就降格到无甚价值的地步，即上帝所意志的总是和上帝所意志的自相一致，无论他意志什么，这都是真实的。结果，就不可能把上帝和全能但邪恶的存在区别开来，或者就不可能显示他值得崇拜。"[1]就是说，道德形而上学否定了宗教信仰的价值基础，因此成了一个巨大空无的不应当。

其二，道德形而上学根源于其形而上学的机械的思维方式。

以宗教的应当自居的道德形而上学之所以转化为宗教的不应当，根源于其形而上学的机械的思维方式。

道德形而上学机械地把善恶截然分开，实际上它认为上帝是和恶无关的纯善，信仰上帝也相应地是纯善；撒旦是和善无关的纯恶，怀疑上帝或不信仰上帝也是纯恶。整个世界由此组成两大阵营——上帝和撒旦、纯善和纯恶、我们和他们。上帝和我们组成纯善的阵营，撒旦和我们的敌人勾结为纯恶的联盟。这样一来，我们反对敌人的政治斗争就可转化为整个宇宙中善恶大搏斗的组成部分。

在这种形而上学的机械的思维方式的支配下，《圣经》已经成功地运用正义的语言和欺骗的手段把恐怖分子（参孙）包装成一个英雄，把恶包装成善。许多宗教的邪恶行径常常凭借上帝和善之名，以正义的名义大行其道，恐怖袭击就是这类以善的名义实践恶的现实途径之一。如前所述，对穆罕默德·阿塔和《圣经》中参孙极其相似的两起宗教恐怖事件的价值判断就是道德形而上学得以实践的典型的宗教实例。问题是，"和暴君不同，恐怖分子是双刃剑。可以把他们看做上帝惩罚人类的工具，但是也可以把他们看做'公众的复仇者'（用加尔文的术语来讲）——他们把人们从不公正之处拯救出来。信奉正统派基督教者把阿塔看做上帝反对美国的愤怒显

---

① Chandler J. Is the divine command theory defensible? Religious Studies，1984，（20）：443-452.

现，如果我们接受了参孙是上帝的工具的观点，我们就必须接受阿塔亦是上帝的工具的观点。因此，"参孙和阿塔一样是恐怖分子"①。然而，人们却追随《圣经》把参孙吹捧为英雄——纯善的化身，把阿塔谴责为恶棍——纯恶的化身。由此可以轻易地推出纯善就是纯恶、英雄就是罪犯的荒谬结论——这正是道德形而上学的道德空无本质的最好诠释。

我们不禁要问：这样的结论是从何而来的呢？其实，如果用道德形而上学的机械的善恶两极对立的方式理解世界，人们对同样性质的宗教事实的价值判断为什么截然相反，即同为恐怖分子的阿塔和参孙为什么前者是恶棍而后者是英雄的原因，也就顺理成章了："阿塔没有站在我们这边，而参孙站在我们这边。这就是一切。"②据此，如下结论便呼之欲出了：道德形而上学的权威和地位不可能依靠理性和信仰的力量，只有在教义和伦理上依靠信仰扼杀理性以蒙蔽教徒和他者——这是信仰独断论，在实践上则依靠独裁、权力控制扼杀他者以保持其宗教的绝对权威——这是道德专制论。

其三，道德形而上学是扼杀理性精神的信仰独断论。

宗教欲实现把信仰置于至高无上、不容置疑的绝对神圣地位的企图，它就必须扼杀理性的怀疑能力、反思和批判能力，进而绝对割断信仰和理性的联系。这是典型的信仰独断论。

道德形而上学的信仰独断论的根本特质在于不容置疑地绝对信仰唯我独善、他者皆恶：以自己宗教教义所宣称的善为绝对信仰对象，把和自己不同或相异的对象及其价值称为魔鬼、异教和恶，即把自信仰等同于善的价值，把非信仰或他信仰等同于恶的价值。上帝的正义标准极其简单，即信仰上帝者就是正义和善的英雄，怀疑和不信仰上帝者就是不正义和恶的魔鬼。因此，"对于怀疑者，上帝狂怒而残暴，但对于信仰者，他却是正义"③。在约翰福音书中，耶稣明确地把正义等同于自信仰，把邪恶看做非信仰或他信仰，"因为如果你不相信我是他（上帝——译者注），你将会死于你的原罪"（John8：24）。在马太福音书中，耶稣说："无论是谁在人们面前否认拒绝我，我就会在天国的父那里否认拒绝他。"（Matthew10：

① Drury S B. Terror and Civilization: Christianity, Politics, and the Westem Psyche. New York: Palgrave Macmillan, 2004: 149.

② Drury S B. Terror and Civilization: Christianity, Politics, and the Westem Psyche. New York: Palgrave Macmillan, 2004: 150.

③ Drury S B. Terror and Civilization: Christianity, Politics, and the Westem Psyche. New York: Palgrave Macmillan, 2004: 150.

33）耶稣认为人们必须毫无条件、毫不怀疑地信仰他是人们唯一通达上帝、得到拯救的路径。不信仰耶稣，不相信他是通向上帝的唯一之路径，就是应当得到诅咒的原罪①。信仰是救赎的要津，怀疑者和不信仰者就是原罪。正因如此，圣·奥古斯丁和托马斯·阿奎那断然宣称"非信仰者既没有真正的纯洁，也没有任何其他的德性"②。德性是通过其目的（信仰对象：上帝）而不是通过行动本身来加以区分辨别的。如果不顺从作为目的的上帝，任何事物都没有资格成为真正的德性。德性不在于你做了什么，而在于你是谁和你信仰什么。换言之，如果你不是信徒，你的德性将一文不值，你的善业只不过是卑鄙低劣的罪恶而已。这里，理性完全被信仰扼杀了。

宗教试图绝对割断信仰和理性，自然也不可避免地体现在宗教语言上。为了表达上帝之善的神圣性和绝对性，宗教语言常用类比和隐喻割断信仰和理性的联系，"神学宗教的典型用语是拟人化和政治化的类比，即'上帝圣父''万主之主''万王之王''真主安拉的意志'。在非神学宗教的佛教中，机械性的隐喻'生死轮回'占据其核心地位"③。这些类比和隐喻式的表达模糊空洞，且缺乏逻辑性和合理性，成为可以为信仰宣扬辩护的随意解释、武断蒙蔽的语词工具。然而，宗教伦理始料不及的是，用世俗的术语描述上帝，这本身就证明了上帝对世俗的完全依赖或者世俗对上帝的绝对掌控。宗教之善的实质无非是"王""主""父"的极端颠倒而已，这种极端的颠倒企图诱惑我们摆脱真正的道德命令，"其逻辑前提是'这个世界是一个令人惊慌失措、危险重重的地方'。这样，如下结论便唾手可得：'我有权利竭尽所能地获得对世界最大可能的控制'。一旦我们识别出敌人，我们马上着手碾碎他"④。正是用这种姿态，宗教以上帝之善的名义在某种程度上赢得了碾碎道德命令的大捷，其实质则是信仰（伪善或恶）对出自实践理性的道德命令（真正善）的大捷。

其四，道德形而上学是扼杀民主精神的道德专制论。

信仰和理性绝对断裂的结果是，宗教之善的相对性、封闭性、虚伪性及其专制独裁性，预制催生了宗教之恶的种子，如宗教和人权的敌对冲突

---

① Drury S B. Terror and Civilization: Christianity, Politics, and the Western Psyche. New York: Palgrave Macmillan, 2004: 18.

② Aquinas S T. Summa Theologica. Translated by the Fathers of the English Dominican Province. Maryland: Christian Classics, 1911. Aquinas is here quoting Augustine approvingly.

③ Milne A J M. Human Rights and Human Diversity: An Essay in the Philosophy of Human Rights. London: The Macmillan Press Ltd, 1986: 64.

④ Lawrence J P. Radical evil and Kant's turn to religion. The Journal of value Inquire, 2002, (36): 319-335.

等。结果，道德形而上学就成为和民主商谈伦理精神背道而驰的专制独白的道德专制论。道德形而上学的道德专制精神经典地体现在《圣经》中的上帝和上帝之子耶稣的各种行径之中。为简明起见，我们这里主要以《圣经》作为考察对象。

在《圣经》的参孙故事里，笔者毫无根据地武断地假定没有无辜清白的腓力斯人：腓力斯人是恶的，是因为存在着腓力斯人，这就是其荒谬的逻辑，即价值（恶）就是事实（存在）——用摩尔的道德术语说，这是经典的自然主义谬误①。上帝对这些清白无辜的个体冷酷无情，为了惩罚某些人的邪恶，他却惩罚腓力斯人的整个民族以泄其恨，更有甚者，"上帝并不否认这的确就是其正义的标记"②。不幸但却顺理成章的是，上帝之子耶稣不折不扣地秉承了上帝的这种道德专制论。

为了满足奴役他人的欲望，耶稣企图煽动教徒对他本人和其教义的效忠。他许诺给予教徒此世的特殊回报以诱惑之："他们将收到一百个信徒，并将获得永生。"同时，他无情地要求人们为他抛家弃口，放弃一切家庭义务，以威逼之，当一个崇拜者要求埋葬其父亲后再跟随耶稣走时，耶稣冷酷地说："跟我走，让那些死者埋葬他们的死者。"他甚至身体力行地把自己打造成一个冷酷无情、六亲不认的典范：当其母亲和兄弟去犹太教堂看望他时，耶稣非但拒不相认，反而说只有信徒们才是他真正的家庭③。

更有甚者，耶稣连无辜的自然物也不放过，他竟然恶毒诅咒、肆意践踏生灵万物之尊严。在福音书中，饥肠辘辘的耶稣看到远处有一棵无花果树。当他走近时，却失望地发现树上并无果实。他诅咒说："让此树永不结果，这个无花果实即刻枯萎凋零。"④或许，那时并非无花果结果的季节，耶稣对它的诅咒毫无道理，只是狭隘地发泄一时之愤而已。

对此，德鲁瑞（Shadia B. Drury）说："耶稣之死是古典意义上的悲剧。他忍受了不值得忍受的苦难命运。但是和每一个悲剧英雄一样，他并非没有自己的缺陷，正是这些瑕疵导致了这个悲剧。他亵渎神明的言论，粗野的威胁，刚愎自负的伪善，以及对他者尤其是对怀疑者的道德谴责，使追随他的犹太人对他恨之入骨，乃至他们宁可释放巴拉巴斯（Barabbas）这

---

① Moore G E. Principia Ethica. Cambridge：Cambridge University Press，1993：61.

② Drury S B. Terror and Civilization：Christianity，Politics，and the Westem Psyche. New York：Palgrave Macmillan，2004：150.

③ Drury S B. Terror and Civilization：Christianity，Politics，and the Westem Psyche. New York：Palgrave Macmillan，2004：6.

④ Drury S B. Terror and Civilization：Christianity，Politics，and the Westem Psyche. New York：Palgrave Macmillan，2004：6.

样的普通罪犯使之获得自由，也不愿再忍受耶稣吹毛求疵的布道。那些反驳、拒斥了他（耶稣）的犹太人比耶稣做得更好。他们把耶稣钉死在十字架上，却又把这个古板怪异的狂热之徒打造成为在世界宗教中享有不朽盛誉的典范。"[1] 以单一怪异、专制独裁为要旨、以报复诅咒为能事的耶稣之死，与其说是一个宗教独裁者的自我毁灭，不如说是典型的道德专制论道德形而上学的必然命运。

不可否认，现实的宗教善在一定程度上包含着善的某些因素，但其相对性、流动性和绝对专制的唯我独尊的整体性、同一性，排斥异己的残酷无情等无疑是"开放社会的敌人"（借用波普尔的术语）。宗教的神圣命令直接引发的是对恶的恐惧，结果宗教组织的合理性依靠畸形的恐惧而存在，宗教似乎仅仅是提升恶的确定形式，甚至成了恶的隐身之地和强大后盾。

如此一来，集空寂虚无、形而上学的思维方式和信仰独断、道德专制于一体的道德形而上学实际上竟是深度潜伏的谋杀上帝的真正凶手。所以，它正是上帝的"不应当"。这同时也从否定的层面确证了宗教不能成为人权的基础。鉴于此，骞德勒说："只有一种独立于上帝的善和正当的基准才能够使'上帝是善的'变成一个意义重大而非无足轻重的主张。"[2] 换言之，拯救上帝的路径不是对道德形而上学的肯定和辩护，而是对道德形而上学的否定和拒斥。这就涉及宗教应当为何的问题。

二、宗教应当为何

众所周知，形而上学是有关最高和终极问题的学问。胡塞尔说："只有形而上学的精神才赋予一切认识，一切其他学问提供的认识以终极的意义。"[3] 道德形而上学就是研究道德终极问题和意义的学问。道德形而上学非但没有完成这个使命，反而奉行宗教道德的专制独断并为宗教冲突提供了神学依据，因而成为宗教的不应当。拒斥这种不应当只是宗教前行的消极一步，人们自然要问：宗教应当为何？对这一问题的直觉回答是：上帝应当是祛恶求善的普遍形式。此命题可从祛恶求善的经验根据、存在根据和价值根据三个层面得到确证。

其一，祛恶求善的经验根据——宗教自我普遍化的冲动。

---

① Drury S B. Terror and Civilization: Christianity, Politics, and the Western Psyche. New York: Palgrave Macmillan, 2004: 8.

② Chandler J. Is the divine command theory defensible? Religious Studies, 1984, (20): 443-452.

③ 胡塞尔 E G A. 欧洲科学的危机与超越论的现象学. 王炳文译. 北京：商务印书馆，2005：20.

宗教的善本质上都是对本宗教信仰者的善，它实际上是一种自以为是的封闭性伪善。这就是列维纳斯批判的宗教伦理的整体性或同一性问题。换言之，各种宗教伦理从总体上讲是一种独断的专制的道德相对主义：每一种宗教都独断地宣称自我宗教为善，其他宗教为恶。宗教教义不同，传授和接受教义的人不同，与之相应的宗教善恶观念也随之混乱多样、模糊不明甚至相互冲突。多元化的宗教伦理的相对性、狭隘性、虚伪性遮蔽了其普遍性的价值追求。问题是，多种多样的权威教义是否可能都是真的呢？米尔恩认为，对此可能会有两种互相排斥的答案："第一种是只有一个确实是真的，而所有其他的都是假的。第二种是每一个都是对同一个基础性真理的不同角度的丰富多样性的表达。"①事实上，多元化的宗教价值恰好属于第三种：每一个答案都是假的——都是对基础性真理的歪曲。那么，这个"基础性真理"是什么呢？

尽管各宗教对善、恶的理解不同，但各宗教都具有自我普遍化的直觉冲动和现实诉求——体现为都宣扬自己宗教教义的普遍性和祛恶求善的价值取向。在上帝和善恶的关系方面，尽管多种多样的宗教善恶观念相互冲突，甚至可能颠倒善恶，但没有哪个宗教包括人们认同的邪教公然宣称自己的上帝奉行祛善求恶的价值观念。任何宗教都宣称自己是全人类的普遍性宗教，都承认祛恶求善的普遍性价值形式。即使一些恶名昭著的宗教罪恶行径，如十字军东征造成的杀戮等都是借着自我普遍化和宗教一统的善的名义进行的。所有宗教都声称自己是人类的救世主和普遍善，而不是人类的恶魔。

诚若如此，普遍性宗教就不应当是某个宗教（如基督教、佛教、伊斯兰教等），而应当是为每个人和所有人共有的普遍性宗教，其价值基准也只能是每个人和所有人所共有的普遍性的祛恶求善的价值形式——这就是其基础性真理。寻求普遍性宗教或上帝的普遍价值只能从祛恶求善的普遍形式入手，只有它"确实是真的"。只有寻求到了这个普遍价值，建立在此普遍价值基础上的其他宗教价值才可能是对同一个基础性真理的不同角度的丰富多样性的表达。换言之，有关最高和终极问题的学问的宗教或上帝既不是纯粹的善，也不是纯粹的恶，它应当是也只能是祛恶求善的普遍形式。

我们一旦追问"这是为什么"，就涉及这种抽象的经验现象背后的存在根据（上帝自身的规定）和价值根据（善恶的辩证关系）。

———————————

① Milne A J M. Human Rights and Human Diversity：An Essay in the Philosophy of Human Rights. London：The Macmillan Press Ltd，1986：63.

其二，祛恶求善的存在根据——上帝自身的规定。

道德形而上学推崇的"上帝意志是纯善的"的观念的错误在于，它仅仅停留在肯定的纯善上，即其意志在根源上就是善的。这是抽象片面的空虚规定，它无法回应意志何以也可能是恶的这一致命问题的挑战。实际上，上帝是善的，那只是因为它也可能是恶的，它因恶而存在，反之亦然。这可以从如下三个层面得到确证。

首先，从否定层面看。就现象而言，各种宗教的上帝自身规定千差万别，但其典型体现可归结为它是集全知、全能、至善于一体的有的大全——这是道德形而上学的本体根据。阿奎那曾解释说，圣父、圣子、圣灵是上帝的三个方面和特性，有区别但不可分离。圣父象征上帝的强力，圣子象征上帝的智慧，圣灵象征上帝的慈善[①]。遗憾的是，如果上帝是超越时空的大全，它就不可能仅仅是全知、全能、至善的大全，因为这样的上帝会导致自相矛盾和自我取消。例如，《圣经》中的上帝与以色列人定约保证其国土，结果以色列人国土沦丧，居无定所，其复国历经艰辛，且国土狭少。相反，没有与《圣经》中的上帝定约者，如中国、美国、印度、加拿大等则幅员辽阔。这证明了上帝的无能。若上帝不知其无能和这样的后果，则为无知，若知此结果而定约却又违约，则是欺骗，此为邪恶。这样的上帝就非常可疑了，道德形而上学的不应当正是从这样的上帝的存在规定中直接引发出来的。可见，这种大全的上帝其实是"大缺"。这也可从宗教自身的经验事实得到验证：宗教与人相始终，与人的发展相应发展，从理论到形态都是如此。例如，当代的神像、修道院、宗教工作者能够享受到空调、网络、飞机等现代待遇，这是古代宗教魁首们，如耶稣、弥赛亚、释迦牟尼、通天教主（它们其实是古代人类精神的一个象征性符号）等都不能享受到的，甚至也不可能知道的——这同时实证性地确证了全知、全能、至善的上帝的无知、无能、不善的"大缺"的另一本质。

其次，从肯定层面看。如果我们可以说用"愚、弱、恶"作为"知、能、善"的对立要素的话，那么，上帝的全知理应包括对知愚、善恶的全知，全能理应包括对能弱、善恶的全能，至善理应是在全知（愚）、全能（弱）基础上对至恶的扬弃，并非根除，因为根除了（至）恶，也就没有（至）善可言，即也就同时根除了至善。全知、全能、至善的古典上帝的实质是不全知、不全能、不至善的非大全即"大缺"。就是说，上帝不仅是集全知、

---

① Aquinas S T. Summa Theologica. Translated by the Fathers of the English Doninican Province. Maryland：Christian Classics，1911.

全能、至善于一体的有的大全，而且也是集无知、无能、无善（非恶、邪恶）于一体的无的大全。简言之，真正大全的上帝的自身规定是容纳知愚之全、能弱之全的价值之全（善恶之全）。

有缺正是大全得以可能和具有生命力的否定根据，丧失了或者说根本拒斥有缺的大全只不过是毫无生命力的道德形而上学式的死寂和空无。因此，祛恶求善之大全只能是一个过程，而不是传统宗教神学认为的静态的神秘性存在——如柏拉图以来的分有说、理念论、佛教的万川印月的比喻等，它不是有一个逻辑在先的大全悬在时空之外作为万物之大全，而是在人类历史的进程中不断展现自身的一个整体性的过程。这个开放性的大全本身永远是朝着永远达不到的、永远不可全知的、永远不能完善的大全理念不断进展的"不全"。换言之，它是一种绵延连续地无限敞开的有缺的大全。这个过程体现的正是实践哲学的内在逻辑。

最后，从实践哲学的视角来看，意志自由是善恶的本体根据。意志的本质是自由的，意味着它可能是善的，同时也可能是恶的，或者说，它并非必然是善的或必然是恶的。否则，这样的意志只能是必然的"意志"而非自由的意志，但必然的"意志"实际上已经不再是意志了。上帝的意志如果只选择善不选择恶，它就不是自由意志。既然不是自由意志，它就不可能具有选择善的能力，当然也不具有选择恶的能力。因为上帝的意志如果不是自由的，它就是遵循必然规律的自然事实，这是和善恶或价值毫无关系的机械必然性。上帝如果是善的，其意志就是自由的，既然其意志是自由的，就不可能是必然善的，只能是应当善的，但也可能是恶的。可见，上帝自身的规定绝对不是纯善或纯恶，而是有着内在差别的以善恶矛盾为动力的动态变化着的应当。道德形而上学式的纯粹善的上帝只不过是和价值（善恶）无关的遵循必然规律的机械事实而已，它既无恶可祛，也无善可求，也就谈不上祛恶求善了。唯有集善恶于一体的上帝才有可能成为祛恶求善的普遍形式。

问题是，集善恶于一体的上帝既有可能成为祛恶求善的普遍形式，也有可能成为祛善求恶的普遍形式，为什么它应当是前者而不应当是后者？这就深入善恶的辩证关系。

其三，祛恶求善的价值根据——善恶的辩证关系。

道德形而上学的逻辑 A=A 及其各种变式（主要有：善就是善，恶就是恶，善就是上帝的意志等命题）的表面的同义反复，实际上却蕴含更深层的内涵：前一个 A 和后一个 A 是不同的。A=A 已经体现着一种有生命的运动和变化：后一个 A 其实是−（−A），或者说，A=A 是一个对 A 的否定之否定的过程。同理，善和上帝的意志恰好体现着善是上帝的意志的发动和运用的价值结果。这同时透露出另外一个信息，即上帝意志的发动和运用也可能不是善而是恶。因为如果上帝的意志必然是善的，它就不必运用，善是上帝的意志的命题也就毫无意义可言。

善和恶是相对而言的，没有善无所谓恶，没有恶也无所谓善。恶是善的否定，没有善的存在，恶就不可能存在，反之亦然。善恶相互依存，构成价值范畴的基本矛盾，绝不存在道德形而上学所推崇的和恶无关的纯粹善或和善无关的纯粹恶。纯善或纯恶的根本错误在于它们从外在于意志的概念或事物中去寻求其内在的矛盾，却从来不认为意志自身就包含有差别和矛盾，其结果必然走向善和恶的外在对立。这就割裂了善恶的辩证关系。因为即使存在无恶的纯粹善或无善的纯粹恶，也不是道德价值的善恶，其实质是和"价值"（善恶）无关的"事实"。可见，恶是上帝得以可能的必要条件，善也是上帝得以可能的必要条件。缺少了善恶的任何一方，上帝就不复存在，祛恶求善也就失去了根据。因此，否定了上帝是祛恶求善的形式，就等于取消了上帝。传统宗教观（如奥古斯丁、阿奎那等的宗教观）试图把上帝看做纯粹善，把与之对立的魔鬼看做纯粹恶，本意是为了确证上帝之伟大，为信仰宗教奠定一个神圣的根基，实质上正是这种狂妄扼杀了没有任何发言权的可怜的上帝——把上帝和魔鬼置于和价值无关的事实范畴的同等地位。纯粹善的上帝和纯粹恶的魔鬼因相互转化而相互消解，最终同化为"是"的虚无：上帝即是魔鬼，魔鬼即是上帝。谋杀上帝的真正凶手正是那些把上帝等同于绝对的纯粹善的上帝捍卫者，那种试图根除恶的所谓至善的上帝其实是典型的自杀狂，这也是道德形而上学的根本失误之处。

如果把作为人类的知愚、能弱、善恶称之为全，那么作为个体的人或处在某一时空阶段的人类群体，相对于人类的大全来说就是大缺。大缺对大全的理想追求和信仰就成为宗教或上帝的原初根源和前进动力。没有大缺，就不会有追求大全的目的和动力，大全就不会存在。因此，上帝不过是人类大全的神学表达而已，上帝的意志也不过是人类的意志的神学阐释而已，善恶实质上是和人的意志密切相关的价值范畴。善恶的地位和价值也因此并不相同。

从根本上来看，善是人类存在发展的主导方面和根本规定，恶则是不利于人类发展进步的否定因素。恶为善而在，没有善这个根本指向，恶就毫无价值可言。恶的存在意义仅仅在于它能刺激、促进、迫使人类不断向善，用黑格尔的话说就是："假如恶不存在，人类便不能领略善；假如他不知道恶，人类便不能真正行善。"①但恶自身绝不是目的，它只能以善为依归才有其存在的合理性。如果人类一直处在恶强于善的状态，人类终将自我毁灭。但这种状态几乎是不可能的，因为人类的伟大就在于人的精神、智慧、理性能够把恶遏制在总体上不能危害人类的限度内。与恶不同，善自身就是目的，它和恶斗争并在不断地遏制恶或祛除恶（消极善）的基础上，获得前进的动力而不断展开并实现自身（积极善）。

因此，应该存在的东西是善，不应该存在的东西是恶。人的使命在于不断否定不应该存在的东西（祛恶），基此追求并实现应该存在的东西（求善）。所以，遏制"不应当如何"、追求"应当如何"，以达到应该存在的总体要求和根本方向，这只能是祛恶（消极善）求善（积极善）而不能是祛善（消极恶）求恶（积极恶）。其意义就在于应当自觉地防止并抵制意志趋恶的发展方向，进而朝着应当的善的境界进取。

既然上帝应当是祛恶求善的普遍形式，那么这种普遍形式的具体内涵或价值基准是什么呢？众所周知，任何宗教都不可能在没有人的地方存在，其正当与否或宗教之善、恶的价值基础决定于人。因此，人是祛恶求善的主体根据，上帝就是以主体性的人为根据的祛恶求善的价值形式。就是说，人是上帝的创造者，上帝只不过是人的创造物，上帝的祛恶求善的普遍性价值形式正是人的普遍性祛恶求善的价值形式或人的存在的应当的普遍性形式。

由于人权是人人应当享有的普遍性道德权利，是人之为人的价值确证和第一要义，因此人权就是祛恶求善的实体价值或人的存在的应当的普遍性内涵。换言之，人权是宗教或上帝（祛恶求善的形式）的价值基准：任何践踏人权的教义和宗教行为都是恶，任何尊重人权、保障人权的宗教行为都是善②。

自从宗教信仰诞生以来，我们总是奢望宗教和上帝赐予我们普遍繁荣的极乐天堂和世界秩序的金色未来。但是，历史与现实却源源不断地提供与此奢望相反的证据。如今，"我们实际上面对的未来却是全球变暖，一种对地狱的似是而非的隐喻"③。然而，我们的时代，诚如雅斯贝尔斯（Karl Jaspers）所说，"居于首位的不再是那个一切事物都依存于他的天启上帝，也不再是在我们周围存在的世界。居于首位的是人"④。我们有足够的信

① 黑格尔 G W F. 历史哲学. 王造时译. 上海：上海书店出版社，2003：176.
② 宗教人权的要义或基本内涵是一个重大的伦理问题，拟另文详论.
③ Lawrence J P. Radical evil and Kant's turn to religion. The Journal of Value Inquiry, 2002,（36）：319-335.
④ 雅斯贝尔斯 K. 时代的精神状况. 王德峰译. 上海：上海译文出版社，2008：121.

心和根据断言：人权神圣不可践踏，它高于一切信仰、宗教和组织，或者说，人权才是最高的普遍信仰。甚至可以说，普遍性的宗教是由所有的参与者享有共同的道德精神时所形成的一个全球共同体。我们可以在地球的人类中期望它奠基在人权信仰的基础上，或者说每个人都应当以人权为信仰对象，因为人权是所有宗教的普遍价值基准，也是所有道德价值的基准——它是上帝之城和世俗社会共同奉行的价值基准。可见，上帝的法则就是神圣的人权法则，任何个人和组织包括国家和宗教组织都应当奉若神明，而绝对无任何权利侵犯之。

不过，我们绝不能指望良心、信仰之类的道德途径或教徒歼灭恶徒的暴力途径实现普遍人权信仰，这正是古典宗教失败的重要原因，也是道德形而上学的不治之症。良心之类的个体道德素质随时可能被恶吞噬，绝不可作为杜绝人性趋恶的坚固屏障，因为妒忌、权力欲、贪婪以及和它们密切相关的其他恶的倾向，就植根于人的本性之中。更为关键的是，恶和善一样不可根除。因为恶和善一样是人自身的自由意志的规定性，根除了恶，也就根除了善，消灭恶就等于消灭人自身及其自由意志，也就等于谋杀了上帝、宗教和人权。

由于恶的不可根除，尊重人权必须依靠法律制度；由于善的不可根除，尊重人权也能够依靠法律制度。简言之，在人权面前，绝没有所谓的法外施恩或法外之徒。宗教组织或教徒必须承担相应的法律责任而不得逍遥法外——教徒和宗教组织毕竟是属人的存在，既有其人权受保障的权利，也要承担尊重和保障人权的责任和义务。任何以宗教信仰的名义践踏人权的行为，如恐怖行为、暴力行为等都是违背宗教人权的，都是和宗教本身的普遍性和人道性相背离的，都应当承担伦理责任尤其必须承担法律责任，即使他是宗教魁首或上帝也绝不例外——上帝、宗教组织及其教徒没有任何特权侵犯人权、践踏法律。

确立以人权为价值基准的普遍宗教，并非奢望黄金灿然的天堂和至善至福的未来，而是为了守住道德底线，防止人类借宗教之名沦入恶或伪善的恶性循环的魔咒之中。宗教与人权携手同行在善恶相搏的崎岖险径上，通向的却是光明冲破黑暗的人间正道！

第三节　宗教共同价值基础

有史以来，以神为目的的宗教和以人为目的的人权不断地相互冲突。不容忽视的是，目前宗教引发的国际人权问题日益突出。21 世纪以来，涉及宗教和人权关系的一个著名案例是：2003~2004 年，经法国总统雅克·希拉克提议，法国国会通过了一项立法，即禁止在国立学校披戴作为宗教标志的伊斯兰头巾。2004 年的法国禁戴头巾令在欧洲重新引起了关于多样性文化和人权冲突的广泛激烈的争论，也引发了一个更为重大的国际伦理问题："如果一个国家禁止在国立学校披戴女性伊斯兰头巾，这侵犯了国际人权法吗？"[①]其实质是：如何解决多样性文化境遇中的多样性宗教价值和人权的价值冲突？面对诸如此类的宗教和人权之间纠缠不清的道德问题，人们不禁要问：既然宗教不断对人权提出挑战，人权是否可以抛弃宗教？或者宗教可否抛弃人权？若能，问题就变得简单了。

　　从宗教和人权的现实处境来看：其一，正如缪勒所说："如今，神学发现其自身处在一种非常艰难的境地，即在近几十年中，她失去了要求作为基础科学的垄断地位的权利，现在她甚至面临着被完全排除出探讨伦理学基础问题的威胁。"[②]这就意味着宗教面临被人权完全抛弃的危险，因为人权作为道德权利构成了伦理学的价值基础。其二，某些宗教怀疑论者否定宗教却不能提出更有效的途径取代宗教，某些无神论者试图消除宗教却无能为力。因为不容忽视的是，宗教常常在社会教化中具有巨大的文化作用，尤其在贫困区、居民区、医院、军队、监狱、国家纪念地等具有较大的社会影响。宗教的政治影响和社会影响，都能够比任何形式的法律制度的影响大得多，"宗教依然能够成为社会制度和政治党派的基础"[③]。这就意味着人权不可能完全抛弃宗教。无论人们对宗教和人权的关系持何种观点，"事实是，在世界的许多地方，面对现代化和世俗的理由，宗教并没有因此而凋零淡出"[④]。其三，任何宗教都是人的宗教，不存在无人的宗教领地。抛弃人权的宗教就等于抛弃宗教自身。因此，在宗教和人权的关系问题上，人权和宗教的冲突不可能通过消除宗教或人权的途径实现。换言之，"人权事业别无选择，只有寻求与宗教携手；宗教也别无选择，只有寻

① McGoldrick D. Human Rights and Religions：The Islamic Headscarf Debate. Oxford：Hart Publishing，2006：1.

② Muller D. Why and how can religions and traditions be plausible and credible in public ethics today? Ethical Theory and Moral Practice，2001，（4）：329-348.

③ McGoldrick D. Human Rights and Religions：The Islamic Headscarf Debate. Oxford：Hart Publishing，2006：23.

④ McGoldrick D. Human Rights and Religions：The Islamic Headscarf Debate. Oxford：Hart Publishing，2006：25.

求与人权同行"①。

既然如此，我们自然要问：宗教与人权携手同行的基础是什么？直觉的回答是：其基础是人权而不是宗教。那么，作为宗教基础的人权就是宗教人权。于是，宗教人权何以可能的疑问，即宗教人权的基础问题立刻凸现出来。这个问题可以分解为两个层面：宗教和人是否具有内在联系？如果答案是肯定的，那么，宗教和人权是否具有内在联系？如果答案也是肯定的，宗教人权何以可能的问题就迎刃而解了。

一、宗教和人是否具有内在联系

宗教神学一直认为，研究上帝超出了人类能力的范围。如果这是真的，相同的说法对人和自然也同样有效。对于人是什么或自然是什么，我们根本就没有找到答案，或者至多找到了谬误的答案。研究自然的主要是自然科学，它并不能完全解释自然的秘密，更不能完全揭开自然的秘密的秘密；研究人的主要是人文社会科学，它同样不能完全解释人的秘密，也不能完全揭开人的秘密的秘密。对自然的秘密的秘密和对人的秘密的秘密的神秘化，就会趋向宗教神学，即所有秘密的终极秘密就是上帝。换言之，人、自然作为人的研究对象，一旦追问其中任何一方的终极答案，它就成为神秘的不可知的而通向宗教。因此，任何宗教都是人（研究或实践）的宗教，这就奠定了宗教和人内在联系的基础。宗教和人的内在联系主要体现在如下三个方面。

（一）从静态逻辑的角度看，人是宗教存在的充要条件

从宗教和上帝的存在条件分析，人足以构成上帝和宗教存在的充要条件。对此，英国达勒姆大学教授米尔恩在《人权与人性的多样性》一书中做了精深的研究。他把一种宗教的充要条件归结为如下六个方面：①信仰超自然的真实性；②信仰自然对超自然的依赖；③信仰生活的可靠命令和教育指导的超自然的起源；④信仰以书面或口头相传的权威性的陈述的真理性，不仅信仰③中的教导的真理性，而且信仰超自然的特性的真理性，以及信仰自然依赖超自然的特性的真理性；⑤一群人坚定信仰④性质的真理教导；⑥建立在④基础上的联系和得到⑤中的一群人的支持，以便使其成员能够对他们在③、④中的承诺得以实际的表达和体现。"当所有

---

① McGoldrick D. Human Rights and Religions: The Islamic Headscarf Debate. Oxford: Hart Publishing, 2006: 23.

这些条件得以满足时，就有了一种宗教和一种宗教道德。"①可以肯定的是，神学和宗教不可能在无人区域传承下去。诚如法国哲学家勒维纳斯所说："不会有任何与人的关系相分离的上帝的'知识'。"②任何宗教团体、宗教教导和宗教道德都依附于人，宗教的一切包括上帝都是因人而出现、发展和实践的。所有这些条件的最终条件和根据都是人，没有人这个宗教主体，任何一个条件都不可能成立，宗教和上帝存在的充要条件也就成了空中楼阁。

这种静态的逻辑关系更加深刻鲜活地体现在动态的宗教历史的展现过程之中。

（二）从动态历史的角度看，人是宗教的创造者和决定者

从宗教起源的角度看，并非如宗教创世说所认为的那样上帝创造了人，而是人创造了上帝和宗教。作为人的创造性产品的宗教或上帝，其现实样态，如佛教或基督教等其存在与否和存在状态如何皆决定于人。

著名历史学家菲舍尔（H. A. L. Fisher）经过深入研究基督教的起源后，正确地指出："宗教是由门外汉创立，并由牧师们组织起来的。"③第一个创造宗教的绝不是宗教徒，而是非宗教徒或宗教的门外汉——他是上帝的重要创造者之一。因此，伟大的宗教改革家，如摩西、耶稣、穆罕默德、乔达摩·悉达多等都不是白手起家（from scratch），而是从改造某种业已存在的由非宗教徒创立的宗教入手的。其共同特点是：每一位宗教改革家都坚信他所倡导的特殊的权威性的教导是唯一真实的，而所有其他的教导都是错误的④。显然，每一位宗教改革家和宗教思想家，如奥古斯丁、阿奎那、马里坦（Jacques Maritain）、尼布尔（Reinhold Niebuhr）等也都是上帝的创造者和捍卫者的中流砥柱。而宗教徒则构成宗教的巨大团体，使宗教得以存在，他们也是宗教的创造者和捍卫者。宗教门外汉、宗教改革家和思想家、宗教徒都是宗教的直接创立者或捍卫者。非宗教人士所创造的物质和精神资源为宗教的创立奠定了世俗的经验基础，就此而论，可以

① Milne A J M. Human Rights and Human Diversity：An Essay in the Philosophy of Human Rights. London：The Macmillan Press Ltd., 1986：62.

② Emmannuel L. "The ego and the Totality" in Collected Philosophical Papers. Translated by Lingis A. Pittsburgh：Duquesne University Press, 1998：78.

③ Fisher H A L. A History of Europe, vol. I：Ancient and Medieval. London：Edward Arnold, 1943：170.

④ Milne A J M. Human Rights and Human Diversity：An Essay in the Philosophy of Human Rights. London：The Macmillan Press Ltd., 1986：67.

说他们是宗教的间接创立者。

从宗教的发展历程来看，启蒙运动之前，宗教得到了空前的发展。启蒙运动则是对宗教的严重挑战。随着自然科学和社会科学的产生和发展，许多人发现他们对上帝或神圣者的信仰和遵奉衰退了，尤其衰退的是对神圣的天意和神圣的代理者对自然与历史的直接运作的信仰。启蒙运动的观点是，自然科学是每一个事物的全部真理，是其自身可理解性的基础，它试图以自然科学取代宗教信仰。但自然科学不能提出一个自然主义的理由，也不能自我证明。不但这种自然科学至上论不可信，社会科学至上论也同样不可信。"社会科学至上论并不比自然科学至上论更有根据，它也将要求涉及人性结构。涉及人性结构并认识到它不能以自然主义的方式加以处理是一种致使启蒙谋划崩溃的挑战。"①自然科学和社会科学只能在某种程度上对宗教信仰发起冲击、质疑和批判，但都不能完全取代宗教信仰。因此，宗教并没有彻底失败。

这种宗教命运的起伏变化在一定程度上反映在西方哲学史的进程中。人们可以把亚里士多德的《形而上学》A 卷和《物理学》θ 卷看做为自然解释预留空间的战略部分，它坚持自然和超越性的联系，并把二者联结为一体。许多中世纪和现代早期的亚里士多德的后继者们，继承这种模式并把它运用于科学研究（包括笛卡尔、霍布斯、斯宾诺莎到洛克、莱布尼茨和牛顿）。启蒙运动以来，"当对上帝或神的理论上的重要性的需求衰退，继而完全消失之时，哲学家们要么寻求（上帝或神的）其他依然必要的作用，要么连神学一起抛弃了。例如，康德和黑格尔走的是前一条路线，……马克思、尼采和弗洛伊德的思想各有不同，他们走的是后一种方式"②。不过，即使是怀疑论者和无神论者也都从相反的角度刺激着宗教的发展和深入研究，并不能取而代之。20 世纪以来，随着逻辑实证主义的崛起及其在英美的巨大影响，宗教被边缘化，并在很大程度上被排除在严肃的哲学讨论之外，这种情况一直持续到 20 世纪下半叶。20 世纪 50 年代和随后的几十年里，随着后期维特根斯坦哲学和语言哲学的影响，不同的宗教现象得以净化和检验。在 20 世纪晚期的几十年里，情况开始变化，"甚至在盎格鲁-美国哲学界里，宗教和神学以新的方式变得兴趣盎然，而得以复苏"③。其典范哲学家主要有尼布尔、马里坦、勒维纳斯等。

---

① Capaldi N. Philosophy vs. religion in bioethics：scofield vs. engelhardt. Healthcare Ethics Committee Forum，2002，（14）：367-370.

② Morgen M L. Dicovering Levinas. Cambridge：Cambridge University Press，2007：175.

③ Morgen M L. Dicovering Levinas. Cambridge：Cambridge University Press，2007：176.

另外，本节开头所讲的宗教和人权的冲突问题，也正是宗教兴衰存亡在现实生活中的切实体现。

无论是静态的分析，还是动态的历史过程，都已彰显出宗教的兴衰存亡是完全由人决定和掌控的，这是因为宗教与人性具有内在的联系。

（三）从原初根据的角度看，人性是宗教肇始之根基

宗教既不是科学（人文社会科学或自然科学），也不是科学之科学，而是神秘的不可知、不可把握、不可实践的终极秘密，其始作俑者正是人。上帝本质上不过是人性自由的绝对神秘化和高度抽象化而已。

特别值得注意的是，"宗教是否植根于人性之中"涉及宗教或上帝是否可以完全根除的重大问题。因为如果（像怀疑论尤其是无神论者所认为的）宗教或上帝可以完全根除的话，宗教和人权就没有必然的联系。我们只需根除宗教，就可以解决宗教和人权的冲突，但问题绝非如此简单——本节开头已经对此提出了经验的现实根据。

怀疑论和无神论是宗教信仰的劲敌。如果说怀疑论的质疑是对宗教的间接否定，无神论则直接地断然否定宗教存在的可能性。但无神论和怀疑论者并没有也不可能根除宗教。康德作为怀疑论者把上帝赶出了现象界，作为道德论者又用道德取代了上帝。继之，黑格尔又用哲学取代了上帝，用国家取代了地上的上帝，发出上帝死了的预言。后来，叔本华断然宣称无神论，尼采的铁榔头哲学以超人的激情把上帝逼上了断头台。出乎这些追杀上帝的勇士们意料的是，上帝死了也就意味着（福柯继之所宣布的）人也死了。福柯说："尼采指出，上帝之死不意味着人的出现而意味着人的消亡；人和上帝有着奇特的亲缘关系，他们是双生兄弟同时又彼此为父子；上帝死了，人不可能不同时消亡，而只有丑陋的侏儒留在世上。"①怀疑论和无神论者联手也未能根除宗教，原因何在呢？

显然，对于多数人来讲，他们对宗教的理性探究不感兴趣，他们关注的是宗教的教义和教导对其经验生活的意义和价值。实际上，"无论宗教如何起源，其历史性的普遍存在的原因在于它能够给人们在此世界中的居家之感"②。居家之感是一种超越于物质之上的精神追求，它是植根于人性之中的神性所体现出的存在——目的。"和宗教不同，怀疑论者不能为人们提供在世的居家之感。它不提供生活教导。它对终极问题的回答简单粗糙。

---

① 杜小真. 福柯集. 上海：上海远东出版社，1998：80.

② Milne A J M. Human Rights and Human Diversity: An Essay in the Philosophy of Human Rights. London: The Macmillan Press Ltd., 1986: 67.

处在神秘世界中的人们丧失了超自然的保护和引导后，只能靠他们自己。他们的命运只能是死亡。"①居家之感是终将走向流浪者命运的怀疑论和试图以有形经验之家完全取代神性之家的无神论所不能解决的一个存在——目的问题。因此，怀疑论和无神论既不能彻底摧毁宗教和上帝，更不能取而代之。

更深层的原因是，人的存在是应当的目的论存在，这种目的论在自我的所有一切行为与意图中都起支配作用。胡塞尔认为，与生命攸关的重大问题在于整个的人的生存有无意义。这些对所有的人都具有普遍性和必然性的问题要求进行总体上的思考并以理性的洞察给予回答，宗教和上帝正是人对其生存有无价值的总体思考的一种回答方式。上帝虽然也是人的创造物，但它与那些可以和人自身分离的人造物，如汽车、电脑等不同，它是人自我形象的外化，是人本质的拓展的自我创造物。每一个人都是上帝的一个有限存在形态，上帝是追求超越每一个人有限存在的无限目的。人与上帝是同一存在的两个层面：人是有限经验的上帝，"上帝是无限遥远的人"②。欲杀上帝这个无限遥远的人，就必须把有限经验的上帝（人）完全消除。上帝不可杀，正是因为人性不可灭。宗教深深植根于人性之中，不可从人性和社会文化中完全根除。

但这绝不意味着宗教可以抱残守缺，恰好相反，植根于人性的宗教应当积极地自我反思、自我改造，敢于直面其自身存在的严重问题，在寻求普世价值的进程中脱胎换骨，重新建构自我。鉴于此，缪勒要求神学摒弃伪善，接受并如实地看待事情本身，具有承认自身不足和失败并能纠正与完成自身评价的自我批判能力，不得排外性地指责其他人包括信仰者和非信仰者的道德水平。其中，最关键的要素是，"神学伦理学阐明人性需求（needs）和愿望（desires）的能力"③。这是因为人、人性正是一切宗教的终极根据。当前祛魔化、世俗化的境遇中，挽救孤苦可怜的上帝和拯救失去了上帝的人成为宗教神学的双重使命。

二、宗教和人权是否具有内在联系

宗教和人权的内在联系肇始于宗教和人之间的内在联系。既然宗教的

---

① 胡塞尔 E.G.A. 欧洲科学的危机与超越论的现象学. 王炳文译. 北京：商务印书馆，2005：84.

② 胡塞尔 E.G.A. 欧洲科学的危机与超越论的现象学. 王炳文译. 北京：商务印书馆，2005：84.

③ Muller D. Why and how can religions and traditions be plausible and credible in public ethics today? Ethical Theory and Moral Practice, 2001,（4）：329-348.

基础是人，人权的基础也是人，人就是宗教和人权的共同基础。这就预示了宗教和人权具有内在联系的实证根据、理论基础和主体根据。

其一，宗教自由权是宗教与人权内在联系的实证根据。

尽管关于宗教和人权的问题争论颇多，但对作为人权的宗教自由这个核心理念并无异议。对此，麦高德里克说："宗教自由是一种古典人权。16 世纪以前的早期条约中对宗教自由的保护只是象征性的，事实却是宗教自由普遍受到压制。在现代，宗教自由的特征体现在国家宪法、人权法案和范围宽广的国际人权法律文件中。"[①]1948 年，《世界人权宣言》第 18 款明确规定了宗教自由权利，"每个人都享有思想自由、良心和宗教自由的权利。此项权利应当包括拥有或选定某一种宗教的自由或信仰选择的自由，以及个体或团体公开或私下地表达其宗教或信仰崇拜、仪式、执业和教义的自由"。1966 年，《公民权利和政治权利国际公约》第 18 款再度重申宗教自由权利，并补充解释为："二、任何人不得遭受足以损害他维持或改变其宗教自由或信仰自由的强迫。三、表示自己的宗教或信仰的自由，仅只受法律所规定的以及为保障公共安全、秩序、卫生或道德、他人的基本权利和自由所必需的限制。四、本公约缔约各国承担，尊重父母和法定监护人保证他们的孩子能按照他们自己的信仰接受宗教和道德教育的自由。"[②]需要特别强调的是，宗教自由权是个人权利不是团体权利，人们应当持有法律人权以拥有其受尊重的私人生活，自由地支持或者不支持宗教信仰。

不过，宗教自由权绝不仅仅是选定、拥有、脱离某种宗教或表达宗教信仰的自由，因为宗教问题仅仅在选择信仰自由的范围内是不能得到解决的。面对各种宗教和人权的冲突，宗教自由权无力做出有力的论证和相应的保障，不能起到宗教人权的应有作用。因此，宗教自由权本身也必须在宗教人权的限度内获得合法性。尽管如此，宗教自由权依然是由国际文献公认的宗教与人权具有内在的联系的实证性根据。

其二，自然法理论是宗教与人权内在联系的理论基础。

我们知道，人权的理论基础是自然法理论。既然宗教自由权属于人权范畴，其理论基础也应当是自然法理论。换言之，自然法理论是宗教与人权内在联系的理论基础。

① McGoldrick D. Human Rights and Religions：The Islamic Headscarf Debate. Oxford：Hart Publishing，2006：25.

② McGoldrick D. Human Rights and Religions：The Islamic Headscarf Debate. Oxford：Hart Publishing，2006：26.

　　自然法首先是人权的理论基础。在亚里士多德等古典法学家那里，每一类事物的本性都有一种特有的必须遵守的规律或原则，这就是自然法。亚里士多德以来，阿奎那、格老秀斯、霍布斯、康德等都从不同的层面发挥了自然法和人权理论。格老秀斯曾说，"自然权利乃是正当理性的命令，它依据行为是否与合理的自然相谐和，而断定为道德上的卑鄙，或道德上的必要"①。英国哲学家洛克认为，根据自然法，自然状态中的最重要的道德共同权利即人权是：每一个人，仅仅由于其存在的缘故，就享有继续存在下去的自然权利，它包括生命、自由、健康、财富或私有财产等。质言之，人的自然法和其他事物的自然法不同，如果说后者的自然法是必须遵守的自然规律，人的自然法则是人的本性具有的应当遵守的自由法则。就是说，人作为一种道德性、社会性存在，是超越自然法的事实层面而指向自然法的应当层面的自由存在。人权正是出自自由法则的普遍价值，即基于人性的自然权利。

　　如今，自然法理论业已成为和实证主义法学理论并驾齐驱的重要法学流派。当代德国自然法学家海因里希·罗门认为，自然法是法律哲学的研究对象。法律哲学是某种关于法律的应然的普遍规范的学说，"这种法律哲学不能与伦理学相分离，因为它是后者的一部分。而且，其所以能够存在，就是因为它作为应然和规范，扎根于本质性存在、扎根于社会性存在的自然中。它的最重要的原理和进一步的推论就构成了自然法的内容"②。每个人都同样享有自然法的自由和平等，由此形成人权的观念和世界共同体的观念。自然法作为伦理学的一部分，其重要地位就在于奠定了人权的哲学基础。

　　自然法不仅是人权的理论基础，也是宗教的理论基础。这一点早已为一些著名的宗教学家所认可。新正教派伦理学家尼布尔、新托马斯主义者马里坦等已经自觉地把上帝、自然法和人性在古典自然法理论的基础上连接起来，从人性的角度不同程度地解释了自然法和神学的关系问题。21世纪以来，自然法神学伦理的重要阐释者之一是丹麦奥胡斯大学神学院的安德森教授。安德森认为，宗教伦理应当理解为源自宗教信仰的人的行为的正当与否的知识或理念，世俗伦理是不以任何宗教信仰（基督教或其他宗教）为前提的行为正当与否的知识或理念，自然法则是联结宗教伦理和世俗伦理的基础③。宗教律法其实是一个从自然法推出的结论及推论的规范

---

① 周辅成. 西方伦理学名著选辑（上卷）. 北京：商务印书馆，1964：582.

② 罗门 H A. 自然法的观念史和哲学. 姚中秋译. 上海：上海三联书店，2007：169-170.

③ Andersen S. The ological ethics, moral philosophy, and natural law. Ethical Theory and Moral Practice，2001，(4)：349-364.

体系，因为宗教律法立法者预设的不是现实的立法者，而是一位理想的立法者，即一位只选择公道规范的立法者。这位立法者就是上帝。宗教律法即上帝的法，其实质就是祛恶求善的价值形式。由于上帝是人的创作品，因此，上帝立法的实质是：人借上帝之名为人自身立法。所以，自然法也是宗教律法的根据，又由于自然法追求的普遍价值是人权，自然法就成了宗教和人权的共同理论基础。

其三，人的"应当-存在"是宗教与人权内在联系的主体根据。

宗教自由权，以及自然法理论所蕴含的宗教和人权的内在联系，集中体现为上帝的祛恶求善的普遍形式和人权如何在人这个基础上具有一致性的问题。

人是综合事实和价值于一体的应当-存在。人最终理解"人的存在是目的论的存在，是应当-存在，这种目的论在自我的所有一切行为与意图中都起支配作用"[①]。因此，摩根（Michael L. Morgen）认为，"人的存在既不绝对地发生在事实世界中，也不绝对地发生在价值世界中，而是发生在二者相互渗透贯通的世界中"[②]。善与恶就是植根于人的目的性存在性中的普遍性价值形式。祛恶求善是人类普遍的、永恒的价值追求，正是为了这个超出了个人能力和限度的无限性追求，人创造了上帝，并企图把上帝作为完成此使命的工具。

可见，上帝的正当与否甚至存在与否都取决于人的目的和意图。相对而言，人是主体，上帝是客体；不是人向上帝生成，而是上帝向人生成；不是上帝创造了人，而是人创造了上帝。简言之，人是本，上帝是末。正是有了人这个道德主体，上帝和万物才可能享有被保护的权利，对上帝和万物的伦理关怀才得以可能。所谓上帝对万物和人的伦理关怀，其本质正是凭借信仰或上帝之形式对人自身的伦理关怀的抽象化、信仰化的神学表达。"应当-存在"的人是宗教伦理和世俗伦理的普遍的、共同的道德主体与价值根基，是宗教与人权携手同行的主体根据。

既然人是上帝的创造者和上帝的价值根据，上帝就是以主体性的人为根据的价值形式，又由于人权是人的普遍性道德权利，是人之为人的普遍性确证，是人之为人的第一要义，所以人权是宗教的实体价值或人存在的应当的普遍性内涵。从宗教的角度看，上帝是神圣的大我，即人类的普遍性，它在地上的行进就是人权，或者说人权就是世俗的上帝。简言之，人

① 胡塞尔 EGA. 欧洲科学的危机与超越论的现象学. 王炳文译. 北京：商务印书馆，2005：324.
② Morgen M L. Dicovering Levinas. Combridge：Cambridge University Press，2007：197.

权是宗教的普遍形式的普遍性价值基准或伦理命令——这种和宗教密切相关的人权就是宗教人权。人权作为宗教的价值基准则直接确证了人权是宗教和人权携手同行的基础。人权神圣不可践踏，它高于一切信仰、宗教和组织，或者说，人权才是最高的普遍信仰，任何个人和组织包括国家和宗教组织都应当奉若神明，而绝对无任何权利侵犯之。

第五章
教育伦理基础探究

　　道德教育方法批判是教育伦理基础工作，也是伦理教育的基本前提。康德对这一问题有着深刻的哲学思考。为此，我们在研究康德道德教育方法，即纯粹理性的方法的基础上，提炼出一般的教育伦理法则。一般的教育伦理法则落到实处的关键是伦理学专业教育。伦理学专业教育的目的在于把伦理学专业化，培育专业化的伦理思维、表达、写作和实践能力。在具体的应用伦理诸领域，如工程论理教育、法律伦理教育等，也同样存在教育伦理问题。其中，医学伦理教育是当前最为典型的一个领域。所以，我们选取医学伦理学教育作为探究对象。通过道德教育方法批判、伦理学专业教育、医学伦理教育三个层面，我们试图秉持普遍、特殊到具体的思路，综合立体地诠释教育伦理基础问题。

第一节　道德教育方法批判

　　目前，康德道德哲学的研究已经深入各个具体的理论层面，但人们却不太注意研究康德的道德教育方法——纯粹实践理性的方法。其实，这是康德道德哲学落到实处的关键。研究这个问题，不仅有助于深入理解康德道德哲学的精髓，而且对于我们加强道德教育也具有非常重要的现实意义和指导价值。

一、纯粹实践理性的方法如何可能

康德认为，纯粹实践理性的方法是关于"一种道德的教养和训练的最普遍的方法论准则"①。它研究的是："我们如何能够做到使纯粹实践理性的法则进入人的内心和影响内心准则的那种方式，也就是能够使客观的实践理性也在主观上成为实践的那种方式。"②它的任务就是把纯粹道德的动因带进内心。解决这个问题首先要避免道德教育方法的独断论，即首先要回答"纯粹实践理性的方法论如何可能"的问题。康德从以下四个方面做出了回答。

（一）纯粹德性是人类的本性

康德认为，纯粹德性就是对纯粹实践理性法则的纯粹敬重。他说："对纯粹德行的那种描述甚至在主观上，也比由娱乐的哄骗和一般我们可以归入幸福里面去的一切东西所可能造成的所有那些引诱，或者甚至比由痛苦和灾难在某个时候所可能造成的所有那些威胁，都能够对人的内心拥有更多威力，并能够充当一个远为强烈的动机去自己促成行动的那种合法性，产生一些更有力的、出于对法则的纯粹敬重，宁要法则而不要任何其他考虑的决断。"③假如人的本性不具有纯粹德性，就不会有法则的任何表象方式在某些时候以劝说的手段产生出意向的道德性，一切都将成为纯然的伪善。人们将厌恶乃至轻视道德法则，只是为了自己的好处才会遵守它。如此一来，虽然我们的行动可能具有合法性，但道德法则的精神在我们的意向中（道德性）则会荡然无存。实际上，即使我们竭尽所能，也不可能在我们的判断中完全摆脱纯粹实践理性。伪善并非出自对道德法则的纯粹敬重，它必然会使我们在心中的道德法庭面前把自己看做毫无价值的卑鄙小人，即使我们试图用种种娱乐方式使自己轻松愉快也无济于事。由此可以看出，对纯粹实践理性的法则的纯粹敬重，即纯粹德性是人的本性和存在。这是纯粹实践理性的方法何以可能的直接根据。

（二）作为人的本性的纯粹德性要求出于义务而不是出于偏爱来遵守

康德从普通的人类理性出发，通过设想把纯粹德性的检验标准提交给一个十岁男孩去评判，看他不经过老师的指导，自己是否必然会做出符合

① 康德 I. 实践理性批判. 邓晓芒译. 杨祖陶校. 北京：人民出版社，2003：219.
② 康德 I. 实践理性批判. 邓晓芒译. 杨祖陶校. 北京：人民出版社，2003：205.
③ 康德 I. 实践理性批判. 邓晓芒译. 杨祖陶校. 北京：人民出版社，2003：205-206.

纯粹德性的检验标准的判断。康德设想有人给这个小男孩讲述一个正派人士的故事。某人想鼓动这个正派人士参与对一个无辜而又无权势的人进行诽谤。人家首先许以好处（送以重礼或封以高位），他拒绝接受。这在男孩的心里所引起的只是赞许，因为拒绝的不过是好处。接着，人家开始威胁这个正派人士：中止友情、亲情，剥夺继承权；权贵们可以随时随地迫害和侮辱他；君王要剥夺他的自由甚至生命；他的极度贫苦的家庭恳求他让步；他自己虽然为人正直，但并不具有对同情困苦都麻木不仁的感官；等等。在如此巨大的重重压力之下，在这个正派人士希望永远不愿意过那种苦不堪言的日子的这一刻，他依然毫不动摇地忠于其正直的决心。这样，这个男孩就会一步步从单纯的赞同上升到钦佩，从钦佩上升到惊奇，从惊奇上升到崇敬，直到激起一种强烈愿望：要求自己能够成为一个出于义务而不是出于偏爱来遵守道德法则的纯粹德性的人。在这里，"德行之所以具有这么多的价值，仍然只是由于它付出了这么多，而不是由于它带来了什么。整个钦佩，甚至要与这种品格相似的努力，在这里都完全是基于道德原理的纯粹性，这种纯粹性只有通过我们把一切只要是人类能够归入幸福之中的东西都从行动的动机中去掉，才能够相当引人注目地表现出来。所以，德性越是纯粹地表现出来，它对人心就必定越是有更多的力量"①。德性之所以能够施加这种影响，只是因为它以纯粹义务为动机而不掺杂对自己的福利的意图，它在苦难中才最庄严地表现出来。正是对法则的敬重、对自己的义务的尊重，才会对目击者的内心产生最大的力量。就是说，人们根本不可能也不应当把偏爱作为前提，纯粹德性要求出于义务而不是出于偏爱来遵守道德律。因此，它才会对内心具有最确定的、最透彻的影响，才可能成为趋向于善的最有力的唯一的动机。

（三）纯粹德性是趋向于善的最有力的唯一的动机

纯粹德性是唯一规定意志的根据，只有它才把道德价值赋予各种准则，使其成为道德的。所以，道德行动的真正动机必须是纯粹德性。如果行动的真正动机不是出自纯粹德性，这有可能导致行动的合法性，但绝不会导致意向的道德性。康德说："我们愿意通过任何一个人都能够进行的观察，而把我们内心的这种属性，这种对一个纯粹道德兴趣的感受性，因而对纯粹德性表象的这种动力，当它被理直气壮地带到人心中来时，证明为趋向于善的最有力的动机，并且如果在遵守道德准则时关键在于持久性和

---

① 康德 I. 实践理性批判. 邓晓芒译. 杨祖陶校. 北京：人民出版社，2003：212.

严格性，则证明为唯一的动机。"①如果注意社交聚会中的交谈，我们就会发现，除了讲故事和戏谑之外，还有说闲话的一席之地。在一切闲话中，唯有关于某个人的品格或某个行动的道德价值的闲话，最能够激起人们的参与。我们往往可以在这些评判中看到判断者自己的品格，他们中的有些人，似乎主要倾向于为有关行为的善辩护，最终为个人的全部道德价值辩护。相反，另外一些人则主要倾向于谴责，不承认这种道德价值。但人们毕竟不能总是允许后面这种人完全否定德行的企图。我们常常还可以看到，为已有榜样的意图的纯洁性作辩护的人喜欢为这些榜样擦去最微小的污点，其动因是为了当一切榜样都被怀疑其真实性、一切人类德行都被否认其纯洁性时，德行不会最终被看做只是一个幻影，以致趋向德行的一切努力都遭到蔑视②。这些动机的感受性的证据链确证了纯粹德性是趋向于善的最有力的唯一的动机。

（四）德性可教是纯粹实践理性的方法论的前提

在德性是否可教的问题上，除了少数人认为德性不可教外，大都认为德性可教，如智者普罗泰戈拉、苏格拉底、德谟克利特、亚里士多德等。康德认为，既然德性是人的本性，也必然是可教的。但德性和知识不同，理论理性是人为自然立法（知识），实践理性则是人为自己立法（自由）。知识可以也应该通过灌输和训练进行。德性是人的本性，它指向内在的善良意志，因此，道德教育不能像自然知识那样以灌输为主，应该引导受教育者自己认识到德性的本性，并把它实现出来，即把自在德性扬弃为自为的德性。这也决定了道德教育的任务不是造就合乎道德法则的行为，应是培养出于义务的德性③。因为道德自律最终要靠个人的内在的实践理性的力量，否则，一切道德教育等于白费。因此，纯粹实践理性的方法应该是批判的，不是独断的，应该是自由的，不是强制的。

二、纯粹实践理性的方法

基于对实践理性的方法何以可能的上述论证，康德认为，培训道德主体的主体性是关键，纯粹实践理性的方法的目的就在于如何循循善诱地使

---

① 康德 I. 实践理性批判. 邓晓芒译. 杨祖陶校. 北京：人民出版社，2003：207.

② 康德 I. 实践理性批判. 邓晓芒译. 杨祖陶校. 北京：人民出版社，2003：208-209.

③ Kant I. The Metaphysics of Moral. Translated and edited by Gregor M. Cambridge：Cambridge University Press，1996：221-225.

道德法则进入每个普通人（哪怕是一个 10 岁儿童）的内心，启发人们意识到自由意志的纯粹性和道德人格的尊严，并在伦理共同体中使道德法则成为人的内在品格。这正是康德的纯粹实践理性的方法的两个不可分割的层面。为此，康德提出了纯粹实践理性的四个层面的方法。

（一）道德判断力的训练

康德认为，首先，教育者要善于引导并运用理性乐于对实践问题做出最精细的鉴定的倾向。教育者在把某种单纯的道德上的教义作为基础之后，就要为此搜遍古今人物传记，以便把握所提出的义务的凭据。运用这些凭据，通过对各种不同情况下的类似行动加以比较，使受教育者自己评判这些行动的道德内涵。在这里，甚至思辨还不成熟的少年也马上变得非常敏锐，并由于感到自己判断力的进步而产生很大的兴趣。最重要的是，他们可以有把握地指望，一方面，经常练习认识和称赞具有全部纯洁性的良好行为；另一方面，惋惜和轻蔑地去发现哪怕最小的对纯洁性的偏离。即使这种做法只是被当做一种判断力游戏，但却会对推崇纯洁性的良好行为而憎恶不纯洁性的行为留下持久的印象。受教育者通过这些练习，就会为以后正直不阿的生活方式奠定一个良好的基础[①]。其次，教导受教育者运用判断力区别在一个行动中的不同的义务:（人类的需要要求的法则颁布的）非本质性的义务和（人类的权利要求的法则颁布的）本质性的义务[②]。最后，必须注意的是：这个行动是否主观上也是为了道德律而发生的，它是否不仅拥有作为行为的道德正确性，而且也拥有作为按照行为准则的意向的道德价值。我们通过这种练习培养起来的单纯对实践上的事下判断的理性意识，必定会对理性的法则，以及道德上善的行动逐渐产生某种兴趣。

这还不是对行动及其道德性本身的兴趣，它只是使人们乐意以这样一种评判来自娱，并赋予德行和按照道德律的思维方式以一种美的形式。虽然这种形式令人赞叹，但并不因此被人寻求。因为这时客体的实存只被看做引起我们心中觉察到德性素质的一个诱因，它对德性来说仍然是无所谓的。这就需要开始第二种训练，即通过榜样来生动地描述道德意向，使人注意到意志的纯洁性。

[①] 康德 I. 实践理性批判. 邓晓芒译. 杨祖陶校. 北京：人民出版社，2003：210-219.

[②] 康德 I. 实践理性批判. 邓晓芒译. 杨祖陶校. 北京：人民出版社，2003：207.

（二）利用榜样的工具性作用训练对义务的敬重

康德时代盛行着运用情感尤其是单纯依靠道德榜样培养儿童的道德教育方式。康德批判说："为儿童树立一些行动作为高尚、慷慨和值得赞扬的模范，以为通过灌输某种热忱就会获得他们对这些行动的好感，这完全是适得其反。因为既然儿童在遵守最普通的义务上，甚至在正确评判这种义务上还如此远远滞后，那么这就等于说要使他们及时地成为幻想家。但甚至在人类的更有学问更有经验的那一部分中，这种臆想的动机对人心如果不是更有害的话，也至少是没有什么真正的道德作用的，但人们本来却正是想借此促成这种道德作用。"①在他看来，榜样只能作为培养意志的完善性的一种桥梁，绝不可作为道德教育的目的。道德教育的目的是通过榜样的桥梁作用，来训练对义务的敬重，达到意志的完善性。首先，达到意志的消极的完善性。这要求，在一个作为义务的行动中，初学者放弃爱好的动机，把注意力保持在对自己的自由的意识上。虽然这会产生痛苦的感觉，但初学者基于此摆脱了需求的影响，同时从各种不满足中解放出来，并使其内心对来自另外源泉的满足感易于接受。当相关实例中的纯粹道德决定，揭示出一种内部的、平时甚至完全不为人自己所知的能力，即内心的自由（也就是挣脱爱好的剧烈纠缠，以至于没有任何爱好对我们应当用我们的理性做出的决定发生影响）时，意志就摆脱暗中时刻压在其上的爱好的重负而获得了解放。其次，达到意志的积极的完善性。由于我们已经达到了意志的消极的完善性，尽管我们遇到如此巨大的矛盾——我侵犯了某人的权利，只有我一个人知道错在我方，而且受到我的虚荣心、自私，甚至我平时对那个人很有道理的反感等的阻碍，我仍然坦率地承认错误并提议向对方赔礼道歉。这就包含有不依赖于爱好和巧合的独立性意识，以及自满自足的可能性意识，也就是积极的行动自由。现在，义务法则凭借在遵守它时让我们感到的积极价值，通过在我们的自由意识中对我们自己的敬重找到了入门的捷径。如果这种敬重被完全建立起来了，如果人们最惧怕的是他通过内部的自我审查而自我判定自己是可鄙下流的，那么任何善良的道德意向就都能够嫁接到这种敬重上来。因为这是防止我们内心的不高尚和腐败冲动入侵的最好的，甚至是唯一的守卫者②。当然，意志的完善性仅仅靠榜样的工具性作用是很难达到的，它更需要合道德性的道德教育程序和伦理共同体的训练做保证。

---

① 康德 I. 实践理性批判. 邓晓芒译. 杨祖陶校. 北京：人民出版社，2003：213.
② 康德 I. 实践理性批判. 邓晓芒译. 杨祖陶校. 北京：人民出版社，2003：219.

（三）合道德性的道德教育程序——精神接生术和引导问答法

康德批判独断的道德教育方法（教师一个人讲，学生听的填鸭式教育）违背了道德教育自身的规律，因为它不懂得德性是人自身的本性，企图从外在的方面灌输内在的德性。他主张运用合道德性的道德教育程序——根据教养对象的不同分别运用精神接生术或引导问答法。首先，对于对道德有了一定的认识的成年人，应该采取苏格拉底式的精神接生术的方法（互相问答），通过辩论和自我反省达到对德性的认知和践行。其次，由于青少年对道德的基本内涵还不清楚，只能通过老师的逐步引导达到对德性的认知和践行。康德在《道德形而上学》中把《道德形而上学原理》中探讨道德规律的方法或程序运用到道德教育之上，专门详细地探讨了在《实践理性批判》中提出却未及展开的引导问答法——教师通过提问启发，引导学生思考回答，以此一步步达到对德性和义务的敬重的道德训练方法。他精心设计了如何把普通的道德理性经过哲学的道德理性而提升为纯粹实践理性的道德训练的程序——从对生活的渴望开始，经过幸福、配享幸福的桥梁，引导到自由意志对它们的克服和剔除，引出道德命令、道德规律，使学生认识到德性的力量和纯粹性[①]。康德提出的这一循循善诱的道德教育程序，对于青少年的道德教育具有极大的道德价值和指导意义，因为它抓住了道德教育的根本，否定了把道德教育的工具作为道德目的的填鸭式教育方法，以及扼杀道德主体性和道德纯粹性的陈旧程序。康德把道德教育内容的道德性和道德教育程序的道德性结合起来，这是一个独创性的思想。尽管在现实中不可能像他这样去做，但他为我们提供了一个可资借鉴的比较正确的合道德性的道德教育模式和程序。

（四）摆脱伦理自然状态，实现伦理共同体的联合

康德在论述了道德教育者应遵循的德性训练方法的同时，把眼光投向了社会领域。在康德看来，即使通过道德教育对一个人进行了德性训练，使他确立了向善的意念和对纯粹德性的尊重，这也仅仅是迈出了善战胜恶的第一步，此人依然总是受到恶的原则的侵袭。这种侵袭并不是在他离群索居的情况下，来自其粗野本性，而是来自他身处其中的社会。只要他生活在人群之中，甚至无须假定人们都已经堕落为恶，充当了教唆他为恶的榜样，单是妒忌心、统治欲、占有欲等，就会马上冲击着他那本来易于知

---

① Kant I. The Metaphysics of Moral. Translated and edited by Gregor M. Cambridge：Cambridge University Press，1996：221-225.

足的本性，迫使他或者必须防范别人，或者产生要压倒别人的欲望，这就足以使他变恶。康德把这种现象称作伦理的自然状态，它是"对德性法则的一种公共的、相互的损害，是一种内在的无道德的状态；自然的人应该勉励自己尽可能快地走出这种状态"①。所有想要改恶向善的人们都应该联合起来，形成一个"伦理共同体"——伦理的自由状态，以此来促进每一个人的道德修养。康德说："由于道德上的至善并不能仅仅通过单个的人追求他自己在道德上的完善来实现的，而是要求单个的人，为了这同一个目的，联合成为一个整体，成为一个具有善良意念的人们的体系，只有在这个体系中，并且凭借这个体系的统一，道德上的至善才能实现。"②人们应该通过伦理共同体的力量加强、稳固道德训练，由伦理的自然状态进入伦理的自由状态。康德的这一思想和卢梭在《爱弥儿》中主张的自然教育方法是不同的，但和黑格尔后来提出的伦理有机体对人的德行的训练是相通的。在一定的意义上，马恩提出的自由人联合体的思想在康德这里已经萌芽了。

康德通过各种具体的实践理性训练的方法和伦理共同体的熏陶，才似乎有可能把德性和道德规律落到实处。

三、纯粹实践理性的方法的启示

可惜，我们对康德的道德教育方法研究得不够。一个明显的事实是，目前盛行的道德教育方法基本上缺乏论证和自我批判，往往不确证方法的可能性就独断地提出各种各样的方法。这就必然导致道德教育过于重视普遍性而忽视特殊性，同时使普遍性本身流于空谈。批判吸取康德的纯粹实践理性的方法，至少可以给我们以下几个方面的启示。

（一）注重道德教育方式本身的道德性，反对独断的道德教育方法

康德认为，教育方法的可能性在于德性的本质是自由，是人的本性。马克思恩格斯继承了康德的这一基本思想，主张具体的实践的自由，他们在《共产党宣言》中说："代替那存在着阶级和阶级对立的资产阶级旧社会的，将是这样一个联合体，在那里，每个人的自由发展是一切人的自由发展的条件"③。无论从伦理学的本质来看，还是从马克思本人的伦理思想

---

① 康德 I. 纯然理性界限内的宗教. 李秋零译. 北京：中国人民大学出版社，2004：369.
② 康德 I. 纯然理性界限内的宗教. 李秋零译. 北京：中国人民大学出版社，2004：369.
③ 中共中央马克思恩格斯列宁斯大林著作编译局. 马克思恩格斯选集（第1卷）. 北京：人民出版社，1995：294.

来看，马克思主义伦理学的核心都应该是自由规律。道德不是限制扼杀自由，恰好相反，它本身就是自由规律。因此，道德教育的方法应该出自自由而不是出自强制，道德教育方式本身应该是道德的。高大全空的道德教育和强行灌输的道德教育方式本身就是不道德的，因为它把受教育者看做道德灌输的工具（客体）而不是目的（主体），败坏了教育者和受教育者的最根本的德性。这和道德教育的真正目的恰好相反。道德教育必须尊重受教育者的主体性，把阶段性和连续性、特殊性和普遍性结合起来，把区别对待和德性本质的一致结合起来。对儿童、青少年、成年的道德教育方法、内容等必须区别对待，而且要以德性本身为目的，而不是以德性之外的其他东西为目的。当前，尤其应该把道德和政治区别开来，二者虽有联系，却有着层次的区别，不可混为一谈。道德教育要打破伦理政治化和政治伦理化的千年传统，绝不可用政治标准、政治判断取代道德标准、道德判断，反之亦然。

（二）榜样教育应该以德性为目的，而不是以学习榜样为目的

康德在《实践理性批判》中谈到道德判断力的训练时说："只是我希望不要用我们那些感伤文字中被如此大量滥用的所谓高尚的（过誉了的）行动的榜样来打扰这种练习，而是把一切都仅仅转移到义务以及一个人在他自己眼里通过没有违反义务的意识而能够和必须给予自己的那种价值之上。"[①]康德在《道德形而上学》中还提出被学习者会对榜样产生仇恨。这就启迪我们，首先，虽然我们一直认为榜样的力量是无穷的，其实榜样的力量非常有限，且有其不可避免的负面影响。树立榜样对榜样者本人及其亲属都会造成一定的精神压力。他们有时为了榜样的虚名，违心地做一些本不愿做的事情时，就导致了伪善和不道德，甚至是一种恶。同时，树立榜样也对榜样学习者造成一定的精神压力。这就要求榜样教育的方法应该具体化，不能停留在抽象的树立榜样、学习榜样的表面工夫上。我们应该学习榜样的精神和德性，而不是学习模仿其具体的做法，后者只能是桥梁、工具，德性才是目的。其次，注意防止青少年不顾实际情况模仿道德英雄的严重危害性，以及榜样导致的对青少年产生嫉妒、仇恨心理的负面影响。道德教育不是要求他们模仿榜样的行为，而是应当引导他们认识到榜样行为所体现的德性实质；不是仅仅要求其言行的合法性，更要求其言行的合道德性乃至对道德自身的敬重。应该尊重其人格，肯定其点滴进步，绝不

① 康德 I. 实践理性批判. 邓晓芒译. 杨祖陶校. 北京：人民出版社，2003：210.

可用英雄人物或其他榜样作为衡量他们的道德标准。否则，只能导致他们走向虚伪或叛逆，给其人生带来不必要的甚至严重的负面影响。最后，榜样对于成人，更要注意实事求是，力戒夸大其词。一般来讲，成人有自己的道德判断能力和价值观念，而且有着广泛的社会联系和巨大的信息量。如果榜样脱离实际，只能导致他们对榜样的蔑视而适得其反。德性的力量在于其纯粹性，只有真正纯粹的德性，才能净化心灵，提升道德水平。过分夸大的榜样必然失去纯粹性而成了虚伪的、夸张的、功利性的东西，也就不会产生道德力量的震撼。

（三）注重感性实践的重要作用，扬弃道德教育中的主观形式主义和技术实用主义

康德承认，利害诱导或恐吓对于道德教育有时是必要的准备性工具措施，但绝不是根本方法。一旦产生了一些效果，就必须把纯粹的道德动因完全带进受教育者的心灵。这种动因教人感到他自己的尊严，给其内心提供了挣脱其感性依赖性，获得其理知本性的独立性的德性的力量[①]。康德突出了精神、德性的力量对物质、利益的超越性，但他关注的道德教育具有浓厚的形式特色和较强的主观性，忽视了感性实践的重要性。与康德不同，目前流行的观念却是，物质决定意识，利益是道德的基础，因此道德教育成了一种实用技术主义。我们应该扬弃这两种偏向，自觉地以马克思的感性实践原理为指导，注重感性实践对加强道德教育方法的重要作用。

在马克思看来，实践是具体生动的感性活动、"自由自觉的活动"，是人的本质力量的对象化和对象的人化。一切物质和整个自然界都潜在地具有思维的可能性，但只有人是自然界一切潜在属性的全面实现。所以，从外延上（抽象自然科学上）看，人是自然界的一部分；但由于他是最高本质的部分，所以从内涵上（哲学上）看，全部自然都成了人的一部分，成了人的实践的一部分。因此，共产主义"作为完成了的自然主义，等于人本主义，而作为完成了的人本主义，等于自然主义；它是人和自然界之间、人和人之间的矛盾的真正解决，是存在和本质、对象化和自我确立、自由和必然、个体和类之间的抗争的真正解决"[②]。人的本质是整个自然界的本质，是在人与人、人与社会、人与自然、人与自身的自由自觉的感性实践。可见，目前流行的物质决定意识、利益是道德的基础的观念只是从外

---

① 康德 I. 实践理性批判. 邓晓芒译. 杨祖陶校. 北京：人民出版社，2003：206-207.

② 马克思 K H. 1844 年经济学——哲学手稿. 刘丕坤译. 北京：人民出版社，1979：73.

延的角度上（抽象的自然科学）说的。从内涵（哲学）的角度看，意识是物质的本质，道德是利益的本质；物质、利益只是意识、道德的一个低层次的基础部分，只有提升为意识、道德的利益和物质才真正实现了自己的本质。因此，我们在进行道德教育的时候，一定要认清物质利益和精神、道德的辩证关系，不可片面强调外延关系的一面而忽视了内涵的一面，否则，就会陷入经验实用主义的泥潭，现实道德教育中的技术实用主义、政治实用主义就是如此。另外，也不可片面强调内涵关系的一面而忽视了外延关系的一面，康德的道德教育方法的问题就在这里。道德教育是为了实现人的本质，它本身也是一种感性实践活动。认识善和德性只是道德教育的开始，真正的道德教育是在感性实践中自我教育、自我磨砺。只有经受住各种诱惑和磨难，依然履行道德义务才能真正实现人的本质。如果只停留在道德认识和道德引导上，还只是道德教育的形式，而不是道德教育的实质。道德教育应该把形式程序和实质内容结合起来，在感性实践中实现人本主义和自然主义、自由和自然的贯通。

（四）以自由和谐丰富集体主义道德原则的内涵，构建和谐伦理实体，培育自由的道德人

伦理实体这一概念是康德在《纯然理性界限内的宗教》中提出的，他认为，伦理实体"也就是按照彼此之间权利平等和共享道德上善的成果的原则的那种联合"①。可惜的是，康德关注的是道德上的上帝统治的伦理共同体对道德教育的作用②。他把伦理实体遮蔽在宗教的彼岸世界中，没有真正揭示出其现实的内涵和作用。黑格尔发挥这一思想，主张伦理实体，即伦理主体，并把伦理实体提升为伦理有机体③。马克思恩格斯超越了黑格尔的伦理有机体思想，提出了自由人联合体的思想。今天，党中央提出了构建和谐社会的思想。这些思想之间有着内在的逻辑联系，都体现着伦理实体对伦理主体的道德教育的重要作用。伦理主体是独立之人格、自由之思想、自主之角色的有机统一。伦理实体是由伦理主体构成的和谐有序的合理的自由的道德秩序，伦理实体的力量就在于对伦理主体的熏陶和培育。构建和谐社会的本质是建立一个真正的伦理实体。这就要求我们认真反思集体主义的道德原则和自由和谐之间的关系。笔者认为，自由和谐可

---

① 康德 I. 纯然理性界限内的宗教. 李秋零译. 北京：中国人民大学出版社，2004：452.
② 康德 I. 纯然理性界限内的宗教. 李秋零译. 北京：中国人民大学出版社，2004：370.
③ 任丑. 简析黑格尔的伦理有机体思想. 武汉大学学报（人文科学版），2005：724-730.

以作为集体主义道德原则的新内涵。原因在于：首先，自由是伦理的本质，和谐是自由在伦理实体中的伦理主体间的合理关系的具体体现；其次，和谐自由是人的存在和本质，也是道德的目的和本质，即伦理主体的个体的自我和谐就是个体自由，伦理主体之间的和谐以及伦理实体的和谐就是合理自由的伦理秩序；最后，和谐社会作为社会主义的本质，体现了共产主义的自由人联合体思想在现阶段的具体落实，也是集体主义当前追求的具体目标。可见，以自由和谐丰富集体主义道德原则，建构和谐伦理实体，是培育自由的道德人的重要方式之一。

第二节　伦理学专业教育

　　道德教育方法落到实处的关键是伦理学专业教育。伦理学专业教育主要是指伦理学专业的研究生教育。伦理学专业人才培养模式以及培养方案和一般的道德教育有一定联系，同时又有其特殊性，即其目的在于把伦理学专业化。这种要求并不是一般的道德修养和道德规范，而是培育专业化的伦理思维、表达、写作和实践能力。

　　伦理学是追求自由及其体现人权和权利的实践哲学。伦理学的根基是自由，"伦理性的东西就是自由"[①]。因此，伦理学专业的任务不仅要研究各种道德现象，更重要的是运用道德智慧来诠释现实迫切的道德问题，如克隆人问题、食品安全问题、纳米伦理问题等，探求人性本真面目，关注人类生存环境，追寻自由、幸福和权利。从根本上讲，现有伦理学专业人才培养模式以及培养方案存在的问题，都是因为不尊重伦理学自身的自由本质，有意无意地蔑视自由和人权导致的。为此，必须打破这种固有模式，从自由的伦理本质出发，开拓出新的出自人性和自由的培养模式与培养方案。

一、伦理学专业教育批判

　　现有伦理学专业人才培养模式以及培养方案存在的问题主要体现在四个方面。

---

　　① 黑格尔 I. 法哲学原理. 范扬，张企泰译. 北京：商务印书馆，1961：164-165.

（一）说教灌输的独断方式

教育是人之为人的重要途径，也是人性本质的内在要求。诚如卢梭所说："我们生来是软弱的，所以我们需要力量；我们生来是一无所有的，所以需要帮助；我们生来是愚昧的，所以需要判断的能力。我们在出生的时候所没有的东西，我们在长大的时候所需要的东西，全都要由教育赐予我们。"①任何人在其成长的历程中都会自觉不自觉地接受思想文化、科学知识、道德规范等方面的灌输。必要的基础性的道德灌输，是人们了解、传承、反思道德智慧，乃至发展思考、判断、选择、实践能力的必要途径。但灌输不是目的，只是启蒙的手段。一旦启蒙任务完成，灌输就需要适时退出。否则，就会窒息自由和创造性。伦理学专业人才模式以及培养方案的首要问题，恰好出在这里。

对于伦理学专业学生而言，他们的启蒙阶段早已结束，灌输的模式已经丧失了存在的根基。遗憾的是，灌输依然占据主导地位，这成为问题的总根源。灌输方法的主要目标在于使学生相信和接受既定的信息，忽视甚至蔑视受教育者的道德主体性，把受教育者当成一种被动吸纳知识的器具，不注重引导甚至故意压制学生的反思精神和怀疑精神。灌输无视学生作为道德主体应有的尊严、自主选择的权利，企图以所确认的某种思想的绝对优势抹杀其他的思想和观点，久而久之，学生就会丧失自由以及比较和鉴别的能力。弗兰克纳说："从道德上讲，任何道德原则都要求社会本身尊重个人的自律和自由。一般地说，道德要求社会公正地对待个人。并且不要忘记，道德的产生是有助于个人的美好生活，而不是对个人进行不必要的干预。道德是为了人而产生，但不能说人是为了体现道德而生存。"②盲目痴迷和过分依赖灌输，不可避免地把灌输当做伦理教育的主要手段甚至目的。结果，说教灌输的独断方式成了一种普遍的伦理学人才培养模式：老师讲解一些所谓的道德原则、道德规范和道德要求，学生听讲并试图据此解决一切问题。在这样的模式里，通常是用独断的方式将一个本来有多种可能解答的问题规定为一个唯一答案的问题。它忽略了各种理论的相互补充和思维的缜密严谨的训练，压制信息和观念的自由流通，窒息了追求真理中常用的讨论、辩论过程，最终使受教育者未经反思地接受一种既定的答案。其实，这种教学模式还停留在小学阶段德育启蒙的教学水平上，根本不可能培养出真正的伦理学专业人才。说教灌输的独断方式，具体体现

① 卢梭 J.J. 爱弥儿（上卷）. 李平沤译. 北京：商务印书馆，1978：7.
② 弗兰克纳 W.K. 善的求索——道德哲学导论. 黄伟合译. 沈阳：辽宁人民出版社，1987：247.

在三个方面：从培养形式上讲，一言堂的专制教学模式；从培养内容上讲，通论式的讲解伦理学史或原理的教学模式；从培养后果看，最终体现为突击应付的论文写作模式。

（二）一言堂的专制教学模式

一言堂的专制教学模式的形式是以教师为道德权威和宣讲主体。整个道德教育过程基本上是教师一个人的独角戏，即教师讲，学生听，学生的想法可有可无。教师将书本上的教学内容以"固定知识"的形态向学生宣讲，并根据对他宣讲的道德知识的掌握程度来评判学生的学业成就。教师具有至高无上的通天教主般的特殊地位，成为判定学业成就的铁笔判官。相应地，学生只是被动学习的客体，他们只不过是既定规范和固有知识的无条件的接受者和服从者。这种道德权威式的专制教学模式，严重扼杀了课堂的民主氛围。在这种教育方式的驱使下，已经逐渐以一种不易觉察的方式剥夺了学生的独立思考、自主发展的自由和权利。这样一来，失去了自由与自主权利的道德个体即使能够复述出课堂上所讲的道德规范、准则，即使能够在外力压制下做出道德行为，也无法从内心树立坚实的道德信念，更不懂得对自己的行为负道德责任，因为只有当个体能够意识到自己是一个受尊重的有着独立人格的个体时，才会有自主意识的觉醒。强迫学生接受服从外在权威观念或价值信条，要么造就一批毫无道德信仰和独立精神的顺从者，要么培养一群道德上的伪善者。

可见，教师一言堂的专制教学模式，违背了伦理学的平等商谈的基本实践精神，压制了思想自由和言论自由，扼杀了伦理学方法论和伦理学思维的训练。这种教学模式戕害人性和思想，它本身就是不道德的。

（三）通论式的讲解伦理学史或原理的教学模式

一言堂的专制教学模式必然以灌输伦理学的所谓原理或伦理学通史为教学内容，因为只有这样才能保持其专制模式的权威地位。教师将书本内容通过宣读的方式居高临下地传播给学生，知识原理成为了中心，而学生却处于教育的边缘，致使学生把对道德知识的单纯记忆当成道德教育的全部内容，对一些条条框框背得滚瓜烂熟，却缺乏道德反思能力和判断力，更缺乏面对实际生活中的道德问题和道德理论的道德实践能力。

伦理学历史或原理的教材，毕竟是他人对伦理学原著和思想史的一种理解，这种理解不可避免地带有个人的偏好和选择，甚至还会受到社会制度和风俗习惯的干涉，例如，以意识形态的诠释取代道德思维、道德实践的教育，以培养意识形态的工具取代对自由人格的培育等。而且，每个人对同一个对象的理解各有不同，一百个人就有一百个"康德"，说的就是这个道理。这样一来，学生通过他人的理解，间接学到的或许仅仅只是单纯的伦理学的历史或所谓的"原理"，对伦理学原著、相关的理论专著以及最前沿的科研信息却阅读了解得少之又少。相当一部分研究生三年学业生涯中，竟然没有真正读过一本伦理学著作。这不可能培养出真正的伦理学专业人才。相反，学生因此视野狭窄，思维僵化，习惯于盲从听信既定的价值权威，严重缺乏怀疑和反思的伦理精神和哲学气质。结果，最为重要的独立思考道德问题的能力并没有培养出来，他们没有能力对道德原著和社会上诸多道德问题给予伦理思考和道德关注。这就是康德所说的理性的懒惰，它实质上违背了伦理学的理性与自由精神。

一言堂的培养形式和通论式的培养内容所产生的后果，必然是突击应付的论文写作模式。

（四）突击应付的论文写作模式

毕业论文是伦理学专业修习的最终成果的体现，它需要独立思考基础上的个体的反思、怀疑精神、创造能力和表达能力。在这个综合检验、展现培养模式水平的最重要的环节上，各种问题也不可避免地集中体现出来。令人遗憾的是，目前严重存在着为了毕业或急于寻找工作或为了晋级急于拿到学位而突击式、应急式或应付式准备论文的现象，甚至存在抄袭率超过60%的严重问题。这种急功近利的论文写作态度，不但降低了论文质量，也给以后的工作带来不良影响。不论存在多少外在因素，这种应付论文的现象与伦理学的独断的培育模式相关，因为这种模式没有培育出学生的研究能力和伦理思维方式，也没有认真履行专业培养的责任。因此，学生缺乏最基本的模仿、资料积累、原著心得、思考记录、抽象思维、文字写作、论文选题布局谋篇等专业写作的训练，导致他们写作时无从下手，只好应付了事，更有甚者，某些学生弄虚作假抄袭，老师为了面子也往往睁一只眼闭一只眼，令其滥竽充数，蒙哄过关。从某种意义上讲，这是一种严重失职。虽然短期内似乎满足了学生的各种功利性的实际需求，但却践踏了真理学问尤其践踏了老师和学生的人格尊严，也是对伦理学学科和专业的极大侮辱。

从根本上讲，这种急功近利、敷衍了事的论文写作状况正是伦理学教学模式和教学方案违背了伦理本质——自由，而必然导致的综合征。所谓自由就是依靠自身的存在，"因为我如果是依附他物而生存的，那我就同非我的外物相连，并且不能离开这个外物而独立生存。相反的，假如我是依靠自己而存在的，那我就是自由的"①。自由是人的本性，是自己实现自己，自己造就自己的存在方式和伦理根据。尊重人的本性和自由意志——这应该是一切道德教育的出发点和回归点。说教灌输的独断方式、一言堂的专制教学模式、通论式的讲解伦理学史或原理的教学模式共同压制了学生的自由和实践能力，最后他们的毕业论文也只能是东拼西凑、应付了事，不可能写出自由的、有个性的、有个人独到见解的专业论文来。

如何解决这种严峻问题的具体的方案，不能只从某一方面入手，必须全面摒弃旧的培养模式和培养方案，走出一条合乎人性和伦理学科本性的伦理学专业人才的培养途径。

二、伦理学专业教育的出路

基于以上分析和伦理学的学科性质，伦理学专业研究生培养模式以及培养方案的主要改革路径如下。

（一）摒弃说教灌输的独断方式，注重伦理方法和伦理思维的训练

人的自由的根本体现是既有向善的可能性，也有趋恶的可能性。如果人性必然是善的或必然是恶的，人就不是自由的而是遵循必然规律的自然存在，那就完全没有必要进行道德教育了。而且，如果人性只是善的，道德教育就不必要；如果人性只是恶的，道德教育就不可能。

灌输方式割裂人性善恶的辩证关系，它的逻辑前提是教育者的人性是善的，被教育者的人性是恶的。但这个前提是错误的，事实上教育者和被教育者的人性都是善恶的统一体。教育者并不能保证自己所教是善，也就没有资格成为灌输的主体和权威。被教育者也并非完全是恶的，也没有必要完全听从他人的灌输。受教育者不是机器般的自然存在物，而是活生生的理性存在者。因此，道德教育不能是机械的说教灌输，更不能是功利的交易，而是引导、启发。

道德教育的目的是道德教育的本质，是对个体人性的造就，是一种本质上合乎人性的外在的帮助行为，它使个体从潜在的道德主体和抽象的人成长为现实的道德主体和真正的人。对于伦理学专业的人才主要是研究生而言，最重要的不是听几条原理或规则，而是作为实践哲学的伦理方法和道德思维的训练，以引导、培育他们自由地进行道德思维。伦理专业教育

① 黑格尔 GWF. 历史哲学. 王造时译. 上海：上海书店出版社，2001：17.

的目的不仅仅是传授固定的和客观的价值，更重要的是培育学生的道德思维能力，提升个体的自由，完成对个体的伦理专业化训练。如果以说服和强加的方式向学生传授预先设定的"正确"的价值，就是对他们的自由和权利的侵犯。

而且，道德问题和道德境遇是极其复杂的，绝非灌输的书本上所谓的原理、概念所呈现描绘的那样简单，它在现实中的复杂性与多样性是我们在教学研究中无法回避也无法完全预料的。这就要求反对强制灌输与死记硬背所谓的道德知识或道德原理之类的灌输的东西，尊重学生的人格尊严和主体性，充分给予他们自我思考、判断、选择、行动的空间与自由，加强伦理方法和伦理思维的训练，培育他们用伦理方法和思维去诠释、解决现实中的道德难题的能力。这种训练方法主要体现为形式上践行民主商谈的教学程序，内容上注重阅读经典原著以及在此基础上进行的专业论文的写作训练等几个基本路径。

（二）摒弃一言堂的专制教学模式，践行民主商谈的教学程序

学生和老师一样，都是平等自由的存在者。应当培育学生独创的价值和个人面对问题自己解答的能力，而不是附和、赞同既定的价值理念或道德权威。这就需要与一言堂的专制教学模式相反的民主商谈的教学程序。

一切道德活动都应该建立在对其他人人格尊重基础之上的。真正意义上的道德教育应该是建立在平等基础之上的伦理主体间的相互尊重、交流商谈。民主商谈的教学程序是在教师引导和启发下，学生用讨论与辩论的方式就道德问题、道德观点、道德思想或伦理流派等自由探究，独立发表个人的见解。在各抒己见的过程中，学生个人的道德观点得到认同或反驳，促使其进一步的思索和反复辩论，在相互辩驳中锤炼道德思维、磨砺道德能力。在讨论中，教师可以根据现场情况，及时准确地引导、提升学生的道德思维水平和道德语言的专业表达方式。师生双方在所依据的道德价值与规范进行的辩论过程中，教师不是以自己的权威身份或其他强制手段来压制和强迫学生接受，而是遵守哈贝马斯所说的道德交往行为的四个有效性要求，即语言表达的可理解性、陈述道德客观世界的真实性、道德规范的正当性、话语表达的真诚性。在此基础上，教师和学生平等探讨道德问题。教师的职能不仅仅是传授知识，更重要的是推动师生交流对话，使学生在对话商谈中培育平等、民主、自由的伦理素质，师生互为主体，相互激励、鼓舞、辩论、忠告和建议。在这种平等民主的沟通情境中，教师和学生就所教育的道德价值与规范通过反复讨论，学生主体性得以充分发挥

和强化，一言堂的专制教学模式就被彻底打破了。这就为认真阅读、民主讨论伦理学的经典原著奠定了良好的基础。

（三）摒弃通论式讲解伦理学史或原理的教学模式，认真阅读经典原著

民主商谈的伦理学教学程序内在地要求教学内容必须摒弃教师通论式的讲解所谓伦理学史或道德原理的教学模式，而以师生集中精力阅读、理解、思考诠释伦理学经典原著为主。

伦理学教学的专业途径是认真阅读伦理学原著以奠定基本的伦理学基础，而不是崇拜权威或包括伦理学思想史和基础理论方面的教科书。道德训练是贯注着人的主体精神的自由自觉的实践活动，道德作用的发挥乃至其存在的价值，以道德主体性的发挥和人的自由自觉为前提。伦理学专业训练应该是学生经过阅读、理解经典著作，反思、怀疑大师的思想观点，进而独立提出个人观点并加以论证，实现道德思维、道德实践的育成和提升。伦理学专业需要阅读的最基本的经典原著有亚里士多德的《尼各马可伦理学》（德性论经典）、康德的《道德形而上学》（义务论经典）、密尔的《功利主义》（目的论经典）、德沃金的《重视权利》（权利论经典）、摩尔的《伦理学原理》（元伦理学经典）、罗尔斯的《正义论》（应用伦理学经典）等。

阅读原著的三个基本步骤或三个基本层次是：①理解诠释，就是伽达默尔说的读者和文本的视阈交融，从而理解并准确诠释原著的内容和要义。总体看，这还处在"我注六经"的阶段，即我的高贵头颅成为古人思想著作的发展源和生长地。如果停留在这个阶段，就是读死书。必须超越这个层面，进入第二个层次。②反思批判，独立思考的阶段。跳出原著，既要肯定其合理思想，也要否定其中的谬论，并提出个人的见解。这就是"六经注我"，即古人的思想和著作成为我的高贵头颅思想的发展源和生长地，我成为原著的目的和真正主人。当我有了个人的独立见解和身后的原著功力之时，我就必须直面现实伦理问题，做出创造性的成果，这就提升到了第三个层次。③实践应用，论从史出。读书通向学问，读书之理决定着学问之道。应用实践不局限于实际操作层面，理论也是应用实践。在思考现实问题，如生态伦理问题、经济伦理问题、机器人伦理问题、网络伦理问题等时，自觉运用经典原著资源，紧密结合思考这些伦理问题，在怀疑辩论中来逐步培养自己的创新能力，在相互探讨切磋与证明中来印证自己的观点，在切实联系人们的生存境遇和道德问题中锤炼道德实践能力，训练伦理学的思维和基本能力，培养哲学思维。

通过上述伦理思维和阅读伦理学原著的训练和磨砺，就为摒弃突击应付的论文写作模式，加强循序渐进的专业写作训练奠定了良好的专业基础。

（四）摒弃突击应付的论文写作模式，加强循序渐进的专业写作训练

毕业论文是伦理学专业的最终培育成果的体现。只有经过循序渐进的专业训练，在独立思考的基础上，才能真正写出高质量的毕业论文。遗憾的是，目前严重存在着为了毕业而应付论文的现象，这种急功近利的论文写作态度，不但降低了论文质量，也给以后的工作带来不利因素。不论存在多少外在因素，这种应付论文的现象与伦理学的独断的培育模式相关，因为这种模式没有培育出学生的研究能力和伦理思维方式，导致他们写作时无从下手，只好应付了事。

我们主张在商谈和阅读原著的过程中，循序渐进地进行专业写作训练，培养写作和研究能力，具体步骤如下。

1. 课堂讨论与录音整理

听课讨论是开启研究大门的第一步，由于学生不知道如何表达，通过专业老师讲课录音的整理，训练了专业表达方式和专业思维。这基本上以模仿为主，类似于汉字描红，为以后的专业写作表达奠定了思维和语言的基础。

2. 问题综述

这是对某个问题研究状况的了解，是进入专业研究的开端。通过这个过程的独立写作，已经由录音整理的模仿进入独立思考、独立写作，学生抽象概括能力和独立思维能力以及掌握某个问题研究方向和思路的基本功得到训练。不过，这还主要是对他人观点的概括，在此基础上提炼自己的观点，表达个人的独立见解才是目的。这需要进一步的提升和训练。

3. 原著笔记

写出阅读思考伦理学原著的笔记，这是类似于却高于问题综述的研究的积累和提升，因为原著的难度和水平以及专业训练都比综述要高得多。可以说，综述主要是他人的研究，是间接性的研究，原著笔记则是直面研究对象所做出的思考与表达，已经进入直接研究的境地。

4. 学术论文

这是在了解对某个问题研究的状况的基础上，结合原著的思考和积累，对某个问题独立发表见解的关键一环，也是真正进入研究和体现综合能力的一步。可以说，学术论文是毕业论文的雏形，毕业论文是学术论文的提升和拓展。

5. 毕业论文

功到自然成，论文不是应付出来的，而是通过专业训练培养出来的。撰写毕业论文不是空中楼阁，而是在问题综述、原著笔记、学术论文的基础上，把对某个伦理学问题的思考深入系统地表达出来。伦理的强烈的实践精神决定着伦理学研究的特质不能停留在纯粹理论的概念的逻辑分析上，而是在此基础上，直面实有的伦理冲突，如环境问题、机器人问题、法律的价值基础问题、制度的公证问题、生命伦理问题、媒体伦理问题、经济伦理问题、食品伦理问题、纳米技术伦理问题等，反思、判断、选择自己所关注思考的重大现实伦理问题，通过理论分析和实践考察，把自己的独立见解和思考成果严谨简洁地表达出来，这就是毕业论文。

论文质量不是把关就能"把"出来的，而是一步步扎实地阅读思考训练，最后写作出来的。这是以前基础的提升，也是伦理学专业的最后成果，是伦理学专业人才培养结果的最为重要的综合成就。严把毕业论文质量关，是在严格要求问题综述、原著笔记、学术论文等质量的基础上来把关的，而不是只把毕业论文的质量关。因为如果没有以前的基础，毕业论文只能是应付出来的，把关也只能是亡羊补牢而已。

康德曾经说过，"有两样东西，人们越是经常持久地对之凝神思索，它们就越是使内心充满常新而日增的惊奇和敬畏：我头上的星空和我心中的道德律"[①]。伦理学专业人才的培养，不仅仅是纯粹道德理论知识的积累，更重要的是激发和唤醒学生的自由本性和对道德律的敬重，切实关注人类的生存处境，在人生的磨砺中增强道德判断力和道德实践能力。这也正是伦理学专业人才培养方式改革的最终目的。

---

① 康德 I. 实践理性批判. 邓晓芒译. 杨祖陶校. 北京：人民出版社，2003：220.

第三节 医学伦理学教育

目前，医学伦理学教育和研究在我国取得了较大成绩，同时存在着一些不容忽视的问题。这些问题表面上主要体现为把医学伦理学教育降格为医德说教以及由此导致的理论和实践的比重失调，其深层原因则在于医学伦理学在哲学伦理学和医学夹缝中的尴尬困境以及医学伦理学没有自己的独特语言体系所致。

一、医学伦理学降格为医德教育

医德和医学伦理学是两个虽有联系但意义甚为不同的概念。医德是随着医业医者的出现而出现的，医德重视个人修养，具有经验的、感性的、不稳定的、不成体系的特点，更突出的是个性和体验。医学伦理学则是医学和哲学伦理学发展到一定阶段的产物，是从哲学伦理学的高度探究医学伦理中的形而上学问题和基本的医德问题而形成的一个有机的体系，是遵循历史和逻辑统一以及由抽象上升到具体原则而构建的理论体系。它必须具有应有的思辨，注重医德的元伦理的普遍规则而尽量剔出经验的、感性的、零碎的成分，在更高的理论的基础上，实现普遍性、共性和特殊性、单一性的有机结合以及普遍原则和医德实践的有机结合。在目前的教学中，存在着把医德和医学伦理学相混淆的现象，更严重的是重视医德而忽视医学伦理学，把医学伦理学降格为一般的医德说教和思想品德教育。这就失去了这门课程的严肃性、理论性、原则性，从而使医学伦理学名存实亡。这和我们的教育理念相违背，从而直接影响到对医学伦理学本质的把握和理解，导致医学伦理学教育的理论和实践比重的严重失调。

医学伦理学教育最重要的是基础理论尤其是伦理学的基础理论，以训练医学学生最基本的思辨能力，因为这是他们的弱点甚至是盲点。有些课堂上的案例分析比理论训练还多，看似理论和实践结合培养学生分析问题解决问题的能力，实则不然。在短短的几十个课时内，能把一些基本的伦理理论肤浅地讲解清楚，已经难能可贵。如果大量的案例分析代替了理论的训练，有时实际上是聊天式的讨论而浪费了时间，只能导致理论和实践的双重损失。没有理论，根本不可能有高水平的分析讨论。另外，实践也可延伸到临床实践的医德示范、提示以及医学学生的医学实习和工作中去。所以课堂应该以理论为主，案例分析讨论虽然必要，但只有和学习理论、深化理论相结合才有意义，比例不宜过大。究其根源，这和医学院校重实用、功利而轻视人文、轻视理论的传统教育理念有关。实际上,医学学生缺少的主要不是实用的、功利的学科,他们真正缺乏的是非实用的、理论的、人文的"无用"之用的学科,医学伦理学就是这样一门学科。只有把有用之用的学科和无用之用的学科有机结合起来,才能够培养出真正的高素质的生物心理社会医学模式的复合型医学人才,否则只能是不断地复制传统的生物医学模式的医学人才。出现这种问题的深层原因在于对医学伦理学学科地位的困境以及由这种困境产生的缺乏本学科独有的语言体系,进而没有自己独特的语言权利和语言尊严。

二、医学伦理学的双重困境

在学科地位上,医学伦理学处在一种双重尴尬的地位,一方面游离于哲学伦理学之外,另一方面又不能摆脱医学学科的阴影。这实际上是一个误区。就医学伦理学和哲学伦理学的关系看,医学伦理学必须以哲学伦理学为理论根基,否则只能停留在医学常识和医学职业道德说教的水平上,而达不到医学伦理学的高度。但这并不等于说,医学伦理学附属于哲学伦理学。医学伦理学作为应用伦理学,虽然以哲学伦理学为理论根基之一,但它是一门独立的应用伦理学而不是哲学伦理学理论的简单套用。这就要求医学伦理学工作者,一方面要加强哲学伦理学的理论修养,从中吸取必需的基础理论,另一方面在此基础上让医学伦理学独立地成为一门应用伦理学学科。要做到后一点,首先要做好前一点,否则只能是痴人说梦。但遗憾的是,前一点我们做得并不理想,所以后一点也不可能达到。目前在全国的伦理学会议上甚至在专门讨论以应用伦理学为主题的学术会上,如2003年在武汉召开的中韩国际应用伦理学学术会议上,几乎听不到医学伦理学这种重要应用伦理学的声音。同时,在全国医学伦理学会议上,也很少听到医学伦理学以外的哲学伦理学界其他学人的声音。这种本是同根生,却老死不相往来的局面,不能说不是医学伦理学研究的一个弱点,它既是哲学伦理学的一个损失,更是医学伦理学的一个悲剧。这就告诫我们必须加强学术交流,打破这种局面,处理好两者的关系,这样才能既促进哲学伦理学的繁荣发展,又促进医学伦理学的独立进步。

与此相似而又颇为不同的另一个问题是,医学对医学伦理学的笼罩而形成的医学伦理学好像是寄生于医学之上的可有可无的道德说教的阴影,这是一个更大的误会。严格讲来,医学主要属于自然科学,是研究"是"的学问,属于事实判断的范畴;医学伦理学属于哲学伦理学,是研究"应当"的学问，属于价值判断的范畴。我们知道，英国著名哲学家休谟早就提出了伦理学或价值论领域的"休谟问题"，即事实与价值的关系问题。他说，在他遇到的每一个道德命题中，"我却大吃一惊地发现，我所遇到的不再是命题中通常的'是'与'不是'等联系词，而是没有一个命题不是由一个'应该'或一个'不应该'联系起来的。这个变化虽是不知不觉的，却是有极其重大的关系的。因为这个应该与不应该既然表示一种新的关系或肯定，所以就必须加以论述和说明；同时对于这种似乎完全不可思议的事情，即这个新关系如何能由完全不同的另外一些关系推出来的，也应该举出理由加以说明"[①]。具体讲来，休谟从怀疑论的立场认为理性是情感的奴隶，哲学认识论是理性对真的追求，其命题或判断形式是以"是"为系词，属于事实判断。善恶不是知性发现的任何事实，是人的感觉的判断，其命题或判断形式是以"应该"为系词，是指导或规范人们行为的，属于情感判断。所以，知识不是美德，真不是善，从"是"中推不出"应当"来。就是说，事实科学和价值科学是两个不可通约的领域，从事实判断中推不出价值判断，这就是价值论领域的"休谟问题"。康德把休谟提出的伦理学问题进一步明确化、深入化，把认识和道德截然分开，主张现象和本体的二律背反、理论理性和实践理性的对立。摩尔、史蒂文森、艾耶尔等现代元伦理学家都试图以直觉、情感或纯粹逻辑推理等解决这个问题，塞尔也专门撰文《怎样从是中推出应当》探讨此问题。影响深远的休谟问题告诫我们，要净化伦理、成就伦理，不要把它埋没在事实科学中成为依赖于它的寄生学科。医学虽然是医学伦理学的重要基础之一，但医学伦理学属于价值学科，是独立于医学的学科，是医学学科的灵魂所在。如果说医学学科是躯体，医学伦理学则是大脑，它们共同构成医学教育的有机体。大脑固然离不开躯体，但躯体更需要大脑，否则就是一具僵死的躯体或疯狂的躯体。因此，不是医学学科为医学伦理学立法，而是医学伦理学为医学学科立法；不是医学伦理学寄生在医学学科之中，而是医学学科企盼着医学伦理学的指导定位；不是医学伦理学教育依赖医学学科教育，而是医学学科依赖医学伦理的教育。在目前的医学伦理学的教学中，常常传授的医学知识多于伦理学，把医学伦理学变成了医学常识课，这也是医学学生对此课甚为不满、医学伦理学教师对此课缺乏自信的一个内在根源。出现这种现象的原因，主要是医学院校把人文学科边缘化的理念的影响，同时是从事医学伦理学教育的人士自己认识不足所致。鉴于此，我们必须加重

① 休谟 D. 人性论（下册）. 关文运译. 北京：商务印书馆，1980：509-510.

医学伦理学的伦理学分量，而剔除那些不必要的烦琐的医学常识的说教，让医学伦理学堂堂正正地独立地出现在课堂上，而不是一个令人可怜而又讨厌的医学学科的寄生虫形象。

三、建构医学伦理学的独特语言体系

语言是人的思想的载体，语言是存在的家（海德格尔）。任何一个民族要成为一个民族既必须有自己的语言，任何一门学科要成为一门学科都必须有自己的独特语言。

有些业内人士和业外人士之所以轻视医学伦理学，一个重要原因在于它还没有真正创立属于自己的语言体系。任何一个读懂汉语的人拿起医学伦理学教材，都可不动脑筋地读完甚至读懂。一个从来不知医学伦理学为何物的人，在课堂上可以一边读英语，一边做医学伦理学笔记，而且能听得懂，考出优异成绩。试问这门学科的价值和尊严何在？这就是人们误以为医学伦理学是日常白话的空头理论，可以不经过任何训练就能轻易地进入这个领域的原因。众所周知，康德使伦理学有了自己的语言，他使不经过伦理学训练的人不能进入伦理领域，不敢妄谈伦理，从而净化提升了伦理学，维护了伦理学的尊严和价值。但是，目前我们至少还没有创立医学伦理学这门学科的独有语言体系，甚至这方面的意识也不够。医学伦理学要有自己的语言，不能简单地把日常口语，如爱心、照看病人或简单地翻译的外来语，如不伤害原则、相同的人相同对待、不同的人不同对待等作为医学伦理学的语言。鉴于此，必须创立独立的医学伦理语言体系，让没有经过专门训练的人不敢随意张口，信口雌黄。尽管这条道路漫长修远，只要我们有这个信心，有这个骨气，持之以恒，不断努力，必能达此目的。

要建构医学伦理学语言体系，最重要的是中国人要精通母语，娴熟地把握中文，在此基础上深入研究外文和古代汉语，做到能够用现代汉语准确把握外国医学伦理的精神实质，而不是仅仅使用汉语复述翻译，同时能够用现代汉语精确表述出古代汉语的中国传统医德的精神实质，而不流于表面的望文生义。目前的问题恰恰在于，我们在拼命学习外语的同时，对自己的母语，即现代汉语以及母语的母语，即古代汉语不能自如驾驭、深刻理解，由此导致难以用母语准确的思维表达外文，尤其是外文伦理学思想和中国传统医学伦理学的思想的现状，结果外文没学好，母语也丢了，这就是邯郸学步的悲剧。著名辩证法大师黑格尔在论述哲学语言时主张："哲学根本不需要特殊的术语；它固然也需从外国语言里采用一些字，这

些字却是通过使用，已经在哲学中取得公民权了。"①从本质上看，哲学包括医学伦理学就是从我们日常所说的母语中及日用而不知的语言习惯中，经过反思和提炼而生长出来的。不经过这一过程而强行从外来文化中移植来的医学伦理学，不可能真正提炼出自己的语言体系。要真正把握外国医学伦理学，外语固然重要，更重要的还是精通母语，即对中文的娴熟把握。真正把握外国医学伦理学，对中国人来说就是能用汉语思维透彻地理解、表达外国人的医学伦理学思想，而不是仅仅能够用外语复述外国医学伦理学的文本。要做到这一点，又必须能够用汉语顺畅地思维和表达一般的医学伦理学思想。伽达默尔认为，语言能力并不是一种技术性的模仿能力，"一般说来，语言能力只有在自己的母语中才能达到。这就说明，我们是用母语的眼光学会看世界，反过来则可以说，我们语言能力的第一次扩展是在观看周围世界的时候才开始得到表现的"②。就是说，语言能力本身在起源和根基上是一种哲学（包括医学伦理学）能力，一个人的哲学（包括医学伦理学）思维真正说来只有用母语才能进行。母语，即以一个人的日常自然语言和全部生活经验为基础的本国语言，是哲学思维以及以哲学思维为前提的医学伦理学学术研究和教学的源头。邓晓芒先生曾说，能够用欧化了的现代汉语诠释或翻译的古代词汇，原则上也就能够用外文来诠释或翻译，这样一来，中国古代的思想就成了全人类的财富，哲学就不仅能够说现代汉语，而且能够通过现代汉语来说古代汉语了③。所以，我们要创立真正的医学伦理学的语言体系，并获得自己的发言权，一个最基本的原则就是：必须尊重现代汉语的主导地位，以现代汉语去打通外语和古代汉语，并通过现代汉语将它们与我们现代医学人的医学人生体验及日常医学工作相结合，从而提升现代汉语创立中国人独有的医学伦理学语言体系。

一旦这几个问题解决了，医学伦理学就会真正成为名副其实的当代显学之一。

---

① 黑格尔 G W F. 逻辑学（上卷）. 杨一之译. 北京：商务印书馆，1977：8.

② 伽达默尔 H G. 真理与方法（下卷）. 洪汉鼎译. 上海：上海译文出版社，1999：633.

③ 邓晓芒. 让哲学说汉语——从康德三大批判的翻译说起. 社会科学战线，2004，（2）：23-31.

第六章
生态伦理基础探究

在生态文明已成为普遍共识的今天，生态环境问题所引发的有关生态伦理学的广泛、激烈而持久的学术论战却愈演愈烈，难以达成伦理共识。各方为之争论不休的根本原因在于相互指责对方犯了自然主义谬误。自然主义谬误的实质是"休谟问题"，能否解决"休谟问题"，成为生态伦理学的基础理论工作。

生态伦理学争论的焦点集中在"自然是否具有内在价值"，进而引出"自然是否具有道德主体性"，最终归结到"自然是否有权进入道德共同体"。这一貌似简单的问题，贯穿于人类中心论和自然中心论的论战以及各种超越论尝试的整个过程之中。各方为之争论不休的根本原因在于它涉及伦理学的深层问题，即自然和自由的内在逻辑。只有解决了这个问题，才有可能解决何种生态伦理学的问题。

第一节　生态伦理奠基

人类中心论认为，生态中心论把自然的存在属性当做自然拥有内在价值的根据的观点，"显然是把价值论同存在论等同起来了"，犯了摩尔所说的从"是"推出"应当"的自然主义谬误①。

非人类中心论反驳说，割裂事实与价值、是与应该是西方近代伦理学和哲学的传统，只是逻辑实证论的一个教条。事实上，人类中心论也在做着同样的推理，"即把人的利益（实然）当做保护环境这一伦理义务（应然）的根据"②。人类中心论同样犯了自然主义谬误。

自然主义谬误的实质是"休谟问题"，即事实与价值的关系问题或能否从"是"中推出"应当"的问题。如果不能，"应当"就失去了存在的根据，对"是"做"应当"判断的伦理学就不能成立，生态伦理学也必然随之土崩瓦解。能否解决"休谟问题"，直接决定着生态伦理学的命运。

一、休谟问题的附魅

休谟以前或同时代的不少哲学家认为，道德可以如几何学或代数学那样论证其确实性。然而，休谟在论述道德并非理性的对象时却有一个惊人的发现："在我所遇到的每一个道德学体系中，我一向注意到，作者在一个时期中是照平常的推理方式进行的，确定了上帝的存在，或是对人事做了一番议论；可是突然之间，我却大吃一惊地发现，我所遇到的不再是命题中通常的'是'与'不是'等连系词，而是没有一个命题不是由一个'应该'或一个'不应该'联系起来的。这个变化虽是不知不觉的，却是有极其重大的关系的。因为这个应该与不应该既然表示一种新的关系或肯定，所以就必须加以论述和说明；同时对于这种似乎完全不可思议的事情，即这个新关系如何能由完全不同的另外一些关系推出来的，也应该举出理由加以说明。"③这段话便是公认的伦理学或价值论领域"休谟问题"的来源。就是说，休谟认为，在以往的道德学体系中，普遍存在着一种从"是"或"不是"为系词的事实命题，向以"应该"或"不应该"为系词的伦理命题（价值命题）的思想跳跃，而且这种思想跳跃既缺乏相应的说明，也缺乏逻辑上的根据和论证。

休谟之后，英美分析哲学家们试图把这个问题逻辑化、规则化。元伦理学的开创者摩尔认为，西方伦理学自古希腊以来大致可分为两类：自然主义伦理学，即用某种自然属性去规定或说明道德（或价值）的理论；非自然主义伦理学或形而上学伦理学，其特点是用某种形而上的、超验的判

① 刘福森. 自然中心论生态伦理观的理论困境. 中国社会科学, 1997, （3）: 45-53.

② 杨通进. 整合与超越: 中国环境伦理学的必然选择. 哲学动态, 2005, （1）: 11-14.

③ 休谟 D. 人性论（下册）. 关文运译. 北京: 商务印书馆, 1980: 509-510.

断作为伦理或价值判断的基础。自然主义伦理学从事实中求"应该"，使"实然"与"应然"混为一体；形而上学伦理学又从"应该"中求实在，把"应该"当做超自然的实体。这两类伦理学都在本质上混淆了善与善的事物，并以自然性事实或超自然的实在来规定善，即都犯了"自然主义谬误"①。这就是生态伦理学各方所谓的自然主义谬误的理论来源。后来，英国著名分析哲学家黑尔沿袭了休谟与摩尔等区分事实与价值以及价值判断不同于、而且不可还原为事实判断的观点。他认为，价值判断是规定性的，具有规范、约束和指导行为的功能；事实判断作为对事物的描述，不具有规定性，单纯从事实判断推不出价值判断。在《道德语言》中，他具体地研究了他称之为"混合的"或"实践的"三段论的价值推理。这种三段论的大前提是命令句，小前提是陈述句，而结论是命令句。黑尔提出了掌握这种推理的两条规则：①如果一组前提不能仅从陈述句中有效地推导出来，那么从这组前提中也不能有效地推导出陈述句结论。②如果一组前提不包含至少一个命令句，那么从这组前提中不能有效地推导出命令句结论。黑尔认为，在伦理学或价值论中，第二条限定性规则是极其重要的，根据这一规则，从事实判断中不能推出价值判断②。至此，事实与价值关系问题就被具体化为一条逻辑推导规则——"休谟法则"。事实与价值二分对立的图景随着分析哲学的盛行和哲学的"语言学转向"，在哲学界盛极一时，其影响迄今仍根深蒂固。人类中心论和自然中心论相互指责对方犯了自然主义谬误，就是受其影响的结果。

黑尔站在非认知论立场上思考价值或道德问题，否认价值判断是对客观事实的反映，他囿于其逻辑与语言分析方法，企图仅仅通过分析价值语言来解决一切价值问题，从未考虑价值语言的实践根据，也谈不上从实践中去寻找作为大前提的价值原理，结果并没有说明推理中作为大前提的价值判断从何而来，即那种基本的、具有"可普遍化性"和规定性的价值判断从何而来。其实，休谟问题的真正内涵在于从两个单纯的事实判断中不能推导出价值判断。我们可以由此引出如下结论：①和价值无关的纯粹事实或者不进入研究主体领域的事实，既不是有价值，也不是无价值——这是休谟问题的消极意义。②价值（判断）具有鲜明的主体性，它与事实（判断）存在着实质性的区别。因此，价值科学（伦理学）不能用和事实科学一样的方式来建立。哲学史上一直有人试图用自然科学的方法来建构价值

---

① Moore G E. Principia Ethica. Cambridge：Cambridge University Press，1993：61.

② Hare R M. The Language of Morals. Oxford：Oxford University Press，1964：28.

科学（伦理学），例如，笛卡尔试图建立一门类似数学自然科学的道德科学；莱布尼兹发展了霍布斯"推理就是计算"的思想，企图把一切科学包括道德科学都归于计算；斯宾诺莎曾依照"一切科学的范例"——欧氏几何的方法，推导、建构其伦理学；休谟直接以"人性论——在精神科学中采用实验推理方法的一个尝试"做其《人性论》一书的全部标题；等等。然而，这一系列的尝试都归于失败了。这从反面警示我们，价值科学（伦理学）的研究需要有不同于事实科学的方法和途径，因为伦理学研究对象遵循的是自由规律，事实科学研究对象遵循的是自然规律——这是休谟问题由其消极价值通向其积极价值的中介。③休谟问题的积极价值。价值判断和事实判断的区别正是基于价值判断与事实判断是有内在联系的基础上的，因为如果二者毫无关系，它们之间就不会存在着所谓区别。如果能够在寻求事实和价值的内在联系的基础上把二者统一起来，从事实判断推出价值判断就具有了可能性。休谟问题绝不仅仅是一个简单的逻辑推理问题，而是伦理学的元问题。换句话说，休谟问题即事实判断和价值判断的关系的终极内涵，是自然和自由的关系问题——这正是生态伦理学的根本，其内在根基在于它们都是在感性实践的基础上，同一个主体对同一个对象做出的不同层面（事实或价值）的判断。

　　表面看，伦理学的研究对象是价值，事实科学的研究对象是纯粹的和价值无关的事实。实际上，在所谓逻辑推理的背后潜藏着其价值根基，凡是进入研究领域之中的事实都必然渗透着研究主体的目的、精神和价值理念。和价值完全无关的纯粹事实是没有进入研究领域的事实，人们既不会对它做价值判断，也不会对它做事实判断。没有任何一个事实（判断）是和价值完全无关的事实（判断）。事实判断本身正是价值判断的产物，研究它、知道它都是研究主体的价值理念在起作用。就是说，任何研究事实判断的科学（自然科学）都同时渗透着价值判断，反之，任何研究价值判断的科学（人文科学）包括伦理学都是从渗透着价值的事实中做出价值判断的。没有研究和价值无关的纯粹事实的自然科学，也没有研究和事实无关的纯粹价值的人文科学。正如休谟法则所表明的：和价值无关的纯粹事实与和事实无关的纯粹价值一样，都是无意义的。所以，马克思曾说，在终极的意义上，真正的自然科学就是真正的人文科学。

　　这样，把逻辑和感性实践相结合，在研究自然和自由的内在逻辑的基础上解决休谟法则的途径（这也正是解决生态伦理学奠基的途径）就呈现出来了。

二、休谟问题的祛魅

人们通常从外延的角度，把自然看做由人和非人自然组成的整体，把人看做自然界的一部分。这种抽象的自然科学唯物论的观点把人的感性存在抽象掉了，他们只看到人的存在基于他人（父母、祖父母等）的存在、基于与人相外在的自然界的存在，因而陷入了自然因果律的无穷追溯。一方面，这个过程在人提出谁产生第一个人和整个自然界这一问题之前会驱使人不断地寻根究底，造物这个观念就会出现于人们的意识中，这就必然导致神秘论。诚如康德所说："一切成见中最大的成见是把自然界想象为是不服从知性通过自己的本质规律为它奠定基础的那些规则的，这就是迷信。"①自然主义谬误或休谟问题本质上正是这种神秘论的当代产物。另一方面，由于仅仅局限于二者的外在关系，割裂自然和人的内在关系，必然导致否定人的主体性和价值理念对自然事实的深刻影响。休谟问题就是对这种观念的逻辑化、抽象化、理论化的产物。

但从内涵上看，自然是外在自然（非人的自然）向内在自然（人的自由）生成的过程。整个自然界潜在地具有思维的可能性，人是自然界一切潜在属性的全面实现和最高本质，因为只有在人身上才体现出完整的自然界。由于人是全部自然的最高本质，全部自然都成了人的一部分或人的实践的一部分。我们可从世界历史、人的本性和感性实践三个方面加以论证。

（一）从动态的世界史的角度看

一般说来，"一个存在物只有当它立足于自身的时候，才被看做独立的，而只有它依靠自身而存在时，才是立足于自身"②。整个自然界只有产生出了人，才真正是立足于自身的独立存在。在此之前，各种自然物不是独立的，每个自然物都完全依赖另一个自然物而生成和瓦解，或者说，自然界的独立性还是潜在的，是未得到证明和证实的。潜在于自然本身之中的自然的最高本质属性，是有待于产生出人类并通过人类而发展出来的"思维着的精神"。自然在它的一切变化中永远不会丧失任何一个属性，它必定会以"铁的必然性"把"思维着的精神"产生出来（恩格斯语）。就是说，"全部历史、发展史都是为了使'人'成为感性意识的对象和使'作为人的人'的需要成为（自然的、感性的）需要所做的准备。历史本身是自

① 康德 I. 判断力批判. 邓晓芒译. 杨祖陶校. 北京：人民出版社，2002：136.
② 马克思 K H. 1844年经济学哲学手稿. 刘丕坤译. 北京：人民出版社，1979：82-83.

然史的一个现实的部分，是自然界生成为人这一过程的一个现实的部分"①。整个自然界成为一个产生人、发展到人的合乎目的的系统过程，成为人的（实践活动的）一部分。全部世界史就是自然界通过人的感性实践对人说来的生成。

（二）从人性的角度看

人是自然的本质部分，人性问题也就是自然的本质问题。人是（迄今为止所知道的）唯一具有自由和理性的自然存在者。

从静态的角度看，人集自然和自由于一体，同时具有物性和神性两个要素。人的物性不仅仅包括生理和心理要素，因为各种感官的功能视觉、听觉、嗅觉等不仅仅是感官自身，而是感官和自然的光线、光波、震动频率等连接在一起的，时间和空间作为人的内感官和外感官的形式本身也是人的感官的构成部分。可见，人的物性包括人自身的自然（生理和心理要素）和人之外的自然。同时，基于物性的人的理性或神性也就不仅仅是人自身的理性，而是自然之灵秀，即本质上是自然的理性或神性。

从动态的角度看，人性是神性不断扬弃物性的过程。它有两个基本含义：自由不断扬弃人之外的自然的过程；自由不断扬弃人自身的自然的过程。具体说来，完整的实践的人（我）有三个层面：抽象的我——我的精神、身体和另一个身体即自然；社会的我——我和另一个我（他人）；本质的我——包括前两个环节于自身的独特的具有个性的我。正是实践的人使自然成为自然，使人成为人，使人和自然成为本质的我。或者说，本质的我是"创造自然的自然"，是自然的最内在的真正本质。自然的内在本质最终体现为人的自由，体现为自由和自然的统一，即世界历史，但它同时又是感性的实践自我证明的人性和历史。

（三）从感性的实践角度看

人的感性实践是具体生动的、自由自觉的感性活动，是人的本质力量的对象化和对象的人化——这也是联结事实与价值的桥梁。不与人的感性实践发生关系的抽象的自然界本身是无目的、无意义的，即和价值无关，因而它是一种"非存在物"——这就是休谟问题的消极含义。与人的感性实践发生关系的感性自然是人的生命活动的材料和无机的身体，同时是人的"精神的无机自然界"或"精神食粮"，因此具有价值和意义——这就是

① 马克思 K H. 1844 年经济学哲学手稿. 刘丕坤译. 北京：人民出版社，1979：82.

休谟问题的积极含义，即从事实推出价值的根据。

感性实践既是感性知觉或感性直观，又是感性活动，所以它同时具有一种证明和肯定客观世界的主体性能力。一方面，人的实践活动并不仅仅把自己的某个肢体当做工具，也不仅仅把某个自然物当做工具，而是能够把整个自然当做工具，如嫦娥一号奔月，就是有意识地利用了天空星体的位置关系。另一方面，整个自然也只有通过人才意识到了自身，才能支配自身，才成为了自由的、独立的自然或内在的必然[1]。人的感性活动本身把外部对象世界（自然界）的客观存在作为自身内部的一个环节包含于自身，它是包含人与自然、主体与客体在内的单一的（直接感性的）全体。感性在自己的活动中证明了在感性之外有一个自然界存在，它为自己预先提供出质料。这个证明不是逻辑推论，而是他直接体验到他自己就是这个质料（物质）的本质属性，他在对象上确证的正是他自己。因为这个对象由他自己创造出来，所以在自己之外的对象仍然是对象化了的自己，即自然界是自己的另一个身体，他人是另一个自己，自己则是在包含自然界和他人于自身的全面的完整的自我。主体（主观）的感性活动唯一可靠地证明了客体（客观）世界在主体之外的存在。自然界由此获得了真正的彻底的独立性，人（包括他的"无机身体"的人）也具有了本质的自然丰富性和完整性。

从完整的意义上看，本质的人，即实践的人就是自然本身，所以他的超越性就是自然界本身的自我超越、自我否定过程。人自己的这种超越正是自然界最内在的真正本质。由人的感性活动所证实的这个客观世界、自然界，反过来也就带上了人化的感性的性质。它不仅为人在自然界中的存在定了位，而且本身也成了为人的存在而存在、以人的存在为目的。这样，实践的人的感性实践证明它自身就是作为价值判断的大前提的主体性根据，本质的人就把自然和自由、事实和价值联结起来了。

可见，自然和自由的关系在于，自然是自在的自由，自由是自为的自然，整个自然史包括世界史就是自然通过其本质部分人的感性实践而不断自我否定、不断深入自由的过程。正是感性实践把非人自然和人的主体性连接起来，把非人自然作为人自身的一个环节而成为和主体相关的事实，即成为包含着价值的事实，而不再是和价值主体无关的非存在。就是说，价值的事实根据就在于感性实践之中，这就是人性的神性扬弃物性或自由扬弃自然的实践所证明的主体性，这种主体性就是作为价值判断的根据的

---

① 黑格尔 G W F. 小逻辑. 贺麟译. 北京：商务印书馆，1980：105.

大前提，即人性的自由完善对自然的扬弃——它同时既是事实又是价值，因此，价值判断可从这种（非命令句中的）大前提中合乎逻辑地推出，从事实判断推不出价值判断的休谟问题也就不能成立了。

这就是我们对由"是"推出"应该"的理由和说明，即对休谟问题的回答。

休谟问题的解决，至少有三个方面的重要意义：①消极意义。自然主义谬误本身也是谬误，其谬误在于把感性实践抛开，人为地把事实和价值绝对分开而无视二者的内在联系。人类中心论和生态中心论相互指责对方犯了自然主义谬误，实际上就是因为都没有搞清楚休谟问题，要么割裂存在论和价值论的关系，要么否定利益和价值的内在联系。②积极意义在于，引导我们重新认识人和自然的内在关系，把实践的主体立足于感性的实践的人而不是抽象的人或抽象的自然，进而深入把握伦理学或价值论乃至自然科学的本质，为研究生态伦理学奠定坚实的理论基础。③祛除了自然主义谬误的神秘色彩，就可以走向伦理学本身——人的存在，它既是事实（实然）的前提，又是价值（应然）的根基。因此，生态伦理学关注的生态平衡（事实）的实质是"为人"的生态平衡（价值），我们绝不应当为保护生态而保护生态，相反，应当为人而保护生态——这就是生态伦理学的根基和要义。

第二节　何种生态伦理

在生态文明已成为普遍共识的今天，生态环境问题所引发的有关生态伦理学的广泛、激烈而持久的学术论战却愈演愈烈，几乎难以达成伦理共识。选择何种生态伦理学的问题也因此似乎成了悬案。

其实，生态伦理学争论的焦点集中在"自然是否具有内在价值"，进而引出"自然是否具有道德主体性"，最终归结到"自然是否有权进入道德共同体"。这一貌似简单的问题，贯穿于人类中心论和自然中心论的论战以及各种超越论尝试的整个过程之中。各方为之争论不休的根本原因在于它涉及伦理学的深层问题，即自然和自由的内在逻辑。只有解决了这个问题，才有可能解决何种生态伦理学的问题。欲解决这些问题，就必须从反思生态伦理学的内在张力入手。

一、生态伦理的内在张力

生态伦理学的两大基本路径是人类中心论和自然中心论。人类中心论包括功利论的人类中心论和义务论的人类中心论，它认为自然不具有内在价值，不具有道德主体性，应当被排除出道德共同体之外。自然中心论包括功利论的动物中心论和义务论的自然中心论，它认为由于人类中心论把人视为自然界的主宰，把自然逐出了伦理王国，才导致了生态危机，为了摆脱危机，必须确立非人存在物的道德地位并将其纳入道德共同体。这就是生态伦理学的内在张力，它具体体现在如下几个方面。

（一）功利论的失败

功利论的人类中心论即通常说的强人类中心论，它以近代机械论世界观为哲学基础，把人与自然机械对立起来，认为人是自然的征服者、统治者，人对自然有绝对支配的权利。只有人才具有内在价值，人之外的其他一切存在物都只有工具价值。因此，只有人才是道德主体，非人存在物都不在道德关怀的范围之内。由于它过分夸大了人的功利性，认为人的利益决定一切乃至整个自然，这就在实践上导致了生态环境问题，并因此在理论上遭到了非人类中心论和义务论的人类中心论的双重否定。

功利论的非人类中心论（主要是动物中心论）反对功利论的人类中心论，它试图运用功利论的基本原理，赋予动物以内在价值，把道德关怀对象扩展到动物。功利论者（边沁、密尔等）主张人具有内在价值的根据是"对苦乐的感受性"。辛格、雷根等认为，动物也具有"对苦乐的感受性"或感受苦乐的能力，所以动物也具有内在价值和道德主体性，也应当成为道德关怀的对象。问题在于，它在扩张道德关怀范围，把道德权利赋予动物的同时，也降低了胎儿、婴儿、残疾人、植物人的道德地位，甚至否定了没有苦乐感受能力的智障婴儿的生存权。这就遭到义务论的人类中心论和义务论的非人类中心论的双重诘难。

（二）义务论的困境

义务论的人类中心论即通常说的弱人类中心论，它坚持以人为目的的根本观点，既否定功利论的人类中心论，又否定以自然为目的的非人类中心论。帕斯摩尔、诺顿等认为，生态环境问题并不产生于人类中心论本身，而是由于对其做了功利性的狭隘理解。在人类中心论的基础上同样可以建立起保护环境的责任。他们明确主张保护自然，但认为关爱自然是为了人类，并不意味着自然本身是道德关怀的对象或者自然本身具有内在价值和道德主体性。此论遭到了义务论的自然中心论的质疑和批判。

义务论的自然中心论坚持以自然为目的的根本观点，既否定功利论的非人类中心论，又否定义务论的人类中心论。为了克服功利论的自相矛盾，生命中心论者（史怀泽、泰勒等）主张以康德义务论所要求的道德律的普遍性为根据，利用"生命的目的性"来确证道德关怀对象。他们认为，所有生命个体都拥有自身生命的目的性，这就是它们"自身的善"，即它固有的内在价值，所以，道德关怀的对象应该扩展到所有的生命个体。生态中心论者（利奥彼德、奈斯、罗尔斯顿等）更进一步，认为自然界自身有其内在价值，人类保护环境正是出于对其内在价值的尊重。因此，道德主体和道德共同体的范围应该扩展到整个自然生态系统，使"道德共同体"和"自然生态共同体"在外延上等同起来。在个体与共同体的关系上，生态中心论主张整体价值高于个体价值，就是说，生态整体具有最高价值，个体的价值是相对的，生命共同体成员（包括人）的价值要服从共同体本身的价值。

综上所述，我们可以得出三点基本结论。

第一，两种义务论具有相同点。在形式上，两种义务论都坚持为义务而义务；在内容上，都反对把自然仅仅作为人的工具，都承认应该关爱自然。第二，两种义务论具有根本差异。义务论的人类中心论的基本观点是为人的义务而义务，它要求以人为目的，而不仅仅把人作为手段，主张为人而自然，反对为自然而自然。它强调人与自然的区别而对其内在联系认识不足。其潜在的推论是可以以非人自然为手段。这就易于偏向功利论的人类中心论。从这个意义讲，它依然是抽象的义务论。与之不同，义务论的非人类中心论的基本观点是为自然的义务而义务。它要求以自然为目的，而不仅仅把自然作为手段。它关注自然的道德地位，反对为人而自然，强调人与自然的联系而试图抹杀其区别。其潜在的推论是为了自然，可以以人类为手段。这就易于偏向功利论的非人类中心论甚至导致环境法西斯主义。第三，一个不容回避的困境出现了：当两种义务论发生冲突时，以人为目的还是以自然为目的？选择自然义务论还是人类义务论？由于二者尖锐对立，无论选择哪一方都会遭到另一方的强烈反对，似乎只有开辟一条超越于二者之上的路径才能解决问题，于是就有了超越论。

（三）超越论的尝试

为了摆脱自身困境，生态伦理学的思路一度由西方转向了东方，试图从古老的中国哲学中寻求一条超越论的出路。其中，万物一体论、无中心论和发生主体论等是具有一定影响的超越论。

首先，以"民胞物与"为基础的万物一体论、以"天人合一"为基础的无中心论的主要观点是，在承认自然和人的差异的基础上，主张整体价值高于个体价值——"大我"即万物一体的价值高于"小我"即人的价值，"小我"服从"大我"。人和非人自然的整体大于部分，人和非人自然都服从于大我的整体[①]。但由于人和非人自然相比，在外延上人是极小部分，非人自然是极大部分，部分服从整体的实质依然是人服从于自然，这在根本价值取向上依然属于义务论的自然中心论。它启示我们不能囿于人和自然的外延，应该深入把握人和自然的内涵。

其次，如果说这些超越论总体上属于静态分析的生态中心论的话，发生主体论则试图把自然和自由在生物的动态过程中结合起来[②]。但它只是一种对自然发生的描述，没有从哲学的角度论证人和自然如何结合，对如何解决冲突也没有提出有创见的令人信服的观点。此论的价值在于，突破了静态的分析论证模式，转向了动态把握的辩证思路，它启示我们应当从动态的自然和自由的辩证关系中探求生态伦理学的可能性。

最后，总体上看，超越论本质上仍然属于生态伦理学的整体决定论，这就注定了它的失败，但它试图突破生态伦理的内部张力去寻求新的出路的努力是值得肯定的。

总而言之，生态伦理学存在的主要问题有三。一是中西对立的思维模式是一种误导。生态伦理问题的研究应该立足于人（自由）和自然而不是某国人和自然，即立足于伦理学而不是某类人的伦理学。二是由于用非伦理学（尤其用自然科学）的方法研究伦理学，与伦理学无关的讨论往往淹没了伦理学自身的探讨。我们必须从伦理学自身的角度来研究伦理学，如生态学等非伦理学领域的讨论只能从属于这个根本原则。三是关键在于对伦理学的基础理论问题（自然和自由的内在逻辑）研究不够深入。

这些问题共同导致了各方在内在价值、道德主体、道德共同体诸方面的尖锐对立。只有回到伦理学本身，深入探究自然和自由的内在逻辑，即伦理学的基础，才有可能消解各方的对立，为生态伦理学寻求出路。

---

① 张世英. 人类中心论与民胞物与说. 江海学刊, 2001,（4）: 85-89; 曾小五. 无中心论的环境伦理理念. 自然辩证法研究, 2006,（10）: 5-8.

② 袁振辉, 曹丽丽. 发生主体论：超越人类中心论和非人类中心论. 江南大学学报（人文社会科学版）, 2007,（1）: 21-27.

二、人、自然与自由

人们通常把自然看做由人和非人自然组成的整体，把人看做自然界的一部分，生态伦理学的内在张力正是这种观念的体现。由于仅仅局限于二者的外在关系，易于偏向否定人和非人自然的内在关系。自然中心论、超越论本质上正是这种神秘论和机械论相混合的当代产物。

从人和非人自然的内在关系来看，自然是外在自然（非人的自然）向内在自然（人）生成的过程。就是说，整个自然潜在地具有思维的可能性，人是自然的一切潜在属性的全面实现和最高本质，因为只有在人身上才体现出完整的自然界。由于人是全部自然的最高本质，全部自然就成为人的一部分或人的实践的一部分，这就颠倒了自然和人的外在关系（人是自然的一部分）。我们可以从感性实践和人的本性两个层面加以确证。

首先，从感性实践的角度看，人的感性实践是具体生动的、自由自觉的感性活动，所以它同时具有一种证明和肯定非人自然的主体性能力。

一方面，整个自然只有通过人才意识到了自身，才能支配自身，才成为了自由的、独立的自然或内在的必然[①]。一般说来，"一个存在物只有当它用自己的双脚站立的时候，才认为自己是独立的，而只有当它依靠自己而存在的时候，它才是用自己的双脚站立的"[②]。在产生人之前，自然界的独立性尚未得到证明和证实，它只是潜在的。潜在于自然本身之中的自然的最高本质属性，是有待于产生人类并通过人类而发展出来的"思维着的精神"。"全部历史是为了使'人'成为感性意识的对象和使'人'的需要成为需要而做准备的历史（发展的历史）。历史本身是自然史的，即自然界生成为人这一过程的一个现实的部分。"[③]整个自然界只有产生了人，才真正是立足于自身的独立存在。这样一来，整个自然界就成为一个产生人、发展到人的合乎目的的系统过程，并成为人的（实践活动的）一部分。因此，和人的感性实践密切相关的具体的自然正是对（和人无关的）抽象自然的否定。

另一方面，人的实践活动能够把整个自然当做工具。人的感性实践在自己的活动中证明了在感性之外有一个自然界存在，他为自己预先提供出质料。他直接体验到他自己就是这个质料（物质）的本质属性，在对象上确证的正是他自己。因为这个对象由他自己创造出来，所以在自

① 黑格尔 G W F. 小逻辑. 贺麟译. 北京：商务印书馆，1980：105.
② 马克思 K H. 1844 年经济学哲学手稿. 刘丕坤译. 北京：人民出版社，1979：91.
③ 马克思 K H. 1844 年经济学哲学手稿. 刘丕坤译. 北京：人民出版社，1979：90.

己之外的对象仍然是对象化了的自己，即自然界是自己的另一个身体，他人是另一个自我，自我则是在包含自然界和他人于自身的全面的完整的自我。主体的感性实践唯一可靠地确证着自然界在主体之外的存在。自然由此获得了真正的彻底的独立性，人也由此具有了本质的自然丰富性和完整性。因此，根本不需要上帝和神秘论——这正是非人类中心论的潜在根基，容生态权利论再述。

其次，从人性的角度看，既然人是自然的本质部分，人性问题也就是自然的本质问题。

从静态的角度看，人是（迄今为止所知道的）唯一具有自由和理性的自然存在者。人集自然和自由于一体，同时具有物性和神性（理性）两个要素。人的物性不仅包括人自身的自然（生理和心理要素），而且包括人之外的自然，因为各种感官的功能，如视觉、听觉、嗅觉等不仅仅是感官自身，而是感官和自然的光线、光波、震动频率等连接在一起的，而且，时间和空间作为人的内感官和外感官的形式本身也是人的感官的构成部分。同时，人的神性本质上是自然的理性，而不仅仅是人自身的理性。

从动态的角度看，人性是神性不断扬弃物性的过程。它有两个基本含义：自由不断扬弃人之外的自然的过程；自由不断扬弃人自身的自然的过程。具体说来，完整的实践的人（我）有三个层面：抽象的我——我的精神、身体和另一个身体即自然，社会的我——我和另一个我（他人），本质的我——包括前两个环节于自身的独特的具有实践个性的我。正是感性实践着的人使自然成为自然，使人成为人，使人和自然成为本质的此在的我。或者说，从完整的意义上看，本质的此在的我即感性实践的人既然就是自然本身，所以人性的自我超越、自我否定正是自然最内在的真正本质。自然的内在本质最终体现为人的自由，体现为感性的实践自我证明的自由和自然的统一。

总而言之，整个自然史就是自然通过其本质部分人的感性实践而不断自我否定、不断深入自由的过程。正是感性实践把非人自然作为人自身的一个环节并成为和道德主体相关的对象。就是说，道德主体立足于感性实践的人（本质的此在的我）而不是（人类中心论的）抽象的人或（自然中心论的）抽象自然。当我们把自然看做一个自然向人生成的过程或物性向神性提升的过程（同时也是神性不断扬弃物性的过程）时，自然中心论就必须提升到真正的人类中心论来理解，即既然人是自然的自然（本质），真正的自然中心论就只能是人类中心论。由此把我们逐步引向排除义务论的自然中心论、目的论的自然中心论、目的论的人类中心论和义务论的人类中心论，理性地选择生态权利论的人类中心论的澄明之境。

三、生态人权论

可见，自然中心论的根本错误在于用自然科学的分析方法研究伦理学，把人和自然绝对分离，进而把人看做自然的一部分并认为自然高于人。它以自然为目的，以人作为自然的工具，强调自然的权利和尊严，这在理论上违背自然和自由的逻辑，在实践上则违背人性和自然规律。人类中心论的主要问题则在于，没有从人和自然的内在联系的视角明确提出生态伦理的价值基准，致使何种生态伦理的问题依然模糊不明。

据前所论，义务论的自然中心论（包括超越论）本质上是魔鬼型的人类中心论。上帝对偷吃禁果的人只能惩罚，也不能把人变为动物。义务论的自然中心论竟然要抹杀自然规律和自由规律，把精神、人等同于非人自然。这种随意摆布、重新安置自然秩序的狂妄无异于把（本来属人的）自我当做上帝的上帝。因此，它实质上是非理性的魔鬼型的人类中心论。它仅仅在为义务而义务的意义上被称为义务论，由于缺失了为义务而义务的道德主体，它只能是"无根"的义务论，甚至是虚假的义务论。

目的论的自然中心论的实质是天使型的人类中心论，它以动物的代言人自居，为动物求解放、争权利和道德地位——实质是人为自然的某一部分即动物立法，它彰显的是天使般的拯救型的人类中心意识。与义务论的自然中心论相比，其内涵要具体些，其狂妄性要弱一些，因为它仅仅把人贬低为动物，而没有把人贬低为非人自然，但二者以人性自身贬低人性的狂妄自大和自相矛盾则是一致的。

可见，非人类中心论的实质是非理性的人类中心论，它妄想通过非理性来消灭理性，"这些人以动植物及整个生态系统之'权益'与'尊严'的代言人自居，利用生态伦理学的讲坛，对'剥削''奴役''掠夺'大自然的人类进行声讨和审判。其言辞之激烈、声势之浩大真是令人惊异令人震颤"[①]。由于非人自然本身不具有自我证明的独立性、自觉性，其目的、内在价值和道德标准只不过是非人类中心论者这个主体狂妄的外在强加而已，非人自然本身对这个强加的外在的东西既不能证明也不能证伪。因此，非人类中心论的实质是自然通过其自身的神性部分（人）来自我确证其自身的存在及价值——自然通过人为自己立法或人为自然立法。以自然为目的的真实含义是以人（非人类中心论者）的妄想为目的。这样一来，非人

① 甘绍平. 应用伦理学前沿问题研究. 南昌：江西人民出版社，2002：144.

类中心论煞费苦心的论证恰好是为人类中心论所做的另一个角度的证明——证明非人类中心论的不可能性，以便为人类中心论扫清地基。这正是非人类中心论自我否定走向真正的人类中心论的必然途径，也是其（消极性的）价值所在。

目的论的人类中心论比自然中心论的合理之处在于，它以人为非人自然的目的。但它片面地强调人的物性，和自然中心论一样把人和非人自然对立起来，没有从完整的自然和自由的角度把握人和非人自然的关系，没有看到真正的完整的自然是人和非人自然的有机统一。它以抽象的人为目的，以非人自然为工具，其实质是人的物性对神性的主导或者说自然的神性在人这里的非完全的体现。它因此有可能导致破坏自然环境并影响人类生存的行为取向——生态伦理学最初关注的就是这个问题。

义务论的人类中心论以人为非人自然的目的，但它片面地强调人的神性，和前三类中心论一样把人和非人自然对立起来，且囿于传统伦理学的思路，没有从完整的自然和自由的角度把握人和非人自然的关系。同时，人为目的的义务过于抽象模糊而不能具备真正的实践能力。人们不禁要问：人对自然环境和人自身的责任或义务的根据是什么？不回答此问题，此论就失去了根据。

正是这四类人类中心论的矛盾——生态伦理学的内在张力的自我否定——而使生态伦理学走向生态人权论的人类中心论（简称生态人权论）。

生态人权论认为，生态义务的根据在于作为人权的生态权利——人人都应该享有良好的有利于身心健康的生存环境（包括自然环境和人文环境）的权利，或者说生态人权是保护生态的义务的目的。这一点无须烦琐复杂的理论阐释，因为"人的存在"这一基本事实就足以击溃任何反对者的论证和理论，并确证生态人权之合理性和正当性。

前述四类生态伦理学片面研究环境伦理，是一种无我、无社会的狭隘的环境伦理学，而不是融合自我、它我（他我）于一体的生态伦理学，因为没有个人和国家政府参与的生态伦理学是不可能的（2009年的哥本哈根世界气候峰会为此提供了实证性的有力论据）。与此不同，生态人权论则要求以生态人权为价值基准，以民主商谈为伦理程序，以道德主体和伦理实体，如国家、社会组织等为重要实践力量，理性地对待非人自然、他者和自我，保护和改善自然环境和人文社会环境，最终完善人性、提升人性，其实质也是完善自然、实现自然的本质。

据上所述，义务论的自然中心论、目的论的自然中心论、目的论的人类中心论、义务论的人类中心论以及生态人权论的人类中心论的排序本身体现了作为自然本质的人的理性扬弃物性的水平的不断提升的过程，至生态人权论的人类中心论而达到了合理明确的正当的价值诉求。反之，由后向前的排序则体现了作为自然本质的人的自然性动物性压制理性的强度不断增加的过程，至义务论的自然中心论而达到了狂妄自大的非理性的顶端。因此，生态伦理学的理性选择，首先应该无条件排除义务论的自然中心论，可有条件地根据生态人权论的人类中心论对目的论的自然中心论、目的论的人类中心论、义务论的人类中心论加以限制改造，但只能选择生态人权论的人类中心论作为生态伦理的道德法则和理论基础。至此，生态人权论已经把其他四类中心论彻底地排除出生态伦理学了。

　　在生态环境日益紧迫的当今视阈中，具有神秘色彩的自然中心论已很难有立足之地。显然，生态平衡并不是自然界本身的要求，而是人为了自身的权利而为自然立的法；保护环境、维持生态平衡也不是自然界本身的要求，而是人为了自身的权利而为自己立的法。对非人自然来说，物种毁灭、宇宙爆炸、春天死寂等一切状态都不能说是违背或符合生态平衡。但同样的问题在人看来，就是生态不平衡，这无非是因为它危及人类的存在和利益而已。如果失去人的存在这个前提，主体、价值、责任、道德都失去了根基，也就无所谓生态平衡。就是说，生态平衡的实质是"为人"的生态平衡。因此，绝不应当为生态而保护生态，相反，应当为人权而保护生态。生态人权论的要义就在于，通过理性地利用、改造和保护生态环境与人文社会环境，为人类保持并创造良好的生存空间，进而达到保障人权、提升人性、完善人性之目的。

第七章
工程伦理基础探究

　　自 20 世纪七八十年代伊始，工程伦理学在欧美诞生并蓬勃发展起来，如今已成为伦理学领域的一支劲旅。然而，关于工程伦理基本问题的争论却愈演愈烈，极难达成伦理共识。与此同时，随着当代工程对人类生活及其环境造成的广泛而深刻的影响，工程伦理领域中的功利、道义、责任、权利等各层面的矛盾冲突日益尖锐。归结为一点：工程伦理应当根据何种价值基准选择何种伦理路径？因此，工程伦理基本问题、工程伦理价值基准就是工程伦理基础探究的任务。

第一节　工程伦理基本问题

　　工程伦理学的两个密切相关的根基性问题是：工程伦理学是否可能？工程伦理学为何种伦理学？只有首先解决了这两个重要问题，工程伦理学才可能在此基础上不断深化和发展成为具有强劲的生命力的伦理学。

一、工程伦理学是否可能

　　工程伦理学首要的问题是应对"工程伦理学是否可能"的挑战。目前对工程伦理学的质疑，可主要归结为三种类型：法律可否取代工程伦理学？传统可否取代工程伦理学？价值中立说可否否定工程伦理学？尤其是第三种类型的质疑具有哲学理据，且根深蒂固，影响甚大。

其一，法律可否取代工程伦理学？

著名工程作家福劳曼（Samuel C. Florman）等强调工程法律的重要性，怀疑工程伦理的必要性，他非常担忧地强调："工程伦理标准或许会扰乱法律标准的持续发展和实施。"①

这种担忧源自对法律和伦理关系的误解。第一，此论是法律万能论和（蔑视道德功能、作用的）道德无能论的混合产物。伊利诺州立技术学院伦理学研究中心主任维维安·韦尔（Vivian Weil）教授反驳说："这种推理思路忽视了一些重要因素。法律、规章和诉讼的作用产生于伤害和损坏发生之后。法律回应不可避免地滞后于这些情况。"②和法律的滞后不同，工程伦理能够积极地发挥作用，即现场负责的有良知的工程师们能够及时采取措施避免或降低伤害，主动地解决问题。第二，此论是把法律和道德完全隔离开来的机械论观点。实际上，二者具有内在的密切联系。法律应以道德为基础和目的，接受道德的批判和审视，基于此而得以修正和完善。道德应以法律为坚强的底线保障，运用法律的力量实现其最低限度的道德目的。因此，强调工程伦理标准不但不会扰乱法律标准的持续发展和实施，反而会不断地促进和提升法律标准的持续发展和实施。

其二，传统可否取代工程伦理学？

法国是以传统否定工程伦理学的典型国家。在法国，正规教育课程认为工程伦理学纯属多余③。诚如克瑞斯特勒·笛德（Christelle Didier）所说："在法国，讨论工程伦理学的发展几乎是一件不可能的事。……在法国的任何一个国家大学的哲学系和工程系的理论课程中都对工程伦理学完全不予关照。……在工程学课程中几乎没有伦理教育……几乎没有研究'工程伦理学'的理论计划……20 世纪 90 年代以前，'伦理'这个词竟然没有出现在任何专业组织或贸易联盟的出版物中。"④尽管如此，这种传统并不能否定工程伦理学自身的存在。

（1）从法国之外的工程伦理学状况来看，德国、美国、日本等国家的工程伦理思想以及当今工程伦理学的迅速发展都证明了工程伦理学的重

① Spier R E. Science and Technology Ethics. London and New York：Routledge，2002：84.

② Spier R E. Science and Technology Ethics. London and New York：Routledge，2002：88.

③ Downey G L, Lucena J C, Mitcham C. Engineering ethics and identity：emerging initiatives in comparative perspective. Science and Engineering Ethics，2007，（13）：463-487.

④ Didier C. Engineering ethics at the catholic university of Lille（France）：research and teaching in a European context. European Journal of Engieering Education，2000，（25）：325-335.

要价值。关于这一点，盖瑞·里·多内（Gary Lee Downey）等有专文论及[①]，兹不赘述。

（2）从法国工程师事业的发展中也可以看出工程伦理学存在的必要性。

首先，从法国传统来看，虽无工程伦理之名，却有工程伦理之实。法国轻视工程伦理的传统与法国工程师由来已久的精英（中坚）地位有关。巴绥克（Jean-Louis Barsoux）解释说：“在法国，工程教育绝不是给医学、法律或建筑学当第二提琴手，它被公认为是通向社会和专业高端的途径。”[②]就是说，工程师是为国家政府工作的一个特殊的行业，即所谓的“国家”工程师。要成为工程师的学生必须经过最为严格的选拔和训练，他们进入工程学院不是“录取”而是“晋升”，一旦完成学业，就被永久性地作为提拔对象。换句话说：“进入工程学院，就意味着进入可期望的国家工程师制度体系之内，他们有望最终成为领袖和法国社会的化身。这样，他们成了国家发展的正统的火车头。”[③]从某种意义上讲，法国国家工程师的精英地位决定着其道德素养是在极其严格的考试体系的过程中得以培育的。盖瑞·里·多内等认为：“对于法国工程师而言，证明其成为精于工程学的数学基础的能力、承诺（义务）和自制，就证明他具有了确保共和国信誉并领导它追求理想未来的道德品性。”[④]另外，J. 斯密斯（J. Smith）也认为，“毋庸置疑的是，250 年来，他们（法国国家工程师——译者注）始终如一的公共服务的道德气质在任何地方都极为罕见”[⑤]。

其次，从法国传统的现代化而言，也经历了从无伦理之名到工程伦理学的出现的历史进程。冷战结束后，国家间的联系通过联合国的推动作用进一步加强。法国工程师教育界作为回应，期望工程师们参与欧洲之外的国际工厂，工程学院因此开始扩展其非技术类的工程教育。在此境遇中，对工程专业的伦理反思获得了立足之地。1995 年工程师资格任命委员会支持工程研究生的正式资格要具有非技术性的要求，包括“外语、经济、社会人文科学以及解决信息问题的具体方法途径，同样向工程专业的伦理反

① Downey G L, Lucena J C, Mitcham C. Engineering ethics and identity: emerging initiatives in comparative perspective. Science and Engineering Ethics, 2007, (13): 463-487.

② Barsoux J L. Leaders for every occasion. IEE Review, 1989, (4): 26.

③ Downey G L, Lucena J C, Mitcham C. Engineering ethics and identity: emerging initiatives in comparative perspective. Science and Engineering Ethics, 2007, (13): 463-487.

④ Downey G L, Lucena J C, Mitcham C. Engineering ethics and identity: emerging initiatives in comparative perspective. Science and Engineering Ethics, 2007, (13): 463-487.

⑤ Smith J, Cecil O. The longest run: public engineers and planning in France. The American Historical Review, 1990, (95): 657-692.

思提供机会（通路）"①。工程伦理学的这个立足之处否定了轻视伦理的传统，为法国工程伦理的研究活动打开了通道。

（3）传统本身包含着伦理的要素，但也不可避免地存在着违背伦理的要素，而和人密切相关的工程中的伦理问题却是充满生命力的活生生的伦理实践。传统自身的滞后和不足不但不能否定工程伦理学的存在，反而要求工程伦理学的精深发展。

其三，价值中立说可否否定工程伦理学？

如果说法律和传统只是外在挑战的话，价值中立说则是从哲学理论的高度对工程伦理学可否成立构成的内在挑战。

价值中立说认为真理事实与伦理价值缺乏内在联系，科学家、工程师只需尊重真理事实，对伦理价值可以不屑一顾。在西方哲学史上，休谟最早明确了真理与价值、"是"和"应该"之间的划分，提出了两者间是否有内在联系的问题。马克斯·韦伯从科学的价值中立性出发，系统论证了经验科学与价值论、伦理学的严格界限，特别强调"'存在知识'即关于'是'什么的知识，与'规范知识'即关于'应当是'什么的知识之间的逻辑区分"②。这样一来，价值中立的工程学和价值科学的伦理学就不可能有任何关联，工程伦理学也就失去了存在的根据。而且即使工程伦理学存在，它也是没有价值的。

我们认为，价值中立说不能否定工程伦理学，这是由于以下两个方面的原因。

（1）从工程发展的历史和现实来看，并不存在任何"价值中立"的工程。历史上第一所授予工程学位的学校是1794年成立的法国巴黎综合工艺学校，当时它隶属于国防部门，出自这种具有一定军事性质的学校的工程不可能价值中立。18世纪下半叶，英国出现了最早的民用工程。由于修建运河沿途要跨多个行政区，涉及众多土地所有者。当时的土木工程师要到英国议会为运河修建项目做论证，陈述实施项目的理由，争取议会和政府的批准，这直接和现实中的价值密切相关③。工程自诞生之日起，就与社会环境、社会事务联系紧密，就与现实中的价值密切相关。当代现实中的工程与价值的关系，无论从深度还是从广度上都比以往更加密切。所谓

---

① Downey G L, Lucena J C, Mitcham C. Engineering ethics and identity: emerging initiatives in comparative perspective. Science and Engineering Ethics, 2007, (13): 463-487.

② 韦伯 M. 社会科学方法论. 朱红文译. 北京: 中国人民大学出版社, 1992: 48.

③ Buchanan R A. The Engineers: A History of the Engneering Profession in Britain, 1750—1914. London: Jessica Kingsley Publishers, 1989.

"价值中立"的工程绝不可能存在。

（2）从工程的内在特质来看，它自身是具有其内在价值的存在。胡塞尔说："在 19 世纪后半叶，现代人的整个世界观唯一受实证科学的支配，并且唯一被科学所造成的'繁荣'所迷惑，这种唯一性意味着人们以冷漠的态度避开了对真正的人性具有决定意义的问题。"[①]这也适用于对工程价值中立说的批判。价值中立说从原则上排除的正是工程本身的核心问题，即关于整个工程有无价值意义的问题。

价值中立说的实质是认为对于包括工程在内的一切客观的考察都是在外部进行的考察。不过，这种考察只能把握外在性、客观性的东西。实际上，对于包括工程在内的任何对象的彻底考察，是考察主体对自身在外部表现出来的主观性的系统的纯粹内在的考察，"这些问题终究是关系到人"[②]。人的存在及其意识生活和最深刻的世界问题，最终就是有关生动的内在存在和外在表现的一切问题都得到解决的场所。人的存在是目的论的应当-存在，即人是价值和事实的综合存在，这种目的论在自我的所有一切行为与意图中都起着支配作用，在缜密严谨的工程活动中尤其起着支配作用。因此，工程并非纯粹客观的、实证的、独立的，它们建立在承载着价值的人的主观性的基础之上。可见，工程伦理学不但可以成立，而且具有鲜明的现实的价值和意义。

我们既然批判了各种怀疑论，肯定了工程伦理学的内在合理性及其可能性。那么，它应当是何种伦理学呢？

二、工程伦理学为何种伦理学

就工程伦理学阵营内部而言，虽然都肯定工程伦理学的可能性，但是在"工程伦理学应当是何种伦理学"这个关乎其学科性质的基础问题上，依然争论激烈、分歧甚大。这种论争可主要归结为如下几个方面：微观伦理学（micro ethies）、宏观伦理学（macro ethics）还是协作伦理学？经验伦理学还是理论伦理学？实践伦理学（practical ethics）还是应用伦理学？

其一，微观伦理学、宏观伦理学还是协作伦理学？

部分学者把工程伦理学分为微观伦理学和宏观伦理学。约翰·赖德（John Ladd）等学者比较关注微观伦理学，胡斯皮斯（R．C．Hudspith）等比较关注宏观伦理学。一般而言，微观伦理学主要研究工程师个体的职

---

① 胡塞尔 E.G.A. 欧洲科学的危机与超越论的现象学. 王炳文译. 北京：商务印书馆，2005：15-16.
② 胡塞尔 E.G.A. 欧洲科学的危机与超越论的现象学. 王炳文译. 北京：商务印书馆，2005：15-16.

业伦理。宏观伦理学着眼于工程整体与社会的关系，主要研究和社会领域相关的责任问题，思考关于工程（技术）的性质和结构、工程设计的性质和做一名工程师的含义等更广泛的伦理问题。

随着研究的深入，多数学者倾向于对微观伦理学与宏观伦理学两个层面的综合研究。威廉姆·里奇（William Lynch）等认为，工程外的知识、制度、历史、文化等对工程伦理学都具有重要作用。就飞行事故而言，制度因素和工程技术因素对旅客的安全同等重要[①]。政治学家 E．J．伍德豪斯认为，工程师不仅应当承担工作中的职业责任，而且应当承担其作为普通公民和消费者的责任[②]。这种工程伦理学的综合研究视角，实际上是超越宏观伦理学和微观伦理学的理论诉求的体现。北卡罗来纳州立大学约瑟夫·R．赫克特（Joseph R．Herkert）教授在此基础上，提出了超越微观伦理学和宏观伦理学的综合伦理学——协作伦理学（collaborative ethics）。他把协作伦理学的基本观点概括为四个方面：工程师、伦理学家和科学技术社会的学者以及老师之间的协作；工程和计算机领域的伦理学家的协作；伦理学家、工程教育者和职业工程界的协作；同一系统领域内的协作，重视工程职业界的共同作业和共同社会责任[③]。另外，我国学者李伯聪在《绝对命令伦理学和协调伦理学——四谈工程伦理学》中也谈到了协作伦理学[④]。

我们认为，微观、宏观的分类是从量的角度的模糊划分，如果愿意，我们甚至可以从微观、中观、宏观等量的角度无穷地分割下去。所以，这种划分只是停留在工程伦理学的外在因素，并没有深入其内在本质。应当肯定的是，协作伦理学中贯穿各领域的"协作"精神已经触及了工程伦理学本质问题的边沿。问题是，协作的根据是什么？对此，可从两个层面深入讨论：经验伦理学还是理论伦理学？实践伦理学还是应用伦理学？

其二，经验伦理学还是理论伦理学？

比较而言，协作伦理学虽然触及了工程伦理学的本质问题的思考，但它还是表面的，并没有从根本上摆脱量的思路，而关于"经验伦理学还是理论伦理学"的论争已经明确地从协作伦理的根据的角度深入工程伦理的学科性质。

---

① Lynch W T，Kline R. Engineering practice and engineering ethics. Science，Technology and Human Values，2000，（25）：195-225.

② Woodhouse E J. Overconsumption as a challenge for ethically responsible engineering. IEEE Technology and Society，2001，（3）：23-30.

③ Herkert J R. Ways of thinking about and teaching ethical problem solving：microethics and macroethics in engineering. Science and Engineering Ethics，2005，（11）：373-385.

④ 李伯聪. 绝对命令伦理学和协调伦理学. 伦理学研究，2008，（5）：42-48.

就伦理直觉和多数工程伦理学学者而言，工程伦理学应当是以理论研究为主的伦理学。然而，斯坦福大学的罗伯特·E. 迈克格因（Robert E. McGinn）特别提醒理论伦理和现实中的实际伦理存在着巨大的差距。他对斯坦福大学工程学学生和正在工作的工程师进行了为期五年的关于工程伦理问题的调查，"分析结果强烈地表明：一方面是正在接受教育的工程专业的学生面对的工程伦理问题，另一方面是当代工程实践中的伦理现实问题，二者之间存在着严重的分离。这种鸿沟导致了两种值得重视的后果：工程专业的学生对什么使一个问题成为伦理问题的观点存在着巨大的争议，而工作的工程师们对于在当代社会中什么是能够成为有责任心的工程师的最重要的非技术方面的因素存在着重大分歧。这些分歧阻止（妨碍）了对具体职业实践中的工程师的明确的道德责任和伦理问题的达成共识。这证明对工程专业的学生和工作工程师关于工程伦理问题进行适宜精确的研究调查非常重要，尽管工程伦理研究忽视了经验的方法途径。这种途径可以提升占主流地位的个案研究方法，并对极其有条不紊的理论分析的方法途径构成挑战"[①]。

显然，工程伦理学绝不可忽视其经验性的研究路径，强烈的实践和应用精神是其应有之义。同样，忽视其理论研究，停留在零碎的经验思维水平上，就不会对工程经验有深刻的思考和指导作用，也不会有工程伦理学。工程伦理学应当把工程经验和理论融为一体，而不是二者取一。

其三，实践伦理学还是应用伦理学？

融经验和理论为一体的工程伦理学应当是何种伦理学呢？基于这种思路，就有了工程伦理学是实践伦理学还是应用伦理学的争论。当前，工程伦理学的主流思想家们主张它应当是实践伦理学而不是应用伦理学。

R. L. 皮克斯（R. L. Pinkus）等明确主张，工程伦理学是实践伦理学，而不是应用伦理学[②]。李伯聪也说："工程伦理学应该定性和命名为'实践伦理学'而不是'应用伦理学'"[③]。支撑此论的主要论据在于以下两方面：①工程伦理学要批判地反思工程师的道德观念和行为，揭示其背后的道德依据，这种推理过程所参考的一般道德原则明显或不明显地与伦理理论直接有关。但是如同工程不是科学的简单应用，工程伦理学也并非将一

---

① McGinn R E. Mind the gaps：an empirical approach to engineering ethics，1997—2001. Science and Engineering Ethics，2003，（9）：517-542.

② Pinkus R L. Engineering Ethics：Balancing Cost，Schdule，and Risk. Cambridge：Cambridge University Press，1997：20.

③ 李伯聪. 绝对命令伦理学和协调伦理学. 伦理学研究，2008，（5）：42-48.

般伦理理论简单、机械地应用于实际问题。②为了避免对"应用"的误解。诚如朱葆伟所说:"我们宁愿把工程伦理学称为一门'实践伦理学',以区别流行的'应用伦理学'。因为在这里,'应用'是一个容易引起误解的说法。"①这种看法从总体上讲,是深入伦理学自身的逻辑,较之量的区分(微观、宏观、综合),更贴近工程伦理学的本质。

此论把工程伦理学排除在应用伦理学之外,这是值得商榷的。这是因为以下几个方面的原因。

(1)伦理学的实质就是实践伦理学,而不是简单地把伦理理论运用于实际问题。实际上,伦理理论的应用需要明智的道德判断力和坚强的道德意志,绝不是理论和实际的简单的结合运用。严格说来,这种运用并不存在,那种(把伦理原理应用于现实问题的)"应用"伦理学是不可能的。这是因为应用和实践本质上是一致的。

(2)应用和实践本质上是一致的。对"应用伦理学"而言,"应用的"的首要含义就是"实践的",这种强烈的"实践"指向是批判性道德思维的根本功能。伽达默尔在《真理与方法》中对"应用"的概念进行了实践的解释。他认为理解就是解释,解释是深层次的理解,而"理解在这里总已经是一种应用"②。"应用"绝不是对某一意义理解之后的移植性运用,即把先有的一个基本原理应用于实践。"应用"就是特定目的和意图在特定范围和时机中的实践性"行为"。实践性"行为"是基于某个特定事物的"内在目的",而"内在目的"又必然包含其现实化的根据,这样的实践性行为就是"事物"成其自身的自我实现活动。因此,"应用"就是事物朝向自身目的(内在的"好"——善)的生成活动或者说是一种自在到自在自为的活动。就是说,"应用"是善本身的实践—实现—生成活动(自在—自为—自在自为的过程)。这直接体现为应用是一个不断自我否定的实践过程。

(3)如果把应用伦理学和实践伦理学分开,那么,二者的区别和联系是什么?二者和理论伦理学的关系分别是什么?伦理学的实践特质在理论伦理学、实践伦理学、应用伦理学中如何体现?它们有何内在联系和区别……一系列诸如此类的基础伦理问题就会随之出现。然而,由于当今(实践意义上的)"应用伦理学"术语业已得到普遍公认,这些问题实际上已经没有任何意义。

综合考虑这些要素,尽管实践伦理学的提法并没有学理上的重大问

---

① 朱葆伟. 工程活动的伦理问题. 哲学动态, 2006, (9): 37-44.
② 伽达默尔 H G. 真理与方法(上卷). 洪汉鼎译. 上海: 上海译文出版社, 2004: 400.

题，我们还是主张工程伦理学是应用伦理学。

据前所论，如果说微观伦理学、宏观伦理学、协作伦理学的讨论主要是从外延的视角对其学科地位的研究，后两者（其二、其三）则主要从工程伦理学的内在性质来讨论其学科地位。这样一来，工程伦理学可从三个层面来把握：①从其外延来看，它可以相对地归结为微观伦理学、宏观伦理学、协作伦理学三种基本形态。②从其内涵来看，它是以工程师为道德主体的融经验、理论为实践之中的应用伦理学。③从逻辑上讲，内涵是外延之根基，是不依赖于后者的自在存在；外延则是派生于、依赖于内涵的存在。据此，工程伦理学的第二个层面可以容纳第一个层面，反之则不然。所以，简言之，工程伦理学是应用伦理学。

至此，我们可以对工程伦理学的两个基本问题——工程伦理学是否可能？工程伦理学为何种伦理学？——做出明确回答：工程伦理学不但可能，而且是具有鲜明的现实价值和实践意义的应用伦理学。这就为工程伦理学的深入研究奠定了理论和实践基础。

第二节 工程伦理价值基准

目前，随着当代工程对人类生活及其环境造成的广泛而深刻的影响，工程伦理领域中的功利、道义、责任、权利等各层面的矛盾冲突日益尖锐。工程伦理学内部对这些问题的相关争论亦随之愈演愈烈，极难达成伦理共识。归纳起来，学者们主要围绕如下两个密切相关的问题展开争论：工程伦理学应当选择何种伦理路径？工程伦理学选择伦理路径的价值基准是什么？正是这些问题的争论和探究，从不同层面彰显出工程伦理学应当达成的基本伦理共识，即人权是工程伦理学的价值基准。

一、工程伦理学应当选择何种伦理路径

一般而言，伦理学的价值取向主要包括功利、道义、责任和权利四个层面。工程伦理学也不例外，其伦理价值取向也相应地开显为功利论、道义论、责任论和权利论四种基本路径。

（一）功利论的路径

我们知道，利益是道德的主要客体，道德客体间的冲突（利益间的冲

突）也是最常见的道德冲突。工程师受雇于工程公司，就意味着对建设该工程所需要的复合物质有了特别运用和处置的某些权利。这似乎是一个控制此工程位置以此获利的绝佳机会。然而，工程师应当深谋远虑地意识到成为此工程的工程师，"就可能产生利益冲突"[①]。调节利益冲突的主要伦理路径就是功利主义。

边沁、密尔开创的功利主义的基本规则是最大多数人的最大功利。功利主义者一般认为，自由和福祉是大多数人追求的两个基本要素。自由是对追求个人的生活和爱好做出根本决定而不受他者干扰和外界影响的选择能力。福祉是充分运用自由的一系列必须的条件，它主要包括如下因素：健康、一定程度的物质福利、食物、住所和教育等。这种功利主义的基本规则"要求工程师促进公众的安全、健康和福祉"[②]。哈瑞斯（Charles E. Harris）等把工程伦理学的功利主义概括为三种基本途径：成本/收益法，要求把工程项目中的消极功利和积极功利转换为单一的货币衡量标准；行为功利法，基于斯马特（J. J. C. Smart）的行为功利主义理论，不要求严格的量化标准，只要求确保能够带来最好效果的工程行为；规则功利法，基于布兰特 （Richard B. Brandt）的规则功利主义理论，要求工程行为应当遵守具有最好效果的规则，此规则被遵守时，又被自己的效用证明是正当的[③]。不可否认，功利主义为解决工程中的利益冲突提出了具有一定可操作性的颇有价值的方法途径，但这并不能遮蔽其理论上的缺陷。

功利主义的主要问题在于：①多数人的最大利益具有极其主观的不确定性和偶然性，在现实中很难得到认同；②多数人的最大利益忽视了最为现实的痛苦和不幸，一定程度上遮蔽了人的普遍脆弱性，易于引发不人道的工程事故；③多数人的最大利益和少数人的利益甚至生命的冲突不可避免时，为了前者而牺牲少数人的利益甚至生命，这在实践上是不人道的，在理论上是难以得到辩护的；④更为严重的是，把利益看做目的，就意味着把人看做利益的工具和奴隶。这是功利主义路径的致命弱点。因为利益和人发生冲突时即使最大利益和人的生命发生冲突时，也不应当把利益凌驾于生命之上：人绝不应当为利益而存在——这实际上已经是道义论的观点了。

① Raymond S E. Science and Technology Ethics. London and New York：Routledge，2002：80.
② Harris C E, Pritchard M S, Rabins M J. Engineering Ethics Concepts and Cases. Belmont：Wadsworth/Thomson Learning，2000：77.
③ Harris C E, Pritchard M S, Rabins M J. Engineering Ethics Concepts and Cases. Belmont：Wadsworth/Thomson Learning，2000：77-78.

（二）道义论的路径

利益冲突的实质是人的利益的冲突。这种冲突的极端化导致利益和人的冲突，即道德客体（利益）和道德主体（人）的冲突，如工程安全与商业集团利益的冲突、工程职业自律与雇主利益的冲突、工程技术基准与商业利益基准的冲突等[①]。当功利主义路径不能解决利益冲突时，或者不能解决利益和人的冲突时，以人为目的的道义论（或义务论）路径就会取代以利益为目的的功利途径。

工程问题似乎是外在的客观的物质实体，但究其实质，则是工程内在的主观的精神体现，其根据在于人这个最终目的。这就蕴含着以人为目的的道义论路径。道义论的观点可用康德的话归结为："所有的理性存在者都必须服从这个规律：在任何情况下，他们都应当把自己和所有的其他人看做其自身的目的，而不应当仅仅看做工具。"[②]在工程伦理学中，道义论要求："不得为了更大的总体功利而杀人、骗人、否定人的自由或者侵害人。"[③]不过，把人是目的作为首要道德法则的道义论，并没有否定追求最大多数人的福祉的功利主义路径，只是把它降格为道义论之下的一条伦理路径。

道义论确立了人是目的这个法则，虽然在一定程度上可以解决利益冲突的价值选择标准问题，但在如何实践道义目的这个要害问题上，道义论的空洞无力即刻暴露出其致命的缺陷。这既成为道义论不断遭受诟病的根源，也成为超越道义论，探求其实践路径的突破口。道义论有两条基本的实践路径：消极路径是对危害人是目的法则之后的承担和追究，即责任论的路径；积极路径是在责任论的基础上，积极主动地把人是目的具体化为权利保障，并切实把权利保障落实到工程实践之中，即权利论的路径。

（三）责任论的路径

由于利益是属人的利益，人（道德主体）与利益（道德客体）冲突的实质是人与人的冲突——道德主体间的冲突。当同样作为目的的人发生了冲突时，如工程师和其雇主的冲突、工程师之间的冲突、雇主和公民的冲

① Raymond S E. Science and Technology Ethics. London and New York：Routledge，2002：64-66.

② Kant I. Foundations of the Metaphysics of Morals. Translated by Beck L W. Beijing：China Social Sciences Publishing House，1999：52.

③ Harris C E，Pritchard M S，Rabins M J. Engineering Ethics Concepts and Cases. Belmont：Wadsworth/Thomson Learning，2000：68.

突等，如何解决这些问题（尤其是谁对这些问题负责，如何负责等）就成了人是目的的具体实践路径之一。这就是责任论的伦理路径。

胡塞尔曾说："人最终将自己理解为对他自己的人的存在负责的人。"①从道德哲学的发展史来看，费希特在其《伦理学体系》中已经把康德式的义务或职责作为重要研究对象，详尽探讨了其分类和内涵，尽管他并没有从根本上摆脱康德道义论的模式，但责任伦理学在他那里已初具雏形却是不争的事实。20世纪以来，萨特的《存在与虚无》、列维纳斯的《大全与无限》等著作已经把责任作为伦理学的核心理念。列维纳斯甚至把责任作为其伦理形而上学的根基，责任论在他那里已具备了独立的道德地位。这就为工程伦理学的责任论奠定了深厚的理论基础。目前，责任业已成为工程伦理学最集中的道德问题。约那斯（H. Jonas）、伦克（H. Lenk）、莱德（J. Ladd）等围绕与工程有关的责任问题探讨了责任的概念、责任的种类和层次、道德责任的特点、技术的新发展对责任概念的影响、工程师以及整个社会对技术问题的责任等问题。在此基础上，维维安·韦尔教授对工程师的责任从四个层面做了详尽的探讨和研究：①对公众的责任，是保障促进"公众的安全、健康、福祉"。这里的公众是指面对工程师创造出的工程的危险一无所知，因此一旦危险出现便可能完全无助者。②对雇主或代理人的责任是忠诚：提倡批判性的忠诚，反对盲目忠诚。一旦工程师对雇主的忠诚和对公众的责任产生冲突时，对工程师而言，如何优先承担对公众的责任而又避免对雇主或代理人造成伤害，以免因此危及其工作和事业，一直是一个主要的不断循环出现的伦理问题。③对其他工程师和职业的责任，要求做到"正直、荣誉和尊严"。④对环境的责任②。学者们对责任的深入广泛的研究，使责任论成为一种超越道义论，勇于承担道义后果的伦理范式——以责任为根本的责任伦理学。

相对而言，责任论比功利论和道义论更具有实践能力。功利论只注重最大利益，却无视为了最大利益而带来的牺牲少数人的利益的严重后果。和功利论不同，道义论只讲为义务而义务，却不计后果如何。诸如"如果有人不承担义务或出现了不良后果，怎么办"之类的问题，道义论避而不谈。责任论克服了道义论不讲后果的空洞无力，而用一定强制性的责任加以追究不承担义务者，同时又对功利论的不良后果加以追究，弥补了其不足和非人性的致命缺陷。但责任论也并非天衣无缝，问题在于，"在这些责

① 胡塞尔 E G A. 欧洲科学的危机与超越论的现象学. 王炳文译. 北京：商务印书馆，2005：324.
② Raymond S E. Science and Technology Ethics. London and New York：Routledge，2002：73-80.

任领域中的每一个领地，若工程师毫不妥协地行使其专业判断，都将处于危若累卵的境地"①。这实际上暗示了责任论的困境：当责任之间发生冲突时，谁来承担？如何承担？解决责任冲突的根据是什么？另外，责任毕竟是解决冲突的消极途径，如何通过积极引导，以尽量规避工程风险，提高工程质量等都是责任论难以回应的。

问题的关键是责任的价值基准是什么？直觉的回答是：责任的价值基准是权利。这就是权利论的路径——道义论的积极实践路径。

（四）权利论的路径

权利思想在古典伦理理论中源远流长，但就权利论的伦理路径而言，应当说肇始于德沃金。德沃金力主"权利是王牌"的思想，试图把权利作为其政治伦理学的价值基准②。麦凯承接德沃金的这一思想，明确主张道德理论应以权利为本。工程伦理学的权利路径正是这种理论的创造性实践和拓展。

我们现在的主要任务是，从如下几个方面论证权利论的路径。

首先，权利是责任之本。这里需要特别说明的是，义务和责任虽然有区别，但就它们同为道德主体的道义承担而言，两者本质上是一致的。鉴于此，为避免不必要的术语歧义和累赘，我们这里不严格区分义务和责任，而在同一意义上运用"义务"和"责任"。

现在，我们从厘清权利与义务的两个层面的基本关系（不相关性、相关性）入手逐步解决权利是责任之本的问题。

第一，权利和义务的不相关性主要体现为：无义务的权利和无权利的义务。

（1）无义务的权利，即优先于义务的权利。麦凯认为权利是自由和索取（claim-right）的结合。当说张三有做 X 的权利时，意味着张三有做 X 的自由（张三没有责任不去做 X）；张三做 X 要受到保障（他人有责任不去干预张三做 X）③。可见，责任是为了保障权利而产生的，并非为了义务自身而产生的。换言之，责任是由权利派生出来的，义务是权利的手段而权利则是义务的目的，权利可以独立于义务而存在，义务不可以独立

① Raymond S E. Science and Technology Ethics. London and New York：Routledge，2002：73-80.

② Dworkin R. Taking Rights Seriosly. Cambridge：Harvard University Press，1978：169-171.

③ Mackie J L. Can there be a right-based moral theory? //French P A, Uehling T E, Wettsten H. Studies in Ethical Theory(Midwest Studies in Philosophy. Vol.3). Minneapolis：University of Minnesota Press, 1978：180.

于权利而存在。

（2）无权利的义务，主要体现为有义务，却无相应的权利。例如，人类有义务保护动物，却无权利要求动物保护人类。不过，这并不意味着这类义务可以独立于权利而存在。其实，人类保护动物的义务虽然并没有预制直接对应的权利，但归根结底却是为了人权而履行义务的。

第二，权利和义务的相关性。

罗斯（William David Ross）对权利和义务的相关性所概括的四个独立的陈述应该说比较全面。它们包括：①A 对 B 有权利意味着 B 对 A 有义务；②B 对 A 有义务意味着 A 对 B 有权利；③A 对 B 有权利意味着 A 对 B 有义务；④A 对 B 有义务意味着 A 对 B 有权利[①]。

简言之，有权利意味着有义务或有义务意味着有权利。

由于没有权利，就不可能有相应的义务，即义务依赖于权利，是权利的派生物。所以，在权利优先于义务的前提下，权利和义务的相关性才得以可能。这种相关性的关系，归根结底是以权利（尤其是人权）优先于义务为最终根据和逻辑前提的。可见，权利是义务之本。

其次，权利是道义之本。人是目的的道义在其伦理实践中要么通过责任来实现，要么通过权利来实现。因为权利是责任之本，所以道义最终根源于权利而不是责任，权利也是道义之本。

最后，权利是功利之本。功利论自身存在的问题，如牺牲个人的幸福、功利算计带来的利益冲突等，必须求助于道义和责任来解决。由于后两者的根据在于权利，功利最终也以权利为根本。

权利论的确证，实际上已经进入工程伦理学应当追寻何种价值基准的视阈。这里直觉的回答是：人权是工程伦理学的价值基准。

二、工程伦理学选择何种价值基准

要从权利论的路径追寻工程伦理学的人权价值基准，首先必须追问的是：人权可否成为四种伦理路径的价值基准？人权如何成为工程伦理学的价值基准？

（一）人权可否成为四种伦理路径的价值基准

从外延来看，权利包括人人平等共享的普遍性道德权利（即人权）和人人不平等非共享（即某些人或某个人独享的）的特殊权利。对工程师而

---

① Ross W D. The Right and the Good. Oxford：Oxford University Press，1930：48-50.

言，他作为工程主体所拥有的作为工程师的权利就是特殊权利，但他同时也拥有作为人的普遍权利——人权。

从内涵来看，人权和特殊权利只是权利的不同层面。人权是特殊权利的底线，特殊权利是普遍人权落实到具体的特殊个体的权利，它应当是普遍人权的保障、拓展和提升，而不应当是对人权的践踏和危害。换句话说，真正的特殊权利必须以人权为价值基准，侵害人权的特殊权利绝不应当成为权利。

这就明确了麦凯的权利观点：在权利体系中，某些基本权利因为"把握了整个道德理论之根源"而成为其他权利之本[①]。这些基本权利就是人权，其他权利即特殊权利皆派生于人权。就是说，人权是权利论的价值基准。

下面的问题是，人权可否成为功利、道义和责任的价值基准？如前所论，既然权利是功利、道义和责任的根基，普遍人权是特殊权利的价值基准，那么人权也同样有资格成为功利、道义、责任的价值基准。因此，人权是前述四种伦理路径的价值基准。不过，这并不否定特殊权利、功利、责任和道义的道德价值，反而为它们的合理存在奠定了更加牢固的价值基础，因而更能彰显出它们自身的意义。同时，它们反过来也为人权的实践提供了切实具体的伦理路径。

（二）人权如何成为工程伦理学的价值基准

我们知道，工程伦理学研究的是工程师以科学知识为依据，以技术的综合运用为具体操作途径，所进行的合目的的创造性的工程伦理实践。显然，科学、技术、工程、工程师是工程伦理学的四大要素。要回答人权能否成为工程伦理学的价值基准，就要分别回答人权能否成为科学、技术、工程、工程师等要素的价值基准。

第一，人权能否成为科学的价值基准？

众所周知，science（科学）源自拉丁文 scientia，其本意仅仅指"知识"。胡塞尔解释说："科学的起源以及它从未放弃过的意图就是，通过阐明最后的意义源泉，获得有关现实地被理解的，另外也是在其最终意义上被理解的东西的知识。"[②]科学知识是人们通过科学方法获得的：观察自然的几种

① Mackie J L. Can there be a right-based moral theory//French P A, Uehling T E, Wettsten H. Studies in Ethical Theory（Midwest Studies in Philosophy. Vol.3）. Minneapolis：University of Minnesota Press，1978：170-178.
② 胡塞尔 E G A. 欧洲科学的危机与超越论的现象学. 王炳文译. 北京：商务印书馆，2005：234.

状态或很多次观察同一状态，并对观察的对象或各对象之间的关系形成一种假设或猜想，再通过经验或考验来决定这种假设的可信度。如果这种假设通过了具有多种偶然性的、非常严格的检验，其结果尽管和一个经过微弱的或未加批评的检验完全一致，我们也会对前者更有信心。"当我们的假设经过了良好的检验以致我们实际上一贯地认为它具有完全的可靠性时，我们就把它称为知识。"①就是说，科学的本质是其可靠性而非通常所说的客观性。

实际上，并不存在和人无关的客观性。没有人这个主体，科学就是无根之幻象。科学真理客观性的本质就是人这个主体所确认的可靠性。用雅斯贝尔斯的话说，就科学而言，"居于首位的是人"②。既然可靠性和人这个价值主体密不可分，科学成果就有可能被人用来行善或为恶。诚如《科学与工程伦理学》副主编博德（Stephanie J. Bird）所说，科学研究是以各种形式的人类的创造性应用来满足我们的好奇心的典范。"与此同时，科学研究也提供了表达人类脆弱性和易错性的机遇：傲慢、情欲、贪财、迟钝、固执、无知、残酷和滥用权力等。"③虽然科学提供了践踏伦理和人权的机遇与可能，但"真正的科学，是那些自愿献身于科学研究的人的一项高贵的事业"④。这种高贵主要体现为科学研究所蕴含的伦理实践精神，因为"伦理关怀内在于各个阶段的研究行动和研究报告之中，同样也植根于解决现实世界问题的研究的应用之中"⑤。真正的科学，是把人居于首位的可靠性知识，是尊重和保障人权的道德实践，也是坚定地反对傲慢、贪欲、残酷和任何其他侮辱、践踏人权的伦理活动。因此，人权是科学的价值基准。

第二，人权能否成为技术的价值基准？

亚里士多德在《物理学》中曾把技术看做工具性的技艺。笛卡尔进一步把技术和自然科学尤其是数学联系起来，认为技术是应用的自然科学，是万能普遍的中性工具系统。近代以来，这种笛卡尔式的工具技术观一直占据主导地位。在现代境遇中，此论遭到了诸多哲学家的质疑。海德格尔说："所到之处，我们都不情愿地受缚于技术，无论我们是痛苦地肯定它或者否定它。而如果我们把技术当做某种中性的东西来考察，我们便最恶劣

---

① Raymond S E. Science and Technology Ethics. London and New York：Routledge，2002：3.

② 雅斯贝尔斯 K. 时代的精神状况. 王德峰译. 上海：上海译文出版社，2008：121.

③ Raymond S E. Science and Technology Ethics. London and New York：Routledge，2002：22.

④ 雅斯贝尔斯 K. 时代的精神状况. 王德峰译. 上海：上海译文出版社，2008：115.

⑤ Raymond S E. Science and Technology Ethics. London and New York：Routledge，2002：23.

地被交付给技术了；因为这种现在人们特别愿意采纳的观念，尤其使我们对技术之本质盲然无知。"①技术的工具性规定既没有把我们带入一种自由的关系中，也没有向我们显示出技术的本质。

不幸的是，与笛卡尔时代相比，当代技术工具论获得了更加强有力的支撑。对此，德国著名技术哲学家伦克指出，如今技术已远非简单的工具，而是已经成为改造世界、塑造世界、创造世界的重要因素。他认为，当代技术呈现出和人密切相关的六大新趋势：①受技术措施及其副作用影响的人数剧增。②人类技术活动开始干扰甚至支配自然系统。③技术开始控制人本身。它不仅通过药理作用、大众媒体影响潜意识，而且通过基因工程潜在地影响控制人的身心。④信息技术领域的技术统治趋势日益加强。⑤"能够意味着应当"的"技术命令"甚嚣尘上。⑥技术尤其高新技术对人类和自然系统的未来具有重大影响力②。这种技术至上论的趋向几乎把工具技术论推向了登峰造极的地步，尤其是把"应当意味着能够"颠倒为"能够意味着应当"的技术工具主义的祛伦理化倾向，使技术伦理问题日益尖锐。

从词源学讲，希腊词 techn 主要是指一种偶然发明的技艺和技能。techn 后来发展为可以传授训练的工艺方法 technique。17 世纪时，人们把 techn（技艺）和 logos（讨论、演讲、理性等）结合为 techno-logy，是指关于技艺的讨论、演讲或理性本质。从这个意义看，把 technology 翻译为"技术"是不准确的，译为"技道"或"技理"似乎更为贴切。这个"道"或"理"（logos）主要有两层意思：一是指技艺所遵循的规则或知识。换句话说，技术是一种（如何制造东西或如何去做工作的）知识；二是指技艺的实践理性目的即道德目的。在这个意义上，古德曼（Paul Goodman）说："不论技术利用新的科学研究与否，它都是道德哲学的一个分支，而不仅仅是科学的一个分支。"③可见，工具技术论的实质是固执地停留在 technique 的 techn 的层面，而抛弃了其根基性的 logos。海德格尔明确反对这种观点，他把技术看做一种自由的解蔽方式，"技术乃是在解蔽和无蔽状态的发生领域中，在真理的发生领域中成其本质的"④。技术的本质是自由，自由正

① 海德格尔 M. 海德格尔选集（下）. 孙周兴译. 上海：三联书店，1996：925.

② Lenk H. Introduction：the general situation of the philosophy of technology and a tribute to the tradition and genii locl//Lenk H, Maring M. Advance and Problems in the Philosophy of Technology. Munster：LIT., 2001.

③ Martin M W, Schinziger R. Ethics in Engineering. 3rd ed. Boston：McGraw-Hill Companies, Inc., 1996：1.

④ 海德格尔 M. 海德格尔选集（下）. 孙周兴译. 上海：三联书店，1996：932.

是道德哲学的本体根据。工具技术论恰好是暴力霸权扼杀自由和人性的借口，甚至可以成为肆意践踏人权的"道德"借口。真正的技术（technology）是为了达到实践理性的道德目的而运用知识的技艺或技能，是"应当意味着能够"的自由实践而不是"能够意味着应当"的强制暴力性的工具。

当今技术的每个变化趋势都和人密切相关，自由技术论的底线只能是普遍人权，即不得侵害人权的"应当"决定着技术"能够"的限度和范围。尽管"技术并不是科学"[①]，但它们也有着内在的联系，即科学和技术都是以人权为价值基准的知识和道德实践活动，都属于道德哲学的重要实践领域。

第三，人权能否成为工程的价值基准？

18世纪，engineering这个词在欧洲出现时，专指作战兵器的制造和执行服务于军事目的的军事事务。在现代语境中，"工程"一词有广义和狭义之分。就广义而言，工程是由以工程师为主体的团体为达到某种目的，在一个较长的时间周期内进行协作活动的实践过程。就狭义而言，工程可从三个角度理解：①从动态的过程看，工程是以工程师为主体，以某种设计目标为依据，应用相关的科学技术知识和技能，通过团体的有组织的活动将某个（或某些）现有实体（自然的或人造的）转化为具有预期使用价值的人造产品的过程。②从静态的角度看，工程是指具体的基本建设项目的理念或结果，如信息工程、基因工程、生物工程等。③从学科的角度看，工程主要是把自然科学的知识创造性地应用和实践于工农业军事等生产部门或领域而形成的各学科的总称。这些学科是应用数学、物理学、化学等基础学科的知识，结合在生产实践中所积累的技术经验创造性地发展而来的，如土木建筑工程、冶金工程、桥梁工程、生态工程等。无论从广义或狭义的角度看，工程都应当以人为目的，以人权为价值基准。

和科学技术相比，工程活动的本质与工程"设计"（design）的本质密切相关。"design"源自16世纪的法语词"disseihne"，其清晰的内涵是"目的、意图或者决定"，它具有算计、密谋以便达到其目的的期望，也因此成为连接目的和现实的关键点。"一个为了达成特定目的而形成的物质实体，即一项工程可以看做以设计开始的一个过程的作品。"[②]融科学、技术于一体的工程设计的目的，和科学技术的目的本质上是一致的，即以人为目的。它一旦在创造性的设计和实体性的作品中把这个目的实践出来，就

---

① 胡塞尔 E G A. 欧洲科学的危机与超越论的现象学. 王炳文译. 北京：商务印书馆，2005：234.

② Raymond S E. Science and Technology Ethics. London and New York：Routledge，2002：7.

具体体现为对人权的尊重和促进。

工程作为把科学和技术的共同目的——人权落实到实践的过程和产品，其真正的价值基准在于把科学和技术的人权基准在落实为工程实体的现实路径中，比科学更加切实、比技术更加广泛深刻地尊重和保障人权为价值基准的道德目的。不过，这一切都必须通过工程师这个伦理主体来具体实践。

第四，人权如何成为工程师的价值基准？

费希特曾在《伦理学体系》中详尽探讨了责任（职责）的分类：每个人必须亲自完成而不得转交别人的事情，是普遍的职责；每个人可以分工合作，可以转交给别人的事情，是特殊的职责①。我们借用并改造这种思想：把应当对每个人负责的责任称为普遍责任，把只对某些人或某些团体负责的责任称为特殊责任。

工程师不仅要承担其作为一个工程师的特殊责任，同时要承担其作为一个人的普遍责任——前述维维安·韦尔等的责任论偏重于特殊责任，相对忽略了普遍责任。工程师的特殊责任源自其作为工程师应当享有的特殊权利，如工程决策和实施权利等，其普遍责任则源自人人应当普遍享有的人权。换句话说，工程师的普遍责任和特殊责任的根据在于其特殊权利和人权。如果工程师放弃了对人权和其特殊权利的尊重，他就必须为此承担相应的责任（普遍责任或特殊责任）——责任正是由权利而来的。根据前述特殊权利和人权的内在关系，工程师的特殊权利必须是以不损害人权为底线的合道德的权利。所以，人权是工程师特殊权利的价值基准，也是其责任的价值基准。这体现为两个层面。

从消极方面看，工程师不得滥用其特殊权利践踏人权。20世纪的军事工程是有史以来对人权影响最大的历史事件。当时，为破坏性战争而制造的精良武器和运输系统均出自精于此道的某些工程师之手。虽然运用这些工程产品的军人对践踏生命权负有直接的罪责，但这些工程师们也难辞其咎，他们至少应当承担相应的普遍责任。"工程师们应该集中精力关注那些具有和平前景的工程，而摒弃那些鼓动战争的工程。"②支撑这种观点的价值基准正是基本的人权——生命权。

从积极方面看，优秀的工程师不但应当拒斥滥用其特殊权利践踏人权，而且还应当在其工程生涯中尽力避免工程可能危及人权的后果，竭力

① 费希特 J G. 伦理学体系. 梁志学，李理译，北京：商务印书馆，2007：277-397.
② Raymond S E. Science and Technology Ethics. London and New York：Routledge，2002：86.

保障和维护人权。著名工程师柯尤尼（Fred Cuny）堪称这方面的典范。他责问政府为什么不预先考虑加固工程设施系统，却总是被动地试图减缓或降低工程设施坍塌后的灾难后果。柯尤尼生前最后一次保障人权的工程行为，是 1993 年通过修复水利工程来降低由轰炸和狙击手给萨拉热窝的人们带来的生命灾难[①]。柯尤尼利用其作为工程师所享有的特殊权利（设计修复工程的权利）进行行为选择的价值基准，也正是生命权。

总而言之，人权既是功利、道义、责任、权利等工程伦理学基本路径的价值基准，又是科学、技术、工程和工程师等工程伦理学诸要素的价值基准。因此，人权是工程伦理学的价值基准，各类工程事业应该成为切实保障和促进人权伟业的现实力量。

---

① Raymond S E. Science and Technology Ethics. London and New York：Routledge，2002：85.

第八章
安乐死立法基础探究

安乐死立法是和人类命运密切相关的生命伦理学领域的重大现实问题。自1997年美国的俄勒冈州通过法律允许安乐死以来，荷兰（2001年）、比利时（2002年）相继通过安乐死立法。2005年12月21日，法国通过的新法肯定了"放任死亡权"，它虽然拒斥主动安乐死，却肯定了消极安乐死的合法性。2006年，德国伦理学学会做出关于生命终结的自我决定的报告和声明，重启了德国关于安乐死和辅助性自杀的合法性以及法律援助的讨论。2008年11月，美国华盛顿州通过法律明确允许安乐死。2011年1月10日，中国台湾地区通过《安宁缓和医疗条例》修正案，明确肯定了安乐死的合法性。不过，除了这几个屈指可数的安乐死立法的国家和地区，其他一些国家安乐死立法的尝试目前都失败了。然而，在安乐死非法的国家和地区，绝症病人因不堪忍受痛苦而自杀死亡或出国求死的诸多触目惊心的案例，却把安乐死合法与非法的矛盾冲突推向前沿。

在安乐死非法的境遇中，绝症病人只能选择痛苦死或痛苦生。即使选择痛苦生，最终也必然走向痛苦死，就是说，选择痛苦生的实质就是选择痛苦死。因此，绝症病人似乎只能选择合法的痛苦死或非法的安乐死。问题恰好在于，反对安乐死立法的任何国家都没有通过"痛苦死立法"，痛苦死在国际范围内都是非法的。和非法安乐死相比，非法痛苦死的非法领域更广、问题更加严重，因为安乐死毕竟在荷兰、比利时等国家和地区是合法的。如此一来，一个怪异的悖论出现了：既然对于安乐死非法地区而言，安乐死和痛苦死都是非法的，为何人们仅仅反对安乐死及安乐死立法而对痛苦死及痛苦死立法却存而不论呢？显然，这隐含着一个前提，痛苦死是合法的。然而，这个前提既没有法律的明文规定，也没有理论的有力论证，只不过是一种直觉和习惯的假设而已。面对如此荒谬的事实，人类再也不能"掩耳盗铃"了。

其实，这个荒谬的事实深深地隐含在反对安乐死立法的论证范式之中。反对安乐死立法的理由固然纷纭复杂，其论证范式都是一种滑坡论证（slippery slope argument）。滑坡论证的基本程序是：根据某个命题，允许A，将不可避免地或者极其可能地导致不正当的 B、C、D……因此，"滑坡论证认为最好不要采取第一步"①。反对安乐死立法的滑坡论证的基本程序是：有目的杀人是不正当的，安乐死是有目的地剥夺生命。一旦立法允许实施安乐死，人们将沿着剥夺生命的斜坡滑下去，直至去结束无任何过错的人的生命。滑坡论证的这种单向独白思维模式不能真正令人信服，因为它杜绝安乐死选择的路径之后，就完全遮蔽了痛苦生以及由此必然导致的痛苦死或直接选择痛苦死的现实问题。正因如此，尽管很多学者从滑坡论证的视角批判荷兰、比利时等国的安乐死立法，但也有学者明确反对滑坡论证。博尔（Theo A. Boer）就明确批判了滑坡论证的脆弱无力，并由此提出避免滑坡而考虑磐路（rocky road）的选择路径②。磐路观念的提出，无疑是对滑坡论证的一个突破。遗憾的是，博尔并没有进一步深入下去。要真正扬弃滑坡论证，仅仅提出磐路的思路是不够的，首先要论证死亡权问题，其次必须从学理上阐释和滑坡论证相对应的、比滑坡论证更加合理的伦理论证方式——磐路论证（rocky road argument），从磐路论证的视角反思安乐死立法问题。

简而言之，安乐死立法基础主要思考三个问题：滑坡论证（安乐死立法的伦理质疑）、死亡权（安乐死立法的价值基础）以及磐路论证（安乐死立法的可能出路）。

第一节　滑坡论证：安乐死立法的伦理质疑

每当重大的道德争论发生之时，滑坡论证就会经常有规律地出现。近

---

① Boer T A. After the slippery slope: dutch experiences on regulating active euthanasia. Journal of the Society of Christian Ethics，2003，（2）：225-242.

② Boer T A. Recurring themes in the debate about euthanasia and assisted suicide. Journal of Religious Ethics，2007，（3）：529-555.

年来，安乐死立法成为生命伦理学领域内争论激烈的国际性道德话题，也不可避免地成为滑坡论证质疑其道德可能性的对象。或许正是这个原因，滑坡论证便成了安乐死立法遭遇的重要阻力之一，反思滑坡论证的基本路径及其价值也就成为安乐死立法何以可能的关键。

安乐死立法的滑坡论证主要有逻辑滑坡论证、实证滑坡论证和价值滑坡论证三种基本类型。我们主要从这三个层面分析这种质疑安乐死立法的伦理论证。

一、逻辑滑坡论证

逻辑滑坡论证认为，根据某个命题，允许 A（它或许是内在正当的，或许是内在不正当的），将不可避免地（或者极其可能地）导致不正当的 B 和 C[①]。雷切尔（James Rachels）把这种逻辑滑坡论证的过程解释为："从逻辑的观点看，一旦我们采取了极其关键的第一步，既然没有更好的理由拒绝后继的其他实践，我们就有义务接受它们。但是，由于后继的其他实践在道德上是明显不可接受的，因此滑坡论证认为最好不要采取第一步。"[②]据此，我们可以把质疑安乐死立法的逻辑滑坡论证的过程概括为：假设人们同意安乐死，一旦立法允许实施安乐死，人们将沿着剥夺生命的斜坡滑下去，直至去结束无任何过错的人的生命。

显然，逻辑滑坡论证存在三个不容忽视的薄弱环节。

其一，滑坡论证的前提（假设人们同意安乐死）是一种独断的假设。因为人们对同一个问题的看法很难达成一致，尤其在安乐死这样重大的问题上，达成一致的可能性微乎其微，质疑或解构的声音反而更容易占据主导地位。可见，安乐死立法的前提（假设人们同意安乐死）缺乏充足的现实根据，退一步讲，即使这个前提是可靠的，即人类都同意安乐死立法，它也不能确证其结论或后果。

其二，滑坡论证的主要根据在于涉及未来发生的灾难性后果，但滑坡论证本身却并非因果必然性的论证。滑坡论证的一个重要根据在于允许安乐死实践的所有后果或一些后果是严重违背道德的。就是说，"典型地讲，'滑坡'论证要求认同某些前提，做某些行为或采取某种政策将会导致某些通常被判定为不正当（不道德）或恶的明确后果。这个'坡'是'滑'

---

① Boer T A. After the slippery slope dutch experiences on regulating active euthanasia. Journal of the Society of Christian Ethics, 2003, (2): 225-242.

② Rachels J. The End of Life Euthanasia and Morality. Oxford: Oxford University Press, 1986: 172-173.

的，因为在最初规定的前提、行为或政策和由此必然导致的结果之间，并没有确定一个令人可信的停靠基地"[①]。因此，安乐死立法的滑坡论证的后果论体现为：由于步骤 A（安乐死立法）使我们处于滑坡之上，采取步骤 A 的后果是，我们将采取步骤 B（自愿安乐死）和步骤 C（非自愿安乐死或杀死无辜之人），步骤 B 和步骤 C 迫使我们沿着滑坡滑下去而导致可怕的道德恶果。问题在于，这只是一个或然的概率，而非必然的结果。一方面，如果采取步骤 B 和步骤 C 的概率很低或极其遥远，对步骤 B 和步骤 C 的后果担心就会减弱乃至消退。由于步骤 A 的现实要求，我们就会采取步骤 A。换言之，如果安乐死立法导致的灾难后果概率极低，在苦痛不堪的病人的安乐死请求面前，人们就有理由采取这一步骤，滑坡论证也就失去了逻辑基础和现实根据。这样一来，步骤 A 就成了道德行为的坚实基础而否定了滑坡论证。另一方面，如果采取步骤 B 和步骤 C 的概率很高并且迫在眉睫，对步骤 B 和步骤 C 的担心就不允许我们采取步骤 A。遗憾的是，逻辑滑坡论证很难从理论上令人信服地确证这一点。只有实证滑坡论证，才有可能为之提供令人信服的经验基础。

其三，从逻辑的视角看，滑坡论证也不是一个准逻辑论证。换言之，一方面，滑坡论证并不能为如下主张提供有力的论证：安乐死立法作为划清生死界线的实践后果，人们一定会被安乐死立法冷酷无情地引导到剥夺他人生命的滑坡上；另一方面，滑坡论证又认为，在某些情况下（如个别医生出于杀人目的），安乐死立法可能会成为导致合法杀人的滑坡。原因可能是，如果人们认为，唯有人是值得尊重的，那么谁是人或什么是人就成为至关重要的问题。由此就比较容易产生如下观念：随着作为人的标准受到详审细察，越来越多的人甚至某个人种都有可能被排除在人的范畴之外。结果，就有可能导致在合法的外衣下肆无忌惮地杀人，甚至会出现希特勒式的种族灭绝的大屠杀。问题恰好在于，规定、考查并采纳人的标准并非滑坡的一部分。在存在滑坡的境遇中，不是认为仔细审查和制订人的标准是一种滑坡，而是认为一旦安乐死立法（步骤 A），人们就可能沿着安乐死立法的滑坡，从剥夺有行为能力的人的生命（步骤 B）滑向剥夺无行为能力的人的生命（步骤 C），乃至运用暴力肆意剥夺任何人的生命，并认为这都是合法的。换言之，滑坡涉及盲目自信的独断：不管我们是否从事澄清安乐死立法概念和划清相关界线的准逻辑工作，只要我们认为采取步骤 A

---

① Wright W. Historical analogies, slippery slopes and the question of euthanasia. Journal of Law, Medicine&Ethics, 2000, (28): 176-186.

是正当的，我们也将认为采取步骤 B 和步骤 C 是正当的。这实际上涉及生命价值这个重大伦理问题。因此，只有价值滑坡论证才有可能为之提供令人信服的价值基础。

那么，实证滑坡论证和价值滑坡论证是否具有这样的资格呢？

二、实证滑坡论证

逻辑滑坡论证的实质是在多种可能性中选择一种可能性，然后把这种可能性当做现实性，因此很难得出可信的结论。与逻辑滑坡论证不同，一般而言，"实证滑坡论证具有最大的可信度，因而常常被用来反驳安乐死立法或辅助自杀的立法"①。雷切尔解释说，实证滑坡论证要求"一旦接受某种确定的实践，人们实际上也将会继续接受其他的更加令人质疑的实践。它仅仅要求人们将要做什么，并不要求逻辑上的保证"②。实证滑坡论证的基本要求是：为了表明安乐死立法引起了从自愿安乐死向非自愿安乐死的滑坡，就必须通过实证的调查研究。

伊诺克（D. Enoch）认为，实证滑坡论证允许在自愿安乐死和非自愿安乐死之间做出一种有意义的道德和法律的区别。不过，一旦允许自愿安乐死，"我们也许不能做出至关重要的区别，于是我们将会到达道德上不可接受的允许非自愿安乐死的后果；或者甚至我们可能做出恰当的区别，我们也会因为某些原因（或许政治原因，或必须面对脆弱意志的原因或其他原因）而停止这种区别"③。一旦不再遵守这种区别，自愿安乐死也就滑向非自愿安乐死，非自愿安乐死则无异于谋杀。如果根据调查结果表明：①自愿安乐死立法后，非自愿安乐死的比率升高；②这种比率升高是由自愿安乐死引起的，那么也就否定了安乐死立法的正当性和现实性。只要有充足可靠的经验事实证明这一点，安乐死立法必然面临经验事实的强有力的诘难而举步维艰。问题的关键在于，经验的事实是否证明了这一点呢？

其一，就安乐死立法国家（荷兰、比利时）而言，"对荷兰的 1990 年、1995 年和 2001 年的调查显示，自从 1990 年以来，非自愿安乐死或未经明确请求而结束生命的死亡与总死亡数的比率依然是稳定的：1990 年为

---

① Lewis P. Assisted Dying and Legal Change. Oxford：Oxford University Press，2007：164-169.

② Rachels J. The End of Life Euthanasia and Morality. Oxford：Oxford University Press，1986：172-173.

③ Enoch D. Once you start using slippery slope arguments, you're on a very slippery slope. Oxford Journal of Legal Studies，2001，（21）：629-647.

0.8%，1995 年为 0.7%，2001 年为 0.7%"①。没有证据表明荷兰出现自愿安乐死引起了非自愿安乐死的比率升高，不过，比利时却出现了这类问题。其二，安乐死立法国家和其他国家相比，没有证据表明荷兰的非自愿安乐死或不自愿安乐死比其他西方国家高，却"有很多重要证据表明在安乐死没有立法并被看做可以刑事起诉的区域，盛行自愿安乐死和非自愿安乐死，允许医生加入以及医学专家的匿名调查"②。奥特篓斯凯（Margaret Otlowski）认为，在未立法区域澳大利亚以及立法前的比利时，禁止安乐死却导致了非自愿安乐死的比率比荷兰更高的后果。库舍（Helga Kuhse）的研究表明，澳大利亚的非自愿安乐死比率比荷兰高得多，而在英国、意大利和瑞典等立法禁止辅助死亡的国家并没有出现这类情况③。可见，在禁止自愿安乐死的国家中，有的非自愿安乐死比率高于荷兰，有的低于荷兰，情况极其复杂，不可一概而论。

根据实证滑坡论证，如果安乐死立法区域的非自愿安乐死的比率比未立法区域的高，这或许会间接地表明立法导致了非自愿安乐死的比率升高。相反，如果未立法区域的非自愿安乐死的比率比立法区域的更高，这种滑坡论证的力量就更进一步地被减弱了。如前所述，就目前而论，并没有直接的证据或实证资料证明安乐死立法导致了非自愿安乐死比率升高。

此外，值得注意的是，实证调查的资料和结论并不完全可靠。马格努森（Roger Magnusson）在美国和澳大利亚的安乐死研究中，就发现了实际的欺骗行为："欺骗渗透在非法安乐死的各个方面。据大家所说，卫生保健人员在他们的欺骗中是极其成功的。欺骗主要在隐性安乐死中进行，并帮助实施完成永久性神话：因为禁止安乐死，所以从来就不会有安乐死。"④欺骗行为的出现，从一种自欺欺人的角度对禁止安乐死提出了抗议，也为质疑实证滑坡论证提出了颇为有力的消极性证据。

实证的路径以明确的经验数据表明，立法安乐死和非自愿安乐死之间并没有必然的因果联系。诚如斯密斯（Stephen Smith）所言，滑坡论证或许会假设 A 和 B 的同时出现会导致二者有联系的结论。"对于一个滑坡论

---

① Lewis P. The empirical slippery slope from voluntary to non-voluntary euthanasia. Journal of Law, Medicine & Ethics, 2007, (35): 197-210.

② Lewis P. The empirical slippery slope from voluntary to non-voluntary euthanasia. Journal of Law, Medicine & Ethics, 2007, (35): 197-210.

③ Lewis P. The empirical slippery slope from voluntary to non-voluntary euthanasia. Journal of Law, Medicine & Ethics, 2007, (35): 197-210.

④ Magnusson R S. Angels of Death-Exporing the Euthanasia Underground. New Haven: Yale University Press, 2002: 229.

证而言，或许并不总是存在这样的联系，或许并不恰好存在这类联系。换言之，A 和 B 同时出现的简单事实并不提供任何关于 A 导致 B 的断言的权威支持。一个滑坡论证的断言，的确需要更加具体详尽的证据和更加具体详尽的因果证据。"①实证滑坡论证在复杂纷纭的事实面前被证明是极其脆弱无力的。

其实，安乐死立法涉及的并不仅仅是逻辑规则和事实数据，它涉及的更深层的本质问题是生命价值。正因如此，真正对安乐死立法构成威胁的是价值滑坡论证。

三、价值滑坡论证

基翁（John Keown）、葛萨奇（Neil M.Gorsuch）、贝嘎（Nigel Biggar）、戴克（Arthur Dyck）等没有停留在逻辑滑坡论证和实证滑坡论证的水平上。他们以康德的普遍道德价值为依据，认为安乐死在道德意义上就是杀死一个无辜之人，一旦立法使安乐死普遍化，就会导致对生命权这一基本的人权价值的公然践踏②。这种价值滑坡论证的基本观点可归结为如下三个方面。

其一，安乐死违背传统的生命价值理念。葛萨奇认为，无条件地尊重人的生命是传统哲学和法律的唯一的绝对的伦理基础，是人人共享的道德价值结构。在古希腊哲学家和罗马法那里，几乎寻找不到允许个人选择自杀的理论根据。遗憾的是，随着基督教的兴起，舍身殉道和与之相应的个人选择自杀的观念得到允许，并在许多西方文明国家的法律中得以肯定和保持。近代以来，社会达尔文主义和纳粹主义积极推动更加激进的观点，甚至主张杀死残疾者或遭受严重痛苦者，而不必考虑他们的意愿。这种悖逆传统生命价值理念的思想和行为，反而激起了人类珍爱生命，进而反对安乐死的强烈诉求。正因如此，在经历了希特勒暴行之后的德国，要求安乐死解禁的运动遭到了坚定的拒斥③。如今，尽管绝大部分请求安乐死的人都拒绝认同纳粹思维，但不可否认的是，请求安乐死的前纳粹思维和后纳粹思维具有惊人的相似之处。如今的死亡权捍卫者"其实是 19 世纪 30

---

① Smith S W. Evidence for the practical slippery slope in the debate on physician—assisted suicide and euthanasia. Medical Law Review, 2005, (13): 17-44.

② Lewis P. The empirical slippery slope from voluntary to non-voluntary euthanasia. Journal of Law, Medicine & Ethics, 2007, (35): 197-210.

③ Gorsuch N M. The Future of Assisted Suicide and Euthanasia. Princeton: Princeton University Press, 2006: 36.

年代的早期运动领袖们证明安乐死正当性演讲的老调重弹"①。安乐死从根本上悖逆了传统的生命价值观念，安乐死立法是对生命权这一基本的人权价值的公然践踏。

其二，安乐死愿望是背离自然死亡的不正当愿望，是对生命价值的挑衅。戴克从康德出发，认为寻求自保是合乎理性的，生命神圣、热爱生命是不证自明、自然而然的价值基础。人们具有尽可能不死的愿望，在生命必然结束之时，自然死亡是合乎人性的正当愿望。相反，安乐死以及许多医学技术影响甚至阻断了自然死亡的路径。值得注意的是，安乐死愿望通常建立在对一些医学信息的确信的基础上。然而，这种信息总是有机会出现错误而误导患者产生安乐死愿望。其实，尊重病人的安乐死愿望只是一种可能性，在临床实践中很难保证医生不把其个人价值观念或错误信息强加于病人。有些安乐死请求者是出于对死亡的恐惧，或许是因为医生或他人对死亡过程做了夸大。可见，安乐死是对遭受严重苦难的病人的自由价值的强制②，是否定自然死亡的不正当愿望。所以，安乐死立法是对人的价值和生命权的侵害。

其三，生命权作为人人平等享有的价值，神圣不可侵犯。基翁说，即使所有安乐死请求都是真正自律的，即不受医学信息的误导或医生的强制等外在因素的控制而完全由危重病人自己做出安乐死决定的请求，依然存在的问题是："对于任何一个文明社会而言，神圣不可侵犯乃至绝不应当妥协的法则是什么？"③贝嘎试图坚持一种康德式的严格主义来寻求这个问题的答案。他以自然法为理论根据，认为生命权是自然赋予的、不可剥夺的权利，所有人都享有平等的生命价值，保护生命并尊重其神圣性是每个人必须承担的责任④。据此，任何一个文明社会的神圣不可侵犯的法则是："故意杀人是不正当的。"没有人拥有剥夺他人生命或自我生命的权利——人们没有自杀的权利，也没有人享有死亡的权利和请求安乐死的权利。如果允许"故意杀人是不正当的"这一规则有例外，谁有权利和谁是权威确定"例外"的范围？进一步讲，究竟谁将会完全肯定他对生命的完全权利

---

① Gorsuch N M. The Future of Assisted Suicide and Euthanasia. Princeton：Princeton University Press，2006：43.

② Dyck A. Life's Worth：The Case Against Assisted Suicide. Grand Rapids：Wm. Eerdmans，2002：21.

③ Keown J. Euthanasia, Ethics and Public Policy：An Argument against Legalisation. Cambridge：Cambridge University Press，2002：63.

④ Dyck A. Life's Worth：The Case Against Assisted Suicide. Grand Rapids：Wm. Eerdmans，2002：25.

却永远不会受到质疑①？如果这个致命的问题不解决，一旦安乐死成为常见的受法律保障的普遍性实践，绝症病人甚至非绝症病人也极有可能成为滥用安乐死立法的受害者，生命价值将因此丧失殆尽。

合而言之，安乐死立法是一个滑向剥夺生命权的"坡"。一旦安乐死立法，人们必将沿着安乐死立法这一可怕的斜坡堕落到合法地结束生命甚至堕落到纳粹大屠杀的罪恶境地。因此，安乐死立法必须予以禁止。

必须肯定的是，价值滑坡论证涉及安乐死立法的价值基础问题——生命权。不过，价值滑坡论证也存在着明显缺陷。其一，尊重生命的历史观念和传统，并不能否定尊重死亡的历史观念和传统，如苏格拉底、柏拉图把哲学看做对死亡的训练，庄子对死亡的超然态度等。就是说，尊重生命的历史观念和传统并不能真正否定安乐死立法的正当性。其二，价值滑坡论证之所以推崇康德，因为康德在《道德形而上学基础》中举例说明说谎是个道德的滑坡，一旦说谎普遍化，就可能自我取消，因此不得说谎②，这是一种古典的滑坡论证。令他们始料不及的是，正是康德的滑坡论证可以否定安乐死立法的价值滑坡论证。根据康德的论证，一旦采取步骤 A，并使之普遍化，若 A 自相矛盾而自我取消，则 A 为滑坡；若 A 不自相矛盾可以普遍化，则 A 为价值基础。例如，人人自杀为滑坡，因为这会导致人类灭绝而无人可以自杀。与此不同，每个危重病人的安乐死却不会导致无人安乐死，因为危重病人只是人类中的一部分，且是由非危重病人转化而来的，是一个有连续性和后备力量的群体。正常情况下，大部分人都要经历生命结束时的危重绝症状态而走向坟墓。就是说，设定安乐死普遍化，并不导致安乐死自相取消的矛盾，安乐死立法并非价值滑坡。其三，针对绝对命令"故意杀人是不正当的"，博尔说，安乐死可否立法的最基本的问题在于"可否证明故意杀人是正当的"③。这种质疑一方面是对安乐死立法的强力诘难，另一方面也是论证安乐死立法的一个契机——如果能够"证明故意杀人是正当的"，安乐死立法就具有可能性。显然，"故意杀人是不正当的"并非绝对命令，而是有条件的，即被杀之人没有侵犯生命权。一般而言，如果一个人故意杀害他人，通过法律途径判处该人死刑并予以执

---

① Boer T A. Recurring themes in the debate about euthanasia and assisted suicide. Journal of Religious Ethics, 2007, (3): 529-555.

② Kant I. Foundations of the Metaphysics of Morals. Translated by Beck L W. Beijing: China Social Seiences Publishing House, 1999: 18-19.

③ Kant I. Foundations of the Metaphysics of Morals. Translated by Beck L W. Beijing: China Social Seiences Publishing House, 1999: 18-19.

行的故意杀人则是正当的。另外，人们通常所理解的生命权往往只是生存权，常常有意无意地把死亡权排除在生命权之外。对此，约那斯说，生存权是最基本的权利，"要谈死亡权，这是件很特别的事"①。死亡权把死亡和权利这两个词联系起来似乎违背道德直觉，其原因在于人们常常把生命看做完全排斥死亡的生存主体。其实，生命包含生存和死亡两个基本要素，每个人都是一个包含生存和死亡于一体的生命主体。因此，生命权是综合生存权和死亡权于一体的基本人权。尊重生命权，既要尊重生存权，也要尊重死亡权。生命权本身包含死亡权，就证明并非任何条件下故意杀人都是不正当的。在某些特殊条件下，如临床实践中病人身患绝症且在当前无望治愈时，即当死亡短期内必然要成为现实时，如果该病人知道这一真相，他就有了自主选择自然死亡或者安乐死的自由。这种决定得到尊重，也就尊重了病人的死亡权。可见，我们没有足够的理由证明这种临终境遇中的"故意杀人"是不正当的。其四，自然死亡和安乐死并不矛盾。安乐死是和自然死亡不同的自由选择性死亡，它和自然死亡一起构成人类死亡的主要路径而使人类有别于其他动物。就此而论，价值滑坡论证并没有否定安乐死立法的合理根据和实践路径。

综上所述，安乐死立法的逻辑、实证和价值几个层面的滑坡论证都不足以构成否定安乐死立法的有力论证和理论基础。

一般而言，道德论证是为立法奠定哲学基础的。滑坡论证作为一种常见的道德论证形式也不例外。西奥珥（Freder ick Shauer）说："法律决定比其他领域的决定更加集中于未来。今天的决定者必须考虑未来人们的行为如何应用或诠释今天的决定。法律研究中盛行滑坡论证或许反映了一种社会的理解：通过法律程序而非其他状态的进程包括以一种极其重要的方式和过去密切关联，并以某种同样重要的方式为未来负责任。"②鉴于此，我们在反思安乐死立法的滑坡论证所具有的不足的同时，并不完全否定其自身所具有的实践价值。

安乐死立法的滑坡论证的价值主要在于：①告诫我们不要把安乐死这样对生命权可能造成威胁的行为轻易的立法，以免造成合法地践踏生命。②安乐死立法必须寻求一个基石即死亡权，如果这个基石是不合法的，安乐死立法就必须无条件地禁止。如果这个基石是合法的，安乐死立法就具有可能性，但这并不能构成安乐死立法的充足理由。③根据各个国家、民

① 约纳斯 H. 技术、医学与伦理学：责任原理的实践. 张荣译. 上海：上海人民出版社，2008：198.
② Shauer F. Slippery slopes. Harvard Law Review, 1985,（99）: 361-382.

族的风俗传统、法律体系、公民素质、医学水平等要素综合考虑，确定恰当的时机予以立法。④安乐死立法必须明确当事人（主要包括自愿安乐死请求者、医生、安乐死监督委员会成员等）的责任和权利，并设定严格的监督机制和实施程序。这实际上已经走向了安乐死立法的磐路论证——有关这方面的详尽探讨，需要在反思死亡权之后予以论证。

第二节　死亡权：安乐死立法的价值基础

随着医学科学的高度发达和道德法治水平的日益提升，病人权利尤其是绝症病人的死亡权利问题目前已经成为国际性话题。约纳斯多年前就说，关于绝症病人的权利①，"事实上伴随着已经显示出来的医学发展，一个新型的'死亡权'似乎已经列上了议事日程"。和死亡权密切相关、争论最为激烈的重要问题就是安乐死立法。目前，德国伦理学学会关于生命终结的自我决定和福利的报告，以及荷兰、瑞士、美国、韩国等关于安乐死立法方面的新的进展，把和死亡权密切相关的安乐死与辅助性自杀的合法性以及法律援助的讨论重新推向了国际生命伦理学研究的前沿②。

在安乐死的讨论和立法方面，荷兰无疑是走在最前沿的国家。早在 20 世纪中期，荷兰就展开了安乐死的争论。1981 年，著名荷兰神学家奎特（Harry Kuitert）把安乐死定义为："故意结束一个人的生命，包括决定终止治疗。"③1982 年，荷兰政府关于卫生保健问题的法令通知采取了相似的定义。随后，这个安乐死定义很快在其他各种境遇中占据主导地位而成为影响至今的权威性概念。就此而论，安乐死不但违背了尊重生命的直觉，也似乎公然侵犯了举世公认的最基本的人权——生命权。然而，问题远非如此简单。

从安乐死立法的情况来看，这项提议早在 20 世纪 30 年代就被人们提出过。1936 年英国首先成立安乐死自愿协会，提出安乐死法案，但没有通过。70 年后，2006 年 5 月 12 日，英国国会上议院以 148：100 的差额票再次否定了《关于绝症的辅助死亡法案》。实际上，澳大利亚早在 1995 年就

---

① 约纳斯 H. 技术、医学与伦理学：责任原理的实践. 张荣译. 上海：上海人民出版社，2008：200.

② Giese C. German nurses, euthanasia and terminal care: a personal perspective. Nursing Ethics, 2009, (2): 231-237.

③ Boer T A. Recurring themes in the debate about euthanasia and assisted suicide. Journal of Religious Ethics, 2007, (3): 529-555.

通过了"安乐死法",但很快于1997年废除。随后,安乐死立法实现了真正的突破:2001年荷兰立法允许安乐死,2002年比利时通过安乐死立法。不过,事实存在的安乐死立法并不能证明安乐死立法是正当合理的。目前,安乐死立法在国际范围内依然遭到绝大多数国家的拒斥,即使在荷兰、比利时,安乐死立法也不断受到公众的质疑。

出于对安乐死立法和安乐死状况的高度关注,许多学者对安乐死立法的相关问题展开了实证性调查和理论研究。21世纪以来,著名学者格里菲斯(John Griffiths)、韦尔斯(Heleen Weyers)等完整深入地考察了欧洲安乐死立法的最近发展状况。他们得出结论说:"欧洲的安乐死和立法情况表明,安乐死立法是一个极其复杂的问题,它需要社会、法律和医学层面的细致谨慎的分析。"[1]从总体上看,目前的安乐死立法理论上缺乏强有力的道德论证,实践上也因此得不到多数国家和人民的支持。不过,荷兰、比利时等地的安乐死立法的事实和实践也是不可完全否认的。安乐死立法似乎陷入了诡异神秘、无法解决的魔咒之中,即既不可简单地拒绝安乐死立法,也不可冒昧地实施安乐死立法。

安乐死立法举步维艰的原因固然错综复杂,但其根基性的问题却是安乐死立法未能确证挑战生命权的"死亡要求的正当性"即"死亡权"。换言之,只有死亡权得到确证,安乐死立法才有可能。就是说,死亡权是安乐死立法的价值基础。如此一来,一个尖锐而突出的问题出现了:在神圣不可侵犯的生命权面前,死亡权何以可能?这个问题可以分解为两个层面:死亡是否是生命的内在本质?如果答案是肯定的,那么死亡权是否是生命权的应有之义?回答了这两个问题,也就确证了安乐死立法的价值基础。

一、死亡是否是生命的内在本质

死亡是和生命密切相关的概念。由于人们对生命的理解不同,由此导致了对死亡认识的差异:如果把生命等同于生存,死亡相应地就是一种生命结束后的状态;如果把生命理解为生存和死亡的矛盾统一体,死亡相应地就是生命的内在本质。这就是死亡含义的两个基本层面。

(1)生命结束后的状态。一般而言,人们常常把生命简单地等同于生存,把死亡理解为生命结束后的状态,即和生存无关的无生命状态——这就是死亡的第一个层面。

---

① Jotterand F. Review of John Griffiths. HEC Forum, 2009, (1): 107-111.

首先，从宇宙的宏观视角来看，自然因果律是宇宙的一个根本规律，一切状态和存在都不可能完全摆脱它，而是最终必然服从它。生存和死亡也同样必然服从自然因果律。罗素因此断言，对于宇宙来说，"唯一可能的生命是向着坟墓前进的"[①]。人类和其他任何生命一样难逃自然因果律的限制，终将在自然因果律的巨大链条中趋向死亡。其次，自然因果律在生命中具体体现为死本能对生本能的胜利，或者说死亡对生命的无情剥夺。在弗洛伊德看来，本能是生命中固有的一种恢复事物早先状态的冲动。生命的最原始状态就是无生命状态，因而生命内在地具有走向死亡的本能，即死本能。死本能是一种原初本能，由死本能派生出与之相对的生本能，即自我保存、自我肯定以及自我主宰的本能。和原初的死本能相比，生本能只是一些局部的本能，它们的作用是保证有机体沿着自己的生命之路毫无例外地走向死亡，即转化为无机物而复归于自然。因此，"一切生命的最终目标乃是死亡"[②]。最后，面对生命无可逃匿的自然因果律和必然走向自我结束的死亡结局，人们往往简单地把死亡作为一个丧失生命后的经验状态，而忽视这个经验状态后的深刻的死亡本质。伊壁鸠鲁就认为，死亡是一件和我们毫不相干的事，"一切恶中最可怕的——死亡——对于我们是无足轻重的，因为当我们存在时，死亡对于我们还没有到来，而当死亡到来时，我们已经不存在了"[③]。无独有偶，庄子在阐释妻死而不哭的原因时，以其独有的超然态度对死亡做出了自己的回答。他说："察其始而本无生，非徒无生也而本无形，非徒无形也而本无气。杂乎芒芴之间，变而有气，气变而有形，形变而有生，今又变之死，是相与为春秋冬夏四时行也。"[④]伊壁鸠鲁、庄子等说的死亡就是和生存无关的无生命状态。

据此而论，死亡和生存并无内在的本质关系，至多是一种马丁·布伯所说的互为工具的"我-它"关系。如果死亡是和生存无关的无生命状态，即死亡并非生命的本质，死亡权就是不可能的，因为这样的死亡直接践踏了最基本的人权——生命权。

问题在于，如果仅仅停留在对死亡的这种简单的认识水平上，我们将会在死亡面前丧失做人的资格。对这样的死亡而言，尽管"人无'它'不可生存，但仅靠'它'生存则不复为人"[⑤]。因为"让死的恐怖缠住心，

① 罗素 B. 宗教与科学. 徐奕春，林国夫译. 北京：商务印书馆，1982：115.

② 弗洛伊德 S. 弗洛伊德后期著作选. 林尘，张唤民，陈伟奇译. 上海：上海译文出版社，1986：41.

③ 周辅成. 西方伦理学名著选辑（上卷）. 北京：商务印书馆，1996：102.

④ 吴兆基. 老子·庄子. 北京：京华出版社，1986：283-284.

⑤ 布伯 M. 我与你. 陈维纲译. 北京：三联书店，2002：127.

是一种奴役"①。其实，自然因果律是相对于自由因果律而言的，死本能是相对于生本能而言的，死亡是相对于生存而言的。前者表面上似乎否定了后者，却恰好在确证着后者的存在，因为它们是奠定在同一生命基础上的相互对立、相互依存的两个层面。生命的本质就在于它是生存和死亡的辩证运动所构成的矛盾综合体。当我们从生存意义的生命进入本质意义的生命时，也就从死亡的第一层含义进入死亡的第二层含义——死亡是生命的内在本质。

（2）生命的内在本质。表面看来，死本能对生本能的胜利似乎是自然因果律对自由因果律的胜利。从根本上讲，生命的结束并非简单的生本能对死本能的胜利或自然因果律对自由因果律的胜利，而是一个死本能和生本能通过相互否定、相互超越而达到的二者共同完成的终结状态。因此，生命的结束其实是死亡和生存的同时结束，也是自然因果律和自由因果律在生命中的同时结束。或者说，死亡和生存只与生命相关，无生命存在，也就无所谓死亡和生存，更谈不上自然因果律和自由因果律。

一般而论，生命不仅仅是生存，也不仅仅是死亡，而是同时包含着死亡和生存两个相互对立的要素的辩证运动过程——死本能和生本能正是这两大要素的重要体现。"生之在同时是死，每一出生的东西，始于生，也已入于死，趋于死亡，而死同时是生。"②生命包含着、预示着死亡，向着死亡而生存并在最终走向死亡的过程中完成自身。任何死亡都是生命的死亡，任何生命都是死亡着的生命。死亡和生存是贯穿生命始终的生命程序的内在本质规定。

具体说来，死亡是生命的有限性、脆弱性的内在规定和最终限度，是生存的否定因素。生存只能在这个有限的脆弱的限度内，即在死亡的规定范围内而存在并完成它的行程。所以，"人在死面前无路可走，并不是当出现了丧命这回事时才无路可走，而乃经常并从根本上是无路可走的。只消人在，人就处于死之无路可走中"③。生命绝对不可能超越死亡的规定，其本真的存在是"一种生存上的向死亡存在"④。死亡通过必然的限制和脆弱性，为生存试图突破必然的限制和试图扬弃脆弱性提供了动力和基础。死亡正是通过对生存的这种限制，提供了生存得以彰显其价值和尊严的条件与舞台。设若没有死亡，也就没有了对生存的任何限制，生存也就不再有冲破限制的必要和可能。这似乎是一种超然物外和凌驾于自然因果律之

---

① 罗素 B. 西方哲学史（下卷）. 马元德译. 北京：商务印书馆，1981：103.
② 海德格尔 M. 形而上学导论. 熊伟，王庆节译. 北京：商务印书馆，1996：132.
③ 海德格尔 M. 形而上学导论. 熊伟，王庆节译. 北京：商务印书馆，1996：159.
④ 海德格尔 M. 存在与时间. 陈嘉映，王庆节译. 北京：三联书店，1999：269.

上的绝对自由状态。其实，它只能是一种无生命、无超越、无抗争、无自由的死寂和空无。因为没有死亡，就没有与之对应的生存，也就没有生命。

死亡和生存，正如反作用力和作用力，如果没有任何一方，双方都将不复存在。赫拉克利特说："在我们身上，生与死，……都始终是同一的东西。"[①]生存在不断否定和抗争死亡的过程中，在直面死亡、承担死亡、设计规划操纵死亡的实践中，肯定并完成生存自身。如果说死亡是限制生存、剥夺生存的必然限制，生存则是否定死亡、抗争死亡之必然限制的自由冲动，是相对于必然规律的自由规律的体现。生存着的死亡和死亡着的生存之间的重叠交织，构成生命最本己、最优美的运动旋律。借用马丁·布伯的术语说，作为生命本质要素的死亡和生存是互为目的的"我-你"关系而不是互为工具的"我-它"关系。

值得注意的是，谈及死亡时，人们往往不加区分地把其两个层面混为一谈。更为严重的是，常常停留在第一个层面而有意无意地忽视了第二个层面。例如，帕斯卡尔曾说，"我所明了的全部，就是我很快就会死亡，然而我最无知的又正是这种我所无法逃避的死亡本身"[②]。帕斯卡尔这里所说的前一个"死亡"是第一个层面的死亡即生命结束，后一个"死亡（本身）"其实是和生存相关的作为生命本质的死亡。论证死亡权，就必须严格区分死亡的两个层面。由于第一个层面上的死亡和生存无关，不属于生命范畴，不可能和生命权相关，因为任何没有生命的存在包括丧失了生命的存在，如已经死亡的人等，都谈不上生存和死亡。只有第二个层面的死亡，即和生存一样作为生命本质的死亡，才关涉生命权。

现在的问题是，既然死亡是生命的本质，那么死亡权是否是生命权的应有之义？

二、死亡权是否是生命权的应有之义

在自然状态中，生老病死完全依赖自身的生理状况和外界的自然境遇。死亡要么是年老体衰达到生命极限所致，要么是其他自然暴力所致，如瘟疫、地震等。具有理性和自由精神的人类并没有屈从于自然状态所导致的死亡宿命，而是通过医学、法律、科学、宗教等途径和方式，坚强不屈地直面死亡、思考死亡、抗争死亡并试图超越死亡。正是在和死亡抗争的过程中，人们提出了生命权的基本理念和价值基础。

---

① 北京大学哲学系. 古希腊罗马哲学. 北京：商务印书馆，1961：27.
② 帕斯卡尔 B. 思想录. 何兆武译. 北京：商务印书馆，1985：36.

自洛克把生命权看做人的不可剥夺的自然权利以来，人们对生命权的看法虽然各有不同，但毕竟以国际人权文献的权威形式达成了基本共识。1948 年联合国大会颁布的《世界人权宣言》第三条规定："人人有权享有生命权、自由权和人身安全权。"随后，1966 年联合国大会通过的《公民权利和政治权利国际公约》第六条第一款把生命权进一步诠释为："人人享有固有的生命权。这个权利应受法律保护。不得任意剥夺任何人的生命。"据此可以概括出生命权的基本内涵：①生命权是人人生而具有的自然权利或人权，这属于道德权利或前法律权利。②生命权是建立在道德权利基础上的受法律保护的法律权利。③生命权的具体要求是不得任意剥夺任何人的生命，即在生命不受到直接威胁的情况下，生命权体现为维持基本生存的权利，如免于饥饿而死的权利、自由权、人身安全权等，因为如果缺少了基本生存的权利，也就在某种程度上侵害了生命权；当生命受到威胁时，要求得到他者包括个体、组织和国家等保护生命的权利以及个体抵御侵害以捍卫自身生命的权利。

可见，人们通常所理解的生命权主要是生存权，死亡权似乎被完全排除在生命权之外。难怪约纳斯说："历来所有关于一般权利的言谈都要追溯到所有权利的最基本的权利——生存权，如今我们却要谈死亡权，这是件很特别的事。"[①]表面看来，死亡权把死亡和权利这两个词联系起来似乎违背直觉和常理，生命权绝无可能把死亡权作为自身的应有之义。究其原因，主要在于把生命简单地等同于生存，把死亡看做和生命无关的生命结束状态，进而把生命权等同于生存权而遮蔽了死亡权。对此，海德格尔批评说："在固执己见的人心目中，生只是生，死就是死，而且只是死。"[②]如果生命仅仅是和死亡没有任何关系的生存，生命权和死亡权当然也就没有任何关系了。事实上并非如此，如前文所论，生命包含生存和死亡两个基本要素，每个人都是一个包含生存和死亡于一体的生命主体。或者说，任何死亡都是生命的死亡，珍惜生命既要尊重生存，同时要尊重死亡。因此，生命权不仅是一种生存权，而且包含死亡权，没有死亡权的生命权是残缺的生命权。可见，死亡权是生命权的应有之义。不过，这个结论只是根据生命权这个大前提分析演绎出来的。要确证此结论，我们还必须追问生命权这个大前提是否合法。

现在的问题是，生命是事实，生命权则是价值，如果把生命等同于生命

---

① 约纳斯 H. 技术、医学与伦理学：责任原理的实践. 张荣译. 上海：上海人民出版社, 2008：198.
② 海德格尔 M. 形而上学导论. 熊伟, 王庆节译. 北京：商务印书馆, 1996：132.

权，就犯了摩尔所说的"自然主义谬误"①：在本质上混淆了生命与生命权，并以自然性事实（生命）来规定价值（生命权）。既然生命并不等同于生命权，那么生命权是如何可能的？或者说生存权和死亡权是如何可能的？

（1）生命在此活着，这是一个纯粹的事实。生命活着这一事实就意味着赋了自我保存这一天赋能力，因为不具备自我保存这一天赋能力的存在不可能具有生命。生命凭借自我保存能力向其生存环境提出要求，并凭借环境满足这些要求而得以存在和延续。在人的眼光中，环境是充满着人的意志和精神的人化环境。人的理性和意志向其生存环境（自然环境和社会环境，如国家、组织、家庭等）提出满足自我保存的诉求，生存环境（主要是社会环境）对此诉求做出有秩序的合法回应，即通过各种程序，如法律制度等和具体途径，如保障食品供给等满足自我保存的正当诉求。"这就导致个别人被多数人含蓄地授予了生存权，而且自然导致所有其他人被个别人授予同样的生存权利。这是一切权利秩序的起点。"②任何其他的权利，都是对生存权的一种延伸或拓展，因为"每一项特殊的权利都和某种生存能力的实现、某种生存需要的达成、某种生存愿望的满足有关"③。不过，只有在文明的社会秩序中，才真正具有生存的诉求和对此诉求的回应环境，如法律制度等社会秩序的保障和医学救治、慈善捐助、生物科学、基因工程、生态保护等科学研究或其他社会力量的支撑。这也是人们常常把生存权等同于生命权的主要原因。

实际上，就其本质而论，生存权是生命的自我保存这一天赋能力所体现出的对抗死亡的诉求，这已经意味着死亡权的出场。

（2）死亡权伴随生存权而获得。死亡是生存愿望的一个要素和根据，因为任何生存愿望都是以死亡为前提的否定或超越死亡的愿望，完全脱离死亡的生存愿望是不可能的。生存愿望就意味着勇敢地直面和承担不可避免的死亡。这种勇敢地直面和承担死亡的愿望就构成了死亡权的前提和根据。从这个意义讲，在可以逃生的情况下，苏格拉底、谭嗣同选择死亡本质上是捍卫死亡权的古典案例。尽管当时还没有死亡权的观念，但其捍卫死亡权的实质却是不可否认的。人类在坚强地、有理性地对抗死亡的实践中，彰显出不同于其他生命（如动物）的特有的自由和尊严，如自我决定、自我选择死亡的类型和地点方式，或者通过医学途径改变死亡的时间方向和实践等——这些对待死亡的方式其实都是死亡权的不同体现。难怪德国

---

① Moore G E. Principia Ethica. Cambridge：Cambridge University Press, 1993：61.

② 约纳斯 H. 技术、医学与伦理学：责任原理的实践. 张荣译. 上海：上海人民出版社, 2008：198.

③ 约纳斯 H. 技术、医学与伦理学：责任原理的实践. 张荣译. 上海：上海人民出版社, 2008：198.

历史学家史宾葛勒（Oswald Spengler）说："死亡，是每一个人的共同命运，在对死亡的认知中，乃产生了一种文化的世界景观，由于我们具有这种景观，便使我们成为人类，而有别于禽兽。"①

具体来讲，死亡权是人人应当享有的自我决定其生命结束的权利，它包括死亡权主体对死亡的诉求和死亡权客体（主要是指法律制度）对死亡诉求的回应和保护。法律是回应死亡权的最为重要的客体，作为自然权利的死亡权必须通过立法成为一种具有现实效力的法律权利。

（3）死亡权和生存权一样，都是生命的本质性要素（即死亡和生存）的内在诉求。死亡权和生存权，都是对自然性的必然规律（生命的有限性而导致的生命的必然结束）的抗争、超越和自由体现。或者说，死亡权本身就是生存权的一种表现形式，这"两种对立的权利结成一对保证了两者，其中任何一种权利都不可能转变为无条件的义务，既不可能转变为生存的义务，也不可能转变为死亡的义务"②。生存权利和死亡权利相互确证、相互支撑的自然权利就是生命权。尊重生命权，就意味着不得任意剥夺生存权，也不得任意剥夺死亡权。

死亡权和生存权一样首先是一种不可转让的前法律的自然权利，同时二者又必须转化为法律权利才能得到切实保障。道德、法律和医学等都是为保护生命权服务的，既要为生存权服务，同样也要为死亡权服务。为生存权服务，是对自然死亡规律的抗争。为死亡权服务，同样是尊重自由选择和人性尊严而对自然死亡规律的抗争，而且是更加高贵的抗争。因为它是对威胁生命的最后的、最艰难的、最崇高的临终决战——在不屈从于自然死亡规律的必然枷锁的抗争中，通过自由选择和人性手段达到有尊严的死亡，即自由地结束生命，而不是在自然奴役中无限恐惧地被剥夺生命。在死亡这个生存的最终完成的环节上，如果依然处在自然死亡规律的宿命控制之下，其实就是把生死置于一种简单低级的互为工具的"我-它"关系之中，是对生命权的不尊重。从这个意义讲，对于同一个生命主体而言，死亡权不仅是生存权的延伸，而且是生存权的根据和最终完成。也就是说，死亡权是生命权的应有之义。

既然死亡是生命的内在本质，死亡权是生命权的应有之义，那么死亡权也就奠定了安乐死立法的价值基础。

死亡权只是一种应当，只有生命面临无法挽回的临终状态时，死亡权

---

① 斯宾格勒 OAG. 西方的没落. 陈晓林译. 台北：台北华新出版有限公司，1976：305.
② 约纳斯 H. 技术、医学与伦理学：责任原理的实践. 张荣译. 上海：上海人民出版社，2008：203.

才具有真正的实践价值。就是说，死亡权主要是赋予那些身患绝症、生不如死且在当下毫无治愈希望的人们通过合法程序请求他人（主要是医生）结束其生命（安乐死）的权利[①]。不过，死亡权虽然是安乐死立法的价值根据，却不是充足理由。安乐死立法是一个远远超出死亡权视阈的人类问题：它不仅涉及道德、法律和医学，而且还涉及科学、历史、文化、经济、政治、宗教、习俗等诸多领域。因此，安乐死立法需要根据各国的实际情况，耐心细致地做好相关的理论研究和具体工作，切忌操之过急。

值得注意的是，2005 年 4 月 12 日法国通过的新法在拒绝安乐死立法的同时肯定了"放任死亡权"，即允许绝症病人停止治疗、拒绝治疗而任其死亡的权利。尽管法国依然否定以主动的方式，如注射药物致病人死亡的主动安乐死，但毕竟从法律的角度为死亡权的合法性开辟了先河。随着人性尊严和生命权研究的深化，死亡权会逐渐被人们认识和维护，安乐死立法也有望随之得以进展。

第三节　磐路论证：安乐死立法的可能出路

确证了安乐死立法的价值根据——死亡权，也就为安乐死立法的可能奠定了基本的法理根据。事实上，安乐死立法问题极为复杂，只有磐路论证才有望给安乐死立法提供可能出路。

和滑坡论证的单向思维不同，磐路论证是基于应用伦理学视阈的民主商谈精神的多向思维模式。磐路论证寻求安乐死立法的磐石之基，并在此基础上全面深刻考虑安乐死的路径，综合运用反思平衡方法（罗尔斯）、商谈伦理方法（哈贝马斯），在民主公正的伦理秩序中，不断纠正调节各种冲突，使磐石之路成为可行路径。据此，磐路论证基本思路如下：为了达到某种目的，必须寻求通向该目的的牢固磐石：A、B、C、D……构建一条通向该目的的磐石之路。我们在沿着 A、B、C、D……曲折地朝着既定目的前进的过程中，在不断考虑各种可能性和现实问题的实践中随时调整行为方案（改进、后退或暂缓），而不是停留在一个虚拟的滑坡上停滞不前。磐路论证既要考虑正常可行的运行程序，更要考虑设置一种缓冲机制，以便在矛盾冲突尖锐或问题难以抉择的情况下，为问题的解决提供一个合理恰当的缓冲程序，以便保证磐石之道的畅通，或至少不被完全废弃。在磐

---

① Rachels J. The End of Life：Euthanasia and Morality. Oxford：Oxford University Press，1986：38.

路论证中，A、B、C、D……犹如一块块磐石重叠交织、相互支撑，共同构筑成一条通向其目的的坚如磐石之道。

据此思路，安乐死立法的磐路论证主要由苦难（事实基础）、自律（价值根据）、伦理委员会（权衡机制）、临终护理（缓冲机制）等几大要素（磐石）构成通向安乐死立法的磐石之路。

一、苦难：安乐死立法的事实基础

苦难是生命低劣的基本要素，因此医学家、法学家以及哲学家们常常把苦难作为安乐死诉求的事实基础。生命伦理学家卡塞尔（Eric. J. Cassell）认为，苦难是一种威胁乃至损害人的完整性的严重的痛苦窘迫状态[①]。苦难意味着遭受或屈从于某种恶劣的或令人讨厌的东西，它导致身体或精神的痛苦、厌烦、悲伤、忧虑、损害等低劣状态。苦难是诱发安乐死愿望的一个事实基础，也是医生实施安乐死的前提条件之一：由疾病或偶然事故导致极其严重、不可治愈的身心紊乱或疾病，致使病人处在不可忍受且无法减轻其生理或缓解其心理的病痛中，其医疗治愈的可能性遥遥无期、毫无希望。这一点是安乐死诉求的基本共识。

不过，尽管苦难境遇中的安乐死要求具有正当的可能性，但它并非安乐死立法的充足理由。对于非自律主体（非自愿安乐死者）而言，苦难几乎没有正当的可能性，因为苦难是一种客观事实的主观感受，对于丧失了自律能力的人而言，苦难几乎没有任何意义。对于自律主体（自愿安乐死请求者）来讲，苦难并非是使其生命变得低劣的唯一要素。因此，"如果苦难以外的其他东西能使自律者的生命变得低劣，苦难并不总是自律者生命恶劣的所有要素，为什么自愿安乐死应当要求想要安乐死的人是在经受苦难呢"[②]？除了苦难之外，还有许多其他要素可使其生命变得低劣，如愿望的不满足或厌恶的认识带来的无尽烦恼，被剥夺了自由和尊严带来的非人折磨等。尽管诸如烦恼、愿望不能满足、被剥夺了自由等恶劣的东西可能会和伤害、疾病等引起的苦难相关，但是它们和苦难并不具有必然的联系。更何况，苦难只是一种令人产生死亡愿望的可能性，坚强的自律者或许并不因此产生死亡的愿望。某些坚强的自律者极有可能把苦难看做提升其人生成长的因素：正是苦难的磨砺使他们最终理解了生命的真正价值，

---

① Cassell E J. The Nature of Suffering and The Goals of Medicine. New York: Oxford University Press, 1991: 33.

② Vareltus J. Illness, suffering and voluntary euthanasia. Bioethics, 2007, (2): 75-83.

提升了生命的质量。另外，有些人由于厌倦人生或长期感到自身的脆弱无用，并认为人生中提供给他们的东西毫无价值，乃至认为他们的存在毫无意义等，以致在没有遭受苦难时也会产生死亡的愿望。一个典型案例是，一位 86 岁的前荷兰议会参议员布朗格玛（Edward Brongersma）要求在医生帮助下自杀，只是因为他感到年老体衰、厌倦生命，并非因为苦难或病魔的折磨。对此，芬兰土尔库大学哲学系的瓦尔图斯（Jukka Vareltus）认为，由伤害和疾病等引起的苦难并不能作为自愿安乐死的规定标准，相反，"一个自律要求安乐死的人认为其生命如此糟糕以至于他想死，就足以构成安乐死的诠释或定义"[①]。这其实涉及了争论激烈的安乐死自律问题，即自愿安乐死（voluntary euthanasia）问题。如果说苦难是安乐死立法的客观事实，自律则是安乐死立法的主观前提条件。

二、自律：安乐死立法的价值根据

自律是康德道德哲学的基石之一。对安乐死而言，自律是苦难境遇中的个体不受外在因素的干扰强迫、独立自主地判断自身处境并做出是否安乐死决定的能力。就是说，病人应当是自主请求安乐死的发起者而非被动的接受者。尊重安乐死的自律请求，其实质就是尊重安乐死请求者有尊严地死亡的权利。

认同并尊重有尊严地死亡的权利意味着把生命权利诠释为生命主体决定死亡的自由权利，而非医务人员单向地实施安乐死的权利或义务。从自律的角度把权利看做一种自由决定的正当诉求，意味着把权利同时看做消极权利和积极权利。前者是一种免于忍受不必要干预的痛苦的权利，后者是一种选择自我生活方式和爱好包括结束生命的权利。据此，死亡权利的具体内容包括两个层面。一是消极性诉求：①拒绝任何导致不必要死亡决定的权利，如拒绝以所谓的治疗或有益身心、有益于节约社会医疗资源等功利主义借口的被杀死的权利等；②拒绝任何药物治疗的权利，即使这会导致死亡也在所不惜。二是积极性诉求：①根据自己奉行的道德准则，选择以平静的方式死亡的权利；②如遇某些特定情况，事先表达有关死亡的自身意愿的权利；③接受保守治疗（消极缓解病痛）和临终关怀的权利；④自己决定安排后事、死亡时刻、死亡地点的权利等。所有这些都是自律的有尊严死亡权利的基本要素。个体自律的法则确证了死亡权利的正当性，从价值基础上奠定了安乐死立法的法理根据。因此，西班牙法理学家罗伊格

---

① Roig F J A. Euthanasia, philosophy, and the law: a jurist's view from madrid. Cambridge Quarterly of Health Care Ethics, 2009, (18): 262-269.

（Francisco Javier Ansuà tegut Roig）等把个体自律作为安乐死道德的价值基础①。瑞切斯（J. Rachels）也认为，在民主社会里，"个体自律的法则在预示安乐死的道德哲学的慎思和立法中具有不可替代的举足轻重的作用"②。

值得注意的是，苦难的客观事实和主体自律并非毫不相干，二者相互渗透，构成安乐死立法的事实根据和价值基础：自愿安乐死和其他故意杀人的事件相比，其不同之处并不在于通常认定的安乐死能够给被杀者带来益处，而是医务人员根据一个人的自律请求有目的地将其杀死，即出自尊重安乐死请求者免于苦难的自由和有尊严死亡的权利——死亡权。"公道地说，安乐死的正当性只能在死亡会给帮助将死之人避免恶的情况下才对其有益，而不是给他或她带来额外的善。"③在生命质量极其低劣乃至给生命带来极度痛苦和巨大伤害的境遇中，死亡是对日复一日、不堪忍受的状况的一种解脱，是免于无尊严、无价值存在的状态的一种消极自由。如果否认死亡权利、不尊重死亡权利乃至武断地剥夺死亡权利，即绝对禁止安乐死，处在低劣境遇中的生命的唯一途径就是在巨大痛苦和极度无尊严的煎熬中耗尽自由的最后一线希望，这必然给自律安乐死者或生命主体造成无尊严的痛苦煎熬和巨大伤害。就此而论，安乐死的范围不仅包括临终或逼近死亡境遇的人，在特定条件下甚至还应当包括死亡并非迫在眉睫，但是却在遭受生不如死的极大痛苦的人。所以，在苦难和个体自律的前提下，病人应当（并非必然）有权利授予专业医务人员剥夺自身生命权的权利。

不过，苦难和个体自律只是安乐死立法的两个必要条件，并非安乐死立法的充足理由。其一，苦难和个体自律的可信度值得怀疑。病人对苦难的理解不同，其自律的时机和对安乐死的请求的偶然性不可否认。在荷兰，大约95%的人要求安乐死而不采用辅助自杀的方式。原因主要在于："和其他大部分的故意杀人不同，安乐死激发了病人睡眠的联系。在荷兰的记录资料电影中一个病人解释了她对安乐死的愿望：这只是睡眠，并能说，'这次我将不再醒来，难道这不是很美妙么？'"④病人的这种美妙想象并不能构成医务人员行使剥夺其生命权的正当根据，因为病人的感受和想象千差万别，或许有的病人会把安乐死看做一种恶毒的杀戮。安乐死的唯一

① Roig F J A. Euthanasia, philosophy, and the law: a jurist's view from madrid. Cambridge Quarterly of Health Care Ethics, 2009,（18）: 262-269.

② Rachels J. Euthanasia and the End of Life. Oxford: Oxford University Press, 1986: 38.

③ Vareltus J. Illness, suffering and voluntary euthanasia. Bioethics, 2007,（2）: 75-83.

④ Boer T A. Recurring themes in the debate about euthanasia and assisted suicide. Journal of Religious Ethics, 2007,（3）: 529-555.

条件是死亡是唯一的最后诉求，关键问题是："在何种条件下，安乐死要求能够被确认为是真正的唯一的最后的请求？"[1]苦难和自律的偶然性并不能解决这个问题。其二，安乐死绝非一个简单的死亡事件，因为决定终止病人生命和实施杀死病人的行为以及承担安乐死责任的主体并非仅仅建立在个体自律的基础上。那么，何人或何种团体来回应自律安乐死的请求，并为此承担责任呢？如果没有回应者或责任承担者，安乐死就只是一种主观愿望或仅仅是一种应当。安乐死不仅仅是个体自律的单向度的个体行为，因为请求者和回应者是交互主体的内在关系，这已经超出了个体自律的范畴。因此，把"应当"转化为"能够"，仅仅靠苦难和自律是不可能的。由此引发的问题是：①如何保证这种回应及责任承担的实践的正当性？②如果因各种原因，如难以准确判断病情等不能迅速做出回应，如何应对这种悬而未决的安乐死请求？

要解决苦难和个体自律无能为力的这类问题，就需要在个体自律基础上建立安乐死实践的伦理机制：应对问题①的权衡机制（安乐死伦理委员会）和应对问题②的缓冲机制（临终护理）。

三、伦理委员会：安乐死立法的权衡机制

安乐死伦理委员会既是安乐死事宜的民主商谈的伦理平台，又是一个有效合理的安乐死立法与实践的权衡监督机制。它可由医务人员、安乐死请求者亲朋以及政治领域的专家委员会、医学协会、卫生保健机构、神学家、伦理委员会和法院中的相关人士等组成。其最基本的使命是：①公开宣传、准确诠释安乐死法案的主要内容、基本要求、实施程序，如临终患者如何申请安乐死、安乐死如何实施以及对此的审查程序等；②权衡判断并确定安乐死请求的正当性和实施时机的合理性，做出医务人员是否实施、如何实施、何时实施安乐死的决定，并授予医务人员具体执行的权利，同时明确与之相应的责任；③有效监督并保障安乐死执行过程的合法性，尤其关注的是，主治医生必须和其他涉及安乐死的相关人员商议，实施安乐死的所有程序必须记录在病历上。

安乐死伦理委员会最为困难也最为重要的使命是权衡生命价值并做出公正、客观、合理的判断。通常认为，价值的本质在于给价值主体带来利益和快乐。其实，"说某物对某人有价值，绝不意味着是因为他相信它是

① Boer T A. Recurring themes in the debate about euthanasia and assisted suicide. Journal of Religious Ethics, 2007, (3): 529-555.

有价值的，也不意味着仅仅因为某人有意识地关注它。相反，某物对某人有价值意味着某人一旦失去某物就会对他造成危害"①。就是说，价值的本质在于价值载体的缺失会给价值主体带来伤害或痛苦。生命价值就在于生命的延续不会给生命主体带来伤害或痛苦。从某种意义讲，生命价值的重要指标是生命质量。生命质量丧失殆尽，也就意味着生命价值的完全缺失。因此，生命质量就是判断是否允许安乐死的生命价值根据。

把握生命质量有客观路径、主观路径和综合路径三种基本方式。

（1）客观路径主要是根据医生的诊断来决定的。客观生命质量可以归结为三类：①有限的生命质量，即缺少生理或精神能力但依然具有正常体面的个人生活，这种人不必考虑安乐死。②最低限度的生命质量，主要体现为长久性病痛、没有能力完成个人目标、完全挫败的生命希望，以及清醒意识、信息交往的高度降低等不可逆转的状况。这已经足以构成自愿安乐死的苦难基础，因此"安乐死立法的提出，是由最低质量生命的境遇所提出来的"②。③低于最低限度的生命质量是一种永久性植物状态，它是涉及非自愿安乐死的一种状态。

（2）病人利用医生提供的生命质量的客观资料，根据自己的主观爱好和价值理念，把客观生命质量转化为主观生命质量。主体对自己生命价值的最终决定是个人自律发起的结果，但这并不意味着它在任何情况下都是有效的，只有在自愿安乐死选择的案例中才是有效的。主观生命质量是判断生命价值的基础，是自律境遇中的死亡权利的基础。自律的主观生命质量必须参考客观的生命质量来确定。在此意义上，相关主体具有对生命质量最终的发言权。

（3）由于个体差异和苦难病情折磨甚至是心理精神的痛苦，都会直接影响个人对生命质量的判断，同一评价主体在不同的心情或实践中对同一生命甚至会做出截然不同的质量判断。这种偶然性、情绪化的因素直接影响到安乐死判断的正当性和可信度。为了避免由此带来的判断失误，评价个体生命质量应该综合客观质量和主观质量考虑。西班牙哲学家槐瑞特（José Ferrater）从此综合角度提出了四类基本要素：充足适当的食物、公道合理的安全保障、令人满意的人际关系和免于压抑或郁闷的自由。据此，槐瑞特列出了综合判断生命质量的标准表，如表8-1所示。

---

① Rachels J. Euthanasia and the End of Life. Oxford：Oxford University Press，1986：38.

② Rachels J. Euthanasia and the End of Life. Oxford：Oxford University Press，1986：38.

表 8-1　综合判断生命质量标准表

情况	客观质量	主观质量	值得延续生命
1	是	不	不
2	不	是	是
3	不	不	不
4	是	是	是

资料来源：Rachels J. Euthanasia and the End of Life. Oxford：Oxford University Press，1986：38

表 8-1 只有第三种情况，即客观价值和主观价值都呈现出"不"的情况下，死亡权利才具有得以确证的可能性。根据国际哲学讨论显示，生命价值最终是与生命的概念和善的概念相关的。菲利帕·福特（Philippa Foot）认为，决定安乐死道德的前提是生命是善或好的[①]。显然，安乐死产生的是一种免于痛苦和恶劣状态的消极善。

安乐死伦理委员会作为安乐死立法与实践的权衡机制，应当从上述三个层面综合考虑、充分论证生命质量的诸要素，在民主协商的基础上，尊重安乐死请求者及其亲属、医务人员等相关人士的意愿和建议，明智地权衡判断并决定医务人员是否实施、如何实施、何时实施安乐死。可见，和未立法境遇中的个别安乐死案例相比，安乐死立法并非使医生摆脱法律限制，相反，他们必须在极其严格的伦理程序的监督下合法地实施安乐死，并承担明确的法律责任和监督。

四、临终护理：安乐死立法的缓冲机制

安乐死关涉每个人的终极命运，是一个错综复杂、极具风险的重大生命伦理问题。是故，安乐死立法不可能短期内达成伦理共识。即使在安乐死立法的国家和地区，判断、抉择、实施安乐死也是一个充满争议和令人忧虑的实践过程。有鉴于此，既不能简单地拒斥安乐死立法，更不可强制推行安乐死立法。相反，必须认真考虑和充分尊重各种认同或反对安乐死立法的观念和行为，探求一条（亚里士多德式的）明智的判断选择和（笛卡尔式的）途中道德相结合的可行性伦理方案。其中，至关重要的一环就是安乐死实践的缓冲机制——临终护理。

临终护理涉及精神支持和身体关怀，包括阻止或降低生理病痛以保持生命质量和精神愉快的所有步骤与程序。临终护理这个缓冲机制是磐路论证是否成功的一道防线，是生命伦理智慧的集中展现，因为它可以合理应

---

① Foot P. Euthanasia. Phylosophy and Public Affairs，1977，（2）：85-112.

对、有效缓解与安乐死立法密切相关的矛盾冲突。

（1）自愿安乐死和非自愿安乐死的冲突。首先，当个人具有自我决定的自律能力时，即当自愿安乐死具有可能性时，它必会遭到滑坡论证的反对。其主要反对理由是：自愿安乐死意味着故意杀死一个无辜之人，故其内在本质是不正当的。而且，自愿安乐死还会导致新的安乐死行为，包括自愿的、非自愿的甚至被强迫的安乐死，故其外在后果也是不正当的。另外，在某些文化传统中，自杀比谋杀更恶，甚至是不可宽恕的，结果"自愿安乐死或许比非自愿安乐死更恶"[①]。可见，自愿安乐死和非自愿安乐死的激烈冲突是安乐死立法举步维艰的重要根源。其次，当个人丧失了自我决定的自律能力时（处在一种植物人状态），即当自愿安乐死不具有可能性时，争论的焦点是可否提供一种合理的家长制或父权主义的非自愿安乐死。由于自律的缺位，确证与之相关的苦难以及非自愿安乐死的正当性就成了大难题。退一步讲，即使肯定家长式的参与安乐死的正当性，诸如如何承担规避安乐死风险的道德义务等问题依然困难重重。从实证的角度看，自愿安乐死和非自愿安乐死冲突的背后往往承载着数千年传统价值观念的冲突，短期内要想达成共识几乎是不可能的。临终护理可以有效地解决、减轻痛苦之类的症状，在一定程度上缓解甚至化解这些冲突。

（2）就自愿安乐死而言，也存在着消极安乐死（辅助性自杀）和积极安乐死的尖锐冲突。在立法和法理中，辅助性自杀常常比积极安乐死更易于得到宽恕和认可。瑞士和美国的俄勒冈州都只允许辅助性自杀。在荷兰的安乐死法中，不正当安乐死的处罚的最高刑罚是判刑 12 年，不正当辅助自杀的最高刑罚是判刑 3 年。主要理由是，辅助性自杀的主体不再活着，而且没有病人愿望的自杀相对较少。对于绝症病人而言，自杀即使是辅助性自杀，也极有可能是一个孤独凄凉者经历巨大情感压力的过程。因此，许多医生认为积极安乐死比辅助性自杀要承担更多的情感压力。死亡之渴望在绝大多数情况下并非完全和生理的不可避免的痛苦相关，大多是由缺乏尊严的生活境遇所导致的孤寂和凄凉感所产生的死亡渴望，或者对自身死亡的现实和非现实的恐惧所产生的逃避恐惧的死亡决定。在缓解消极安乐死（辅助性自杀）和积极安乐死的尖锐冲突中，临终护理起着至关重要的作用。盖瑟（Constanze Giese）专门研究了德国的临终护理问题。他认为，尽管德国护士在护理临终病人的训练方面极其严格，当提起临终关怀

---

① Boer T A. Recurring themes in the debate about euthanasia and assisted suicide. Journal of Religious Ethics，2007，（3）：529-555.

的问题时，却很少听到护士的声音，而且护士更是极少听到这样的声音。在临终护理缺位的情况下，"讨论把临终时的不可接受的病痛状况作为所谓自我决定的积极安乐死的辩护理由是不公正的"①。临终护理的在场对于缓解死亡恐惧和情感压力具有不可替代的缓解作用。

（3）安乐死立法和安乐死非法的冲突。首先，对于没有安乐死立法的国家公民而言，有了临终护理这个缓冲机制，个体虽然不能合法地请求安乐死，但可以在缓解痛苦、降低痛苦的过程中较为人性化地走向死亡，使人之死不同于一般的动物之死。当然，这并不否定选择痛苦生存或痛苦死亡的权利。同时，立法机构也可以运用这个缓冲机制赢得足够的时间慎重考虑和论证安乐死立法问题，以缓解民众的愤怒、谴责和不满，减轻道德压力并理性地决定是否立法或何时立法。其次，对于安乐死立法的国家公民而言，缓冲机制就更为重要。一方面，它可以提供一个是否选择安乐死的缓冲环节和诉求程序，使具有安乐死愿望者有足够的心理准备时间，较为稳妥理性地选择或放弃安乐死；另一方面，安乐死愿望得以允许者，在临终关怀的机制中，可以从容地安排后事，表达个人的临终意愿，然后决定死亡的时刻和方式，最后毫无遗憾地告别人间，安然祥和地演奏完自己生命的乐章。更重要的是，它可以成为抵制滑坡论证所说的安乐死立法可能导致合法杀人等指责的伦理机制。

临终护理作为磐路论证中联结其他磐石使之有机地构成一条磐石之路的缓冲机制，可以有效化解安乐死立法与否的矛盾冲突，为每个国家或地区的安乐死立法的讨论和实践提供一个切实可行的实践路径。

苦难、自律、伦理委员会和临终护理单独来看都不构成安乐死立法的足够根据，甚至在一定条件下都有可能成为滑坡论证的理由。但是，一旦把它们有机体统一起来，就构筑成一条具有一定可行性的安乐死立法的磐石之路。磐路论证既不要求立即停止现有的安乐死立法，也不要求没有安乐死立法的国家或地区立即实施安乐死立法，它立足于经过道德哲学慎思论证的价值根据、理论基础和伦理实践，充分考虑关涉安乐死问题的各种因素，如文化、宗教、传统、法律、公民素质乃至自然科学等方面的综合要素，主张通过民主商谈的程序合法有序地逐步进行，因为安乐死问题不但需要合理论证和法律保障，更需要具体境遇中的实践智慧和道德关切。

① Giese C. German nurses, euthanasia and terminal care: a personal perspective. Nursing Ethics, 2009, (2): 231-237.

第九章
生命伦理基础探究

自古希腊以来，伦理学领域的普遍主义和相对主义之争（如苏格拉底和智者关于德性的争论）一直绵延不绝。如今，作为道德相对主义的后现代伦理学强调否定性、流动性、破坏性，执著于不确定化、多元化、相对化，推崇无立场、无原则的伦理学，甚至为此不惜离"家"出走，流浪荒野。后现代伦理学对现代理性主义伦理学的断然否定和全面解构，把道德相对主义和道德普遍主义之争推到空前尖锐的地步，其结果必然引发应用伦理学领域的普遍主义和相对主义之争。生命伦理学就是激烈争论的主战场之一。

极为典型的是，当代生命伦理学的奠基者恩格尔哈特（H.Tristram Engelhardt）曾在《生命伦理学基础》中提出了后现代伦理学境遇中的生命伦理学达成共识的基础原则，即形式的允许原则和质料的行善原则[1]。20 年之后，他在新近主编出版的《全球生命伦理学：共识崩溃》一书中却明确否定了后现代伦理学境遇中的生命伦理学达成共识的可能性[2]。恩格尔哈特前后矛盾的转变，使我们不得不思考如下问题：他何以由肯定生命伦理学的基础到宣称生命伦理学共识的溃败？生命伦理学是否可以达成共识？如果能，共识的基础又是什么？归结为一个问题，就是生命伦理学的基础和共识何以可能？

---

① Engelhardt H T. The Foundations of Bioethics. Oxford：Oxford University Press，1986：66-103.

② Engelhardt H T. Global Bioethics：The Collapse of Consensus. Salem：M and M. Scrivener Press，2006：2-15.

182 | 应用伦理探究

鉴于此，生命伦理学基础主要涉及祛弱权（生命伦理价值基础）、生命伦理"共识崩溃"批判以及生命伦理的自律原则反思。

第一节 祛弱权：生命伦理价值基础

我们认为，脆弱性是生命伦理学的基础，与脆弱性密切相关的祛弱权问题应当成为生命伦理学的核心理念和理论基础。

一、祛弱权何以必要

关于脆弱性的伦理思考，正如玛莎·纳斯鲍姆（Martha C.Nussbaum）在《善的脆弱性》的修订版序言中所说："即使脆弱性和运气对人类具有持久的重要性，但直到本书出版之前，当代道德哲学对它们的讨论却极其罕见。"[1]

一般而言，人类社会主要推崇人类生活的乐观状态，相应地，伦理学主要推崇人的坚韧性而贬低人的脆弱性。建立在坚韧性基础上的理论形态主要是乐观主义伦理学，典型的如柏拉图以来的优生伦理学，亚里士多德的幸福德性论，边沁、密尔等古典功利主义的最大多数人的最大幸福原则，康德等古典义务论的德性和幸福一致的至善，达尔文主义的进化论伦理学等。尤其是尼采的超人哲学过度夸大人类的坚韧性而蔑视人类的脆弱性，其推崇的必然是丛林法则而不是伦理法则，希特勒等带来的道德灾难和人权灾难就是铁证[2]。麦金太尔通过考察西方道德哲学史也指出，脆弱和不幸本应当置于理论思考的中心，遗憾的是，"自柏拉图一直到摩尔以来，人们通常只是偶然地才思考人的脆弱性和痛苦，只有极个别的例外"[3]。乐观主义伦理学在乐观地夸大人的坚韧性的同时，有意无意地遮蔽了人的脆弱性。

不可否认，对坚韧性的否定方面即脆弱性的思考也源远流长。苏格拉底的"自知其无知"，契约论伦理学家（如霍布斯、洛克、卢梭等）的国家

---

① Nussbaum M C. The Fragility of Goodness: Luck and Ethics in Greek Tragedy and Philosophy. Cambridge: Cambridge University Press, 2001: Preface.

② Weikart R. From Dawin to Hitler: Evolutionary Ethics, Eugenics, and Racism in Germany. New York: Palgrave Meamillan, 2004: 71-103.

③ Intyre A M. Dependent Rational Aninals—Why Human Beings Need Virtue. Chicago: Carus Publishing Company, 1999: 1.

起源论在一定程度上也是基于人的脆弱性。不过，脆弱性在坚韧性的遮蔽之下并未成为传统伦理学的主流。以坚韧性（理性、自由和无限性等）为基础的传统伦理学所追求的目的主要是乐观的美满和完善，即使探讨脆弱性也只是为了贬低它以便提高坚韧性的地位，如基督教道德哲学把身体的脆弱性作为罪恶之源以便为基督教伦理学做论证，或者主要是在把人分为弱者和强者的前提下对强者的关注，如尼采的超人道德哲学等。这和关注普遍脆弱性并基于此提出人权视阈的祛弱权还相去甚远。

第二次世界大战以来，深重的苦难和上帝救赎希望的破灭激起了人们对自身不幸和脆弱性的深度反省，人们在反思传统乐观主义伦理学贬低脆弱性并基于此夸大、追求人的无限性和完满性的基础上，已经明确地意识到了脆弱性在伦理学中的基础地位，这是以脆弱性同时进入当代德性论、功利论和义务论为典型标志的。当代英国功利主义哲学家波普尔批判谋求幸福的种种方式都只是理想的、非现实的，认为苦难一直伴随着我们，处于痛苦或灾难之中的任何人都应该得到救助，应该以"最小痛苦原则"（尽力消除和预防痛苦、灾难、非正义等脆弱性）取代古典功利主义的最大多数人的最大幸福原则①。如果说波普尔主要从消极的功利角度关注个体的脆弱性，麦金太尔的德性论则把思路集中到人类的各种地方性共同体，认为它们在某种程度上就是以人的生命的脆弱性和无能性为境遇的，因而它们在一定程度上是靠着依赖性的德性和独立性的德性共同起作用才能维持下去的②。当代义务论者罗尔斯批判功利论，把麦金太尔式的个体德性提升为社会制度的德性，明确提出公正是"社会制度的首要德性"，并把公正奠定在最少受惠者的基础上③。在一定程度上，这些重要的理论成果已经把脆弱性引入了应用伦理学领域。

上述对脆弱性的理论研究和近年来新的天灾人祸和伦理问题（如恐怖事件、金融危机、环境危机、克隆人、人兽嵌合体等问题）一起，从理论和现实两个层面把人类的脆弱性暴露无遗，彻底摧毁了柏拉图以来的乌托邦式的空想或超人的狂妄，祛弱性不可阻挡地走向前台，深入应用伦理学各个领域，尤其是和脆弱性直接相关的生命伦理学领域。如今，在欧美乃至在世界范围内的生命伦理学和生命法学的研究中，对脆弱性的关注和反

① Popper K R. The Open Society and Its Enemies. Vol I. New Jersey：Princeton University Press，1977：237-239，284-285.

② Intyre A M. Dependent Rational Aninals—Why Human Beings Need Virtue. Chicago：Carus Publishing Company，1999：1.

③ Rawls J. A Theory of Justice. Beijing：China Social Sciences Publishing House，1999：3，302-303.

思，业已形成了一股强劲的理论思潮。美国生命伦理专家卡拉汉（Daniel Callahan）说："迄今为止，欧洲生命伦理学和生命法学认为其基本任务就是战胜人类的脆弱性，解除人类的威胁"，现代斗争已经成为一场降低人类脆弱性的战斗[①]。其中，丹麦著名生命伦理学家鲁德道弗（Jacob Dahl Rendtorff）教授、哥本哈根生命伦理学与法学中心执行主任凯姆博（Peter Kemp）教授等一批欧洲学者对脆弱性原则的追求和阐释特别引人注目。他们以自由为线索，把自主原则、脆弱性原则、完整性原则、尊严原则作为生命伦理学和生命法学的基本原则，并广泛深入地探讨了其内涵和应用问题。他们不但把脆弱性原则作为一个重要的生命伦理学原则，甚至还明确断言："深刻的脆弱性是伦理学的基础。"[②]这对恩格尔哈特否定生命伦理学共识的观点提出了挑战。对此，智利大学的克奥拓（Michael H.Kottow）却不以为然。他特别撰文批评说，脆弱性和完整性不能作为生命伦理学的道德原则，因为它们只"是对人之为人的特性的描述，它们自身不具有规范性"。不过，他也肯定脆弱性是人类的基本特性，认为它"足以激发生命伦理学从社会公正的角度要求尊重和保护人权"[③]。

克奥拓的批评有一定道理，即描述性的脆弱性本身的确并不等于规范性的伦理要求。他的批评引出了人权和脆弱性的关系问题：描述性的脆弱性可否转变为规范性的伦理要求的祛弱权？

克奥拓批评的理论根据源自英国著名分析哲学家黑尔。黑尔在《道德语言》中主张，伦理学的主体内容是道德判断。道德判断具有可普遍化的规定性和描述性的双重意义，因为只有道德判断具有普遍的规定特性或命令力量时才能达到其调节行为的功能[④]。

他沿袭休谟与摩尔等区分事实与价值以及价值判断不同于、而且不可还原为事实判断的观点。他认为，价值判断是规定性的，具有规范、约束和指导行为的功能；事实判断作为对事物的描述，不具有规定性，事实描述本身在逻辑上不蕴含价值判断，因此单纯从事实判断推不出价值判断。但是，描述性的东西一般是评价性东西的基础，即对事物的真理性认识是

① Rendtorff J D, Kemp P. Basic Ethical Principles in European Bioethics and Biolaw. Vol Ⅰ. Guissona: Impremta Bamola, 2000: 46.

② Rendtorff J D, Kemp P. Basic Ethical Principles in European Bioethics and Biolaw, Vol Ⅰ. Guissona: Impremta Bamola, 2000: 49.

③ Kottow M H. Vulnerability: what kind of principle is it. Medicine, Health Care and Philosophy, 2005 (3): 281-287.

④ Hare R M. The Language of Morals. Oxford: Oxford University Press, 1964: 31.

对它做价值判断的基础[①]。道德哲学的任务就是证明普遍化和规定性是如何一致的[②]。我们认为黑尔的观点是有道理的。依据黑尔，要从描述性的脆弱性推出规范性的脆弱性，并提升为祛弱权，需要解决的主要问题是，脆弱性是否具有普遍性？从描述性的脆弱性能否推出价值范畴的规范性的祛弱权？如果能，祛弱权能否作为生命伦理学的基础？回答了这些问题，也就回答了"生命伦理学的基础和共识何以可能"的问题。

二、脆弱性何以具有普遍性

每个人都是无可争议的脆弱性存在，脆弱性在人的状况的有限性或界限的意义上具有普遍一致性，这主要体现在如下三个基本层面。

其一，非人境遇中的脆弱性。

每个人相对于时间、空间以及非同类存在物，如动物植物等都具有脆弱性，甚至可以说"我们对外界的依赖丝毫也不少于对我们自身的依赖；在疑难情况下，我们宁肯舍弃我们自己自然体的一部分（如毛发或指甲，甚至肢体或器官），也不能舍弃外部自然界的某些部分（如氧气、水、食物）"[③]。

从进化论的角度看，人类是生物学上的一个极为年轻的种类。赫胥黎认为，人类大约在不到 50 万年前产生的，直到新石器时代革命后即 1 万年左右，才成为一个占统治地位的种类。人的自然体并非必然如今天的样式，也可以是其他模样。所有占统治地位的种类在其历程开始时都是不完善的，需要经过改造和进化，直到把它的全部可能性发挥殆尽，取得种系发展可能达到的完满结果[④]。不过，种系发生学上的新构造越根本越彻底，其包含的弱点和不足的可能性就越大。据拜尔茨（Kurt Bayertz）说，意大利解剖学家皮特·莫斯卡蒂曾从比较解剖学的角度证明了直立行走在力学上的缺陷：皮特博士证明人直立行走是违反自然且迫不得已的。人的内部构造和所有四条腿的动物本没有区别，理性和模仿诱使人偏离最初的动物结构直立起来，于是其内脏和胎儿处于下垂和半翻转的状态，这成为畸形和疾病，如动脉瘤、心悸、胸部狭窄、胸膜积水等的原因。雷姆也认为虽然能保存下来的种类都是理想的，但造化过于匆忙，给我们的机体带来了四条

① Hare R M. The Language of Morals. Oxford：Oxford University Press，1964：111.
② Hare R M. Freedom and Reason. Oxford：Oxford University Press，1977：16-18.
③ 拜尔茨 K. 基因伦理学. 马怀琪译. 北京：华夏出版社，2000：211.
④ 拜尔茨 K. 基因伦理学. 马怀琪译. 北京：华夏出版社，2000：217-218.

腿的祖先没有的缺陷，他们的骨盆无须承担内脏的负担，人则必须承担，故而韧带发达，导致分娩困难，致使人类陷入无数的病痛之中①。更何况，今人仅仅处在一个新的阶段，有待更长更久更完善的改进和进化。面对无限的时空和无穷的非人自然，每个人每时每地都处于脆弱性的不完善的状况之中。这种非人境遇综合造成的人类的脆弱性，甚至是当今人类不可逃匿的宿命。不过，我们的当下使命不是抱怨为何没有被造成另外的一种理想的样式，更不是无视自身的脆弱性而肆意夸大自身的坚韧性，而应当是勇敢地直面自身的脆弱性，把祛除脆弱性上升为普遍人权。

其二，同类境遇中的脆弱性。

霍布斯曾描述过人对人是豺狼的自然状态，这种状态实际上暗示了任何人在面对他人时都有一种相对的脆弱性。其实，国家制度等形成的最初目的正是为了祛除个体面对他者的脆弱性。

在每个人的生命历程中，疾病是一种具有普遍性的根本的脆弱性。患者相对于健康者尤其相对于掌握了医学技术和知识的医务人员来讲，是高度脆弱性的存在者。伽达默尔在《健康之遮蔽》一书中认为，健康是一种在世的方式，疾病是对在世方式的扰乱，它表达了我们基本的脆弱性，"医学是对人类存在的脆弱性的一种补偿"②。医务人员相对于其他领域和专业，如教育、行政、管理等方面也同样是脆弱者。任何强者包括科学家、国家元首、经济大亨、体育冠军等在其他领域相对于其他人或团体都可能是脆弱者。如果尼采的超人是人的话，也必然是相对于他者的弱者。诚如雅斯贝尔斯所说："在今天，我们看不见英雄……历史性的决定不再由孤立的个人做出，不再由那种能够抓住统治权并且孤立无援地为一个时代而奋斗的人做出。只有在个体的个人命运中才有绝对的决定，但这种决定似乎也总是与当代庞大的机器的命运相联系。"③由于自我满足的不可能性，绝大多数人由于害怕毁谤和反对而被迫去做取悦于众人的事，"极少有人能够既不执拗又不软弱地去以自己的意愿行事，极少有人能够对于时下的种种谬见置若罔闻，极少有人能够在一旦决心形成之后即无倦无悔地坚持下去"④。相对于他者，每个人任何时候都是弱者——既有身体方面的脆弱性，又有精神和意志方面的脆弱性，但每个人并非任何时候都是强者。没

① 拜尔茨 K. 基因伦理学. 马怀琪译. 北京：华夏出版社，2000：218-222.

② Rendtorff J D, Kemp P. Basic Ethical Principles in European Bioethics and Biolaw. Vol I. Guissona: Impremta Bamola, 2000：49.

③ 雅斯贝尔斯 K. 时代的精神状况. 王德峰译. 上海：上海译文出版社，2008：155.

④ 雅斯贝尔斯 K. 时代的精神状况. 王德峰译. 上海：上海译文出版社，2008：156.

有普遍性的坚韧，却有普遍性的脆弱。就是说，脆弱性体现着平等，强韧性则体现着差异。

其三，自我本身的脆弱性。

人自身的脆弱性是自然实体（身体）的脆弱性和主体性的脆弱性的综合体。法国哲学家保罗·利科认为"人的存在的典型方式是身体的有限性和心灵或精神的欲求的无限性之间的脆弱的综合"①。这种脆弱性显示为人类主体的有限性及其世俗的性格，我们必须面对生活世界中作恶的长久的可能性或者面对不幸、破坏和死亡。鉴于此，拜尔茨说："我们和我们的身体处于一种双重关系之中。一方面，不容置疑，人的自然体是我之存在和我们主观的物质基础，没有它，就不可能有思想感觉或者希望，甚至不可能有最原始的人的生命的表现。另一方面，同样不容怀疑，从我们主观的角度来看，这个人的自然体又是外界的一部分。尽管他也是我们的主观的自然基础，可同时又是与之分离的；按照它的'本体'状态，与其说是我们主观的一部分，还不如说他是外部自然界的一部分。"②

我们作为个体都是身体的实体的有限性和主体性的综合存在，但个体的实体是具有主体性的实体。不但实体是有限的脆弱的，而且实体的主体性也是有限的脆弱的。康德曾阐释了人的本性中趋恶的三种倾向："人的本性的脆弱"即人心在遵循以接受的准则方面的软弱无力；心灵的不纯正；人性的败坏，如自欺、伪善、欺人等③。其实，这都是主体性本身的脆弱性的体现。另外，人的自然实体（身体）是主体性的基础，它本身的规律迫使主体服从，主体对自身实体的依赖并不亚于对外部自然界的依赖。就身体而言，遗传基因和生理结构形成人的一种无可奈何的命运或宿命。人自婴儿起，就必须发挥其主体性去学会控制其自然实体、本能和欲望、疾病等。自然实体和主体性的对立，身体和精神的矛盾常常体现为心有余而力不足，"这种现象首先被看做是病态，它让我们最清楚、最痛苦不过地想到，有时候，我们的主观与我们的自然体相合之处是何等之少"④。每一个人都具有这种普遍的脆弱性。

尽管脆弱性的程度会随着人生经历的不同和个体的差异而有所变化和不同，但基本的脆弱性是普遍一致的，如生理结构、死亡、疾病、生理

---

① Rendtorff J D, Kemp P. Basic Ethical Principles in European Bioethics and Biolaw. Vol I. Guissona: Impremta Bamola, 2000: 49.

② 拜尔茨 K. 基因伦理学. 马怀琪译. 北京：华夏出版社，2000：210-211.

③ 李秋零. 康德论上帝与宗教. 北京：中国人民大学出版社，2004：305-315.

④ 拜尔茨 K. 基因伦理学. 马怀琪译. 北京：华夏出版社，2000：211.

欲求、无能等不会随着人生境遇的差异而消失，任何人都不可能逃匿自身的这种基本脆弱性。在这个意义上，人是被抛入脆弱性之中的有限的自由存在，人生而平等（卢梭语）的实质就是人的脆弱性的平等。每一个人都是有限的脆弱的存在者，不论其地位、身份、天赋、修养等有何不同，概莫能外，自我和他人都是处于特定境遇之中的脆弱性主体。因此，普遍的脆弱性"或许能够成为多样化的社会中的道德陌生人之间的真正桥梁性理念"①。不过，诚如克奥拓所言，身体生理、理性认识、主体性和道德实践的不足以及缺陷等脆弱性，都只是描述性的，如果它不具有价值和规范意义，就不可能成为价值范畴的人权。同时，另外一个不可回避的问题也出现了：由于脆弱性不可能靠脆弱性自身得到克服，乐观主义伦理学有理由质疑，如果人类只有脆弱性，那么人们凭什么来保障其脆弱性不受侵害呢？

三、祛弱权何以可能

传统乐观主义伦理学的功绩在于重视人的坚韧性（自由、理性、快乐、幸福等），其问题主要在于夸大坚韧性，忽视甚至贬低脆弱性。的确，人不仅是脆弱性的存在，而且也是坚韧性的存在。人主要靠坚韧性来保障脆弱性不受侵害。

我们认为，描述性的脆弱性或坚韧性不能形成规范性的权利的本真含义是纯粹坚韧性或纯粹脆弱性都和价值无关，都不具备道德价值和规范性的要求。就是说，只有相对于坚韧性的脆弱性或者相对于脆弱性的坚韧性才具有价值可能性。因此，只有集脆弱性和坚韧性于一身的矛盾统一体（人），才具有产生价值的可能性。换言之，人自身的脆弱性和坚韧性都潜藏着善的可能性和恶的可能性。

其一，脆弱性既潜藏着善的可能性，也潜藏着恶的可能性。

脆弱性具有善的可能性在于它内在地赋予了人类生活世界以意义和价值。为了简明集中，我们以作为脆弱性标志的死亡或可朽作为考察对象。

尽管我们梦想不朽以及运用自己的能力完全掌握我们的身体存在而摆脱自然力的控制，但是我们总是被自身的身体条件所限制而使梦幻成空。实际上，如果生命不朽成为现实，它不但会突增烦恼、忧郁，而且必然导致朋友、家庭、工作，甚至道德本身都不必要而且无用，生活乃至整个人

---

① Rendtorff J D, Kemp P. Basic Ethical Principles in European Bioethics and Biolaw. Vol I . Guissona：Impremta Bamola，2000：46.

生就会毫无意义。因此，"不朽不可能是高贵的"①。康德曾经把道德作为上帝和不朽的基础，实际上应当把作为道德权利的普遍人权作为人生的基础。不朽和上帝的价值仅仅在于，它只能作为一个高悬的永远不可达到的理念，在与可朽以及其他世俗的有限的脆弱性的对比中衬托或对比出后者的价值和意义。

生命（生活）的所有的价值和意义都是以可朽（必死）为条件的。似乎矛盾的是，在生命科学领域，"一些生物医学科学家不把死亡、极限看做人类本性的根本，而宁可看做我们在未来可以战胜的偶然的生物学事件。但是，这样一来就出现了我们是否能够彻底消除所有脆弱性的问题，诸如来自我们自身的死亡、极限和心理痛苦等问题，以及这样一来会产生什么样的人的问题。因此，极为重要的是，我们必须认识到各种形式的脆弱性对好生活的贡献是如此丰富和重要"②。脆弱性和有限性使追求完美人生的价值和德性具有了可能性，"道德的美和崇高在于我们能够捐献自己的生命，不仅是为了好的理由而牺牲，也是为了把我们自己给予他人。如果没有脆弱性和可朽，所有德性如勇敢、韧性、伟大的心灵、献身正义等都是不可能的"③。脆弱性不应当仅仅被看做恶，它应当被看做需要尊重的生命礼物和人类种群的福音。生命意义的根基就在于我们是在不断产生和毁灭的宇宙中生活的世俗存在。脆弱性基于此使善和德性具有了可能性。

脆弱性使善具有可能性本身就意味着它使恶也具有了可能性，因为如果没有恶，也就没有必要（祛恶）求善。恶是善得以可能的必要条件，反之亦然。奥古斯汀在晚年所写的《教义手册》中，曾从宗教伦理的角度阐释了脆弱性与恶的关系。他把恶分为三类："物理的恶"、"认识的恶"和"伦理的恶"。"物理的恶"是由于自然万物（包括人）与上帝相比的不完善性所致，任何自然事物作为被创造物都"缺乏"创造者（上帝）本身所具有的完善性。"认识的恶"是由人的理性有限性（主体性）所决定的，人的理性不可能达到上帝那样的全知，从而难免会在认识过程中"缺乏"真理和确定性。"伦理的恶"则是由于意志选择了不应该选择的东西，放弃了不应

① Rendtorff J D, Kemp P. Basic Ethical Principles in European Bioethics and Biolaw. Vol Ⅰ. Guissona: Impremta Bamola, 2000: 50.

② Rendtorff J D, Kemp P. Basic Ethical Principles in European Bioethics and Biolaw. Vol Ⅰ. Guissona: Impremta Bamola, 2000: 48.

③ Rendtorff J D, Kemp P. Basic Ethical Principles in European Bioethics and Biolaw. Vol Ⅰ. Guissona: Impremta Bamola, 2000: 50.

该放弃的目标,主动背离崇高永恒者而趋向卑下世俗者。在这三种恶中,前两者都可以用受造物本身的有限性来解释,属于一种必然性的缺憾;但是"伦理的恶"却与人的自由意志(主体性)有关,它可以恰当地称为"罪恶"。奥古斯汀说:"事实上我们所谓恶,岂不就是缺乏善吗?在动物的身体中,所谓疾病和伤害,不过是指缺乏健康而已……同样,心灵中的罪恶,也无非是缺乏天然之善。"①我们认为,如果祛除其上帝的神秘性,这三种恶其实就是人的脆弱性、有限性的(描述性的)较为完整的概括。如果说(对人来说的)"物理的恶"是自然实体,即身体的脆弱性的话,"认识的恶""伦理的恶"则是主体性的脆弱性。由于脆弱性使人易受侵害,这就使它潜在地具有恶的可能性。奥古斯汀的错误在于他把描述性的脆弱性和其价值(恶)简单地等同起来,因为脆弱性只是具有恶的可能性,其本身并不就是恶,更何况它还同时具有善的可能性,且其本身也并不等于善。

脆弱性之所以潜藏着善恶的可能性,是相对于与之一体的坚韧性而言的,就是说坚韧性既潜藏着善的可能性,也潜藏着恶的可能性。

其二,坚韧性既潜藏着善的可能性,也潜藏着恶的可能性。

1771年,康德对皮特·莫斯卡蒂反对进化论的观点进行了哲学批判,并肯定了坚韧性(主要是理性)的善的可能性。他说,人的进化固然带来了诸多问题,"但这其中包含着理性的起因,这种状态发展下去并在社会面前确定下来,人便接受了两条腿的姿势。这样一来,一方面,他有无限的胜出动物之处,但另一方面,他也只好暂且将就这些艰辛和麻烦,并因此把他的头颅骄傲地扬起在他旧日的同伴之上"②。我们同意康德的观点,即人直立行走等带来的脆弱性的代价赋予了人类独特的理性和自由等坚韧性。与脆弱性相应,坚韧性也体现在三个基本层面:非人境遇中的坚韧性、同类境遇中的坚韧性,以及集生理、心理和精神为一体的自我的坚韧性。坚韧性既有可能保障脆弱性(潜藏着善的可能性),也有可能践踏脆弱性(潜藏着恶的可能性)。

一方面,坚韧性潜藏着善的可能性。如果说"物理的善"的可能性是自然实体即身体的坚韧性,"认识的善"的可能性指理性具有追求无限的可能性,使人具有祛除认识不足的可能性,"伦理的善"的可能性则是主体坚强的自由意志使人具有克服脆弱性的可能性。就是说,个体的坚韧性使主体自身具有帮助扶持他者的能力,并构成整体的坚韧性,如伦理实体、国

① 北京大学哲学系外国哲学史教研室. 西方哲学原著选读(上卷). 北京:商务印书馆,2005:220.
② 拜尔茨 K. 基因伦理学. 马怀琪译. 北京:华夏出版社,2000:218-222.

家、法律制度等的基础。因此，个体的坚韧性使他者的帮助扶持和主体保障其自身的脆弱性不受侵害，以便扬弃克服其脆弱性的自我提升得以可能。如果主体自身丧失或缺乏足够的坚韧性，只靠外在的帮助，其脆弱性是难以根本克服的。不过，坚韧性的这三种善只是潜在的而非现实的，例如，生命科学本身就是人类坚韧性的产物，它使人具有有限地祛除脆弱性的可能性。不过，只有生命科学实现其作为治病救人、维持健康、保障人权、完善人生的目的和价值时，才具体体现出了坚韧性祛除脆弱性的善。

另一方面，坚韧性也潜藏着恶的可能性。坚韧性具有善的可能性，也同时意味着它有能力践踏和破坏脆弱性，即具有恶的可能性——具有"物理的恶"（利用身体控制他人身体或戕害自己的身体）、"认识的恶"（利用知识限制他者的知识、戕害自己或危害人类）和"伦理的恶"（自由地选择为恶）的可能性。这在医学领域特别突出。医学本身是人类坚韧性的产物，但作为纯粹实证科学的医学把各种器官、结构仅仅根据身体功能看做生理过程和因果性的机械装置，它把疾病仅仅规定为能够导致人体器官的生理过程的客观性错误或功能紊乱。这种观念植根于解剖学对尸体分析的基础上：解剖学易于把身体作为一个物件和有用的社会资源，"当身体作为科学和技术干预的客体时，它在医学科学领域中不再被看做一个完美的整体，而是常常被降格为一个仅仅由器官构成的集合体的客体"[①]。实证的医学生命科学没有把人的身体看做一个完整的有生命的存在，亦没有把克服人体的脆弱性以实现人体的完美健康作为目的，从而丧失了人性关怀和哲学思考而陷入片面的物理分析，背离了其本真的目的和价值。这样一来，生命科学就会成为践踏人权的可能途径之一。

既然人的脆弱性和坚韧性都同时具有善与恶的可能性，那么，祛弱权何以具有人权资格？

其三，祛弱权何以具有人权资格？

如上所述，描述性的脆弱性是相对于坚韧性而言的，它本身就潜藏着价值（善恶）的可能性。因此，从包含着价值的脆弱性推出作为价值的祛弱权并不存在逻辑问题。真正的问题在于，既然每个人都是坚韧性和脆弱性的矛盾体，他就同时具有侵害坚韧性、提升坚韧性、侵害脆弱性和祛除脆弱性四种（价值）可能性。何者具有普遍人权的资格，必须接受严格的伦理法则的检验。

---

① Rendtorff J D, Kemp P. Basic Ethical Principles in European Bioethics and Biolaw. Vol I. Guissona: Impremta Bamola, 2000: 42.

　　检验的标准是普遍性，因为人权是普遍性的道德权利，而且道德判断必须具有普遍的规定性（黑尔）。所谓道德普遍性，就是康德的普遍公式所要求的不自相矛盾。康德认为道德上的"绝对命令"的唯一原则就是实践理性本身，即理性的实践运用的逻辑一贯性。因此，"绝对命令"只有一条："要只按照你同时也能够愿意它成为一条普遍法则的那个准则而行动。"①在这里，"意愿"的（主观）"准则"能够成为一条（客观的）"普遍法则"的根据在于，意志是按照逻辑上的"不矛盾律"而维持自身的始终一贯的，违背了它就会陷入完全的自相矛盾和自我取消。我们据此检验如下。

　　（1）侵害坚韧性，必然导致无坚韧性可以侵害的自相矛盾。

　　（2）提升坚韧性。人类不平等的根源就在于其坚韧性，尤其在后天的环境和个人机遇以及个人努力造就自我的生活世界中，人的坚韧性呈现出千差万别的多样性，且使人的差异越来越大。如果把提升坚韧性普遍化，结果就会走向社会达尔文主义，以同时破坏坚韧性和脆弱性为终结，导致自相矛盾和自我取消。

　　值得重视的是，虽然提升坚韧性不具有普遍性，不可能成为人权，但可以成为（在人权优先条件下的）特殊权利。合道德性的特殊权利必须以不破坏人权平等为基准，以保障提升人权平等的价值为目的。否则，特殊权利就会导致而且事实上已经导致了人权平等的破坏。《世界人权宣言》等正是对这种破坏的抗议和抵制的经典表述。

　　（3）侵害脆弱性。如果人们提出了侵害脆弱性的要求，这就会危害到每一个人，终将导致人权的全面丧失和人类的灭绝，这是违背人性的自相矛盾和自我取消。

　　（4）祛除脆弱性。如前所述，没有任何一个人始终处在坚韧性状态，每一个人都不可避免地时刻处在脆弱性状态，即都是脆弱性的并非全知全能全善的有限的理性存在者。从这个意义上讲，祛除普遍的脆弱性的价值诉求在道德实践中就转化为具有规范性意义的作为人权的祛弱权。就是说，描述性的脆弱性自身的价值决定了每个作为个体的人都内在地需要他者或某一主管对脆弱性的肯定、尊重、帮助和扶持或者通过某种方式得以保障，这种要求或主张为所有的人平等享有，不受当事人的国家归属、社会地位、行为能力与努力程度的限制，它就是作为人权的祛弱权。婴儿、重病人等尚没有或者丧失了行为能力的主体不因无能力表达要求权利而丧失祛弱权。相反，正因为他们处在非同一般的极度脆弱性状态而无条件地享有祛

---

① 康德 I. 道德形而上学原理. 苗力田译. 上海：上海人民出版社，2002：38-39.

弱权。对于主体来讲，这是一种绝对优先的基本权利。其实质是出自人性并合乎人性的道德法则——因为人性应当是坚韧性扬弃脆弱性的过程。这合乎理性的实践运用的逻辑一贯性，因此，祛弱权是普遍有效的人权。

这就回应了克奥拓的批评，解决了亚柯比等的描述性事实到规定性的人权的过渡问题。至此，祛弱权作为生命伦理学的基础何以可能？或者生命伦理学达成共识是否可能？这一问题也就迎刃而解了。在祛弱权这里，恩格尔哈特所谓的"共识的崩溃"也就彻底崩溃了。这样一来，祛弱权就为全球生命伦理学的共识奠定了坚固的基础。

第二节　生命伦理"共识崩溃"批判

实际上，生命伦理学领域中对脆弱性原则的研究，就对恩格尔哈特否定共识的观点提出了严峻的挑战。问题在于，虽然鲁德道弗等把脆弱性原则作为生命伦理学的基础原则之一，但毕竟是以自律原则为基础的，而且也没有论证脆弱性的普遍性，更没有从人权的视角提出祛弱权的思想。因此。脆弱性原则还不足以成为生命伦理学的共识。

我们认同脆弱性是生命伦理学的基点，主张与脆弱性密切相关的祛弱权应当成为生命伦理学的核心理念和理论基础。那么。祛弱权是何种人权呢？

一、祛弱权是何种人权

要把握祛弱权是何种权利，就涉及人权内容的划分问题。1895 年，德国公法学家耶利内克（Georg Jellinek）在其作为人权史上重要文献的《人权与公民权利宣言》的论著中，将人权区分为消极权利、主动权利和积极权利，为人权内容的完整划分奠定了经典性的基础。我们沿袭这种划分，从消极意义、积极意义和主动意义三个层面阐释祛弱权的要义。

其一，消极意义的祛弱权，即权利主体要求客体（医学专家等）不得侵害主体人之为人的人格完整性的防御权利。这项权利对客体的要求是禁止某些行为，如禁止破坏基因库的完整性、不得把人仅仅看做机器或各种器官的集合、不得破坏人格完整性等。客体相应的责任是不侵害。

完整性（integrity）这一术语源自拉丁文 integrare，它由词根 tegrare（碰，轻触）和否定性的前缀 in 构成。从字面上讲，"integrity"是指禁止伤害、损毁或改变）。人格的完整是生理和精神的完整的统一体。人格主体的经历、直觉、动机、理性等形成精神完整性的不可触动之领域，它不得被看做工具性而受到利用或损害。例如，不得为了控制别人，逼迫或诱导他明确表达出有利于此目的的动机或选择。与精神区域密切相关的是，由"身体"构成的生理区域。每个人的身体作为被创造的叙述的生命的一致性。作为生命历程的全体，不得亵渎；每个人的身体作为体验、产生和自我决定（自主）的人格领域，不得以引起痛苦的方式碰触或侵害。

值得重视的是，生理和精神的完整性密切相关，相互影响。斯多葛派所倡导的不受身体干扰的心灵的宁静的思想。割裂了精神和生理的辩证关系，过高地估计了人的坚韧性，遮蔽了人的脆弱性。事实上，如果生理完整性遭到亵渎或者损坏，人就极难具有生存下去的勇气，其精神完整性也必然受到损害。但这并不意味着对身体绝对不可干涉甚至禁止治病，只是要求以特别小心、谨慎、敬重和综合的方式对待身体，因为"对生理完整的敬重就是对人之生命的权利及其自我决定其身体的权利的尊重"[①]。为了保障人之为人的人格完整性免于受到伤害、危险和威胁，2005年联合国教育、科学及文化组织（简称联合国教科文组织）成员伞票通过的《世界生物伦理和人权宣言》第11条规定了"不歧视和不诋毁"的伦理原则，要求"不得以任何理由侵犯人的尊严、人权和基本自由，歧视和诋毁个人或群体"。就是说，人格的一致性，不应当被控制或遭到破坏。

目前，极为重要的一个现实问题是，在关涉基因控制和保护基因结构的法律规范的明确表述中，保护人性心理和生理完整性的需求日益成为核心的权利诉求，这就是不得任意干涉、控制和改变人类遗传基因的完整性，反对操纵控制未来人类的基因承传和基因一致性，保护人类"承传不受人工干预而改变过的基因结构的权利"[②]。这并非绝对禁止基因干涉，而是禁止那些不适宜于人的生命的完整性的基因干涉。例如，禁止克隆人、严格限制人兽嵌合体等，就是因为它有可能破坏人类基因库的完整性而突破人权底线。

其二，积极意义的祛弱权，即权利主体要求客体帮助自我克服其脆弱性的权利，主要是指主体的生存保障、健康等方面的权利。该权利要求客体的积极作为，客体相应的责任是尽职或贡献。

---

① Rendtorff J D, Kemp P. Basic Ethical Principles in European Bioethics and Biolaw. Vol Ⅰ. Guissona: Impremta Bamola, 2000: 46.

② Rendtorff J D, Kemp P. Basic Ethical Principles in European Bioethics and Biolaw. Vol Ⅰ. Guissona: Impremta Bamola, 2000: 45.

　　法国哲学家列维纳斯把他人理解为通过其面孔召唤我去照看他的伦理命令。他在"赤裸"（the nudity）的意义上把脆弱性阐释为人的主体性的内在特质和生命中的基础构成性的东西，如"不得杀人"既是脆弱性的强力标志，也是祛弱权的强力诉求。根据列维纳斯的观点，脆弱性在人与人之间尤其在强者和弱者之间是不平衡的。它要求强者无条件地保护弱者的伦理承诺，"我从他人的赤裸中接受了他者的诉求，以致我必须帮助他人，且仅仅为了他人之故，而不是为了我，我不应当期望任何（他人）对我的帮助报以感激"①。这是对积极意义上祛弱权的有力论证和义务论的道德要求。

　　由于疾病和健康是每个人的身体的脆弱性和坚韧性的两个基本方面，我们以此为讨论对象。一方面，疾病是对身体本身的平衡及其与环境的关系的毁坏。因为疾病扰乱了我和我的躯体之间的关系，它不但威胁着我的躯体，而且也威胁着人格和自我的平衡。另一方面，健康意味着人之存在的各个尺度之间的和谐融洽，体现着个体生命的身体、智力、心理和社会诸尺度之间的平衡。治疗疾病、恢复健康应当被规定为是作为整体的各部分回到适宜的秩序，恢复人之存在所必需的整体器官的良好功能的各个尺度之间的平衡。因此，积极意义的祛弱权就意味着病人积极要求医生治愈疾病以便恢复和保障健康的权利，医生则具有相应的贡献自己的专业知识技术和人道精神的义务。医生既应当注重病人的病体又应当尊重病人生活经历的一致性，以达到病体之健康目的性要求，即生命器官的内在平衡和其环境的良好互动关系。生命也因此成为医生和病人一起进行的一场反对毁坏躯体的疾病、积极实践祛弱权的战斗。

　　作为治疗艺术的医学，应当从主观感知和经验的视角把疾病看做对好的生活的威胁。如今，医学科学已经发展为一门精密高端的自然科学，它不断深入躯体，大规模运用其功能，如器官移植、基因治疗、治疗克隆、人兽嵌合体、再生技术等，因此，"现代医学比有史以来任何时候对脆弱的人性都负有更大更多的责任"②。医学的重要职责和任务在于把医疗重新恢复并持续保持为一门治愈（治疗）疾病、恢复美好的健康的伟大的祛弱权的艺术。这已经涉及主动意义的祛弱权了。

　　其三，主动意义的祛弱权，即权利主体自觉主动地参与祛除自身脆弱

　　① Rendtorff J D, Kemp P. Basic Ethical Principles in European Bioethics and Biolaw. Vol Ⅰ. Guissona: Impremta Bamola, 2000: 46.

　　② Rendtorff J D, Kemp P. Basic Ethical Principles in European Bioethics and Biolaw. Vol Ⅰ. Guissona: Impremta Bamola, 2000: 46.

性，并主动要求自我修复、自我完善的权利，如增强体质、保健营养、预防疾病、控制遗传疾病等的权利。权利客体相应的责任是尊重与引导。

《世界生物伦理和人权宣言》第 8 条明文规定："尊重人的脆弱性和人格。""在应用和推进科学知识、医疗实践及相关技术时应当考虑到人的脆弱性。对具有特殊脆弱性的个人和群体应当加以保护，对他们的人格应当给予尊重。"在生物医学对人体的干预范围内的境遇中，祛弱权要求保护病人权利，并提醒医生和其他有关人员。医疗不仅意味着尽可能地恢复其器官和心理的完整，而且意味着尊重病人的自主性：在做出决定的程序中，通过告知信息和征求其同意允许，尊重其知情同意权。《世界生物伦理和人权宣言》的第6条"同意"原则规定："1. 只有在当事人事先、自愿地作出知情同意后才能实施任何预防性、诊断性或治疗性的医学措施。必要时，应征得特许，当事人可以在任何时候、以任何理由收回其同意的决定而不会因此给自己带来任何不利和受到损害。2. 只有事先征得当事人自愿、明确和知情同意后才能进行相关的科学研究。向当事人提供的信息应当是充分的、易懂的，并应说明如何收回其同意的决定。当事人可以在任何时间、以任何理由收回其同意的决定而不会因此给自己带来任何不利和受到损害。除非是依据符合本宣言阐述的原则和规定，特别是宣言第 27 条阐述的原则和规定以及符合人权宣言和国际人权法的国内伦理和法律准则，否则这条原则的贯彻不能有例外。3. 如果是以某个群体或某个社区为对象的研究，则尚需征得所涉群体或社区的合法代表的同意。但是在任何情况下，社区集体同意或社区领导或其他主管部门的同意都不能取代个人的知情同意。"这可以看做对主动意义的祛弱权的详尽阐释。它要求医生和医学专家从普遍人权的角度，而不仅仅是从职业规范的角度，充分尊重病人、健康者尤其是专家学者的参与权、知情同意权，并切实履行利用医学专业知识引导、告知并帮助病人或其他主体积极主动参与医疗活动或医学商谈的神圣职责。就是说，职业规范必须以人权为最高的伦理法则。

要言之，作为普遍人权的祛弱权就是人人平等享有的主体完整性不受破坏和受到保护的权利，以及主体克服脆弱性的同时，自我修复和自我完善的权利。

二、"共识崩溃"的崩溃

至此，祛弱权作为生命伦理学的基础和共识这一问题也就迎刃而解了。现在，我们有必要从祛弱权的角度反思恩格尔哈特关于全球生命伦理学"共识的崩溃"问题，为生命伦理学的共识扫清障碍。恩格尔哈特否定生命伦理学共识的观点，根源于他欠缺哲学辩证思维和反思批判精神，并因而一贯地坚持直线式的思维方式。这主要体现在如下三个方面。

其一，违背了基本的道德哲学常识，即道德的一和多的辩证关系。

所谓道德多样性不过是道德规范的多样性，它是相对于普遍性的道德规律或道德基础而言的。恩格尔哈特主张的作为形式的允许原则，是建立在道德商谈基础上的相互尊重原则，它要求己所不欲，勿施于人，凭相互尊重而签订的契约为别人做事；作为资料的行善原则要求在允许原则的基础上，对别人行善事，属于福利和社会同情的道德①。恩格尔哈特也看到了人权的普遍性，不过他对此持一种怀疑态度。他认为，联合国教科文组织大会 2005 年通过的《世界生物伦理和人权宣言》中关于生命伦理和普遍人权原则的阐释，因其"原则的空洞无物"而如同镜花水月，乃至对于胚胎、胎儿的地位等激烈争论的问题视而不见②。且不论这种理解是否违背该宣言的基本精神，即使他说的符合事实，也只能说明这是人权冲突问题，并不能否定生命伦理学的普遍性人权基础。

另外，允许原则和行善原则都是道德规范而不是道德本身。它们既然作为生命伦理学原则的形式和资料，就证明它们必然是同一个原则的形式和资料。当我们进一步追问允许原则和行善原则何以可能的道德根据时，祛弱权就呼之欲出了。遗憾的是，恩格尔哈特并没有继续追问这个原则是什么，而是从二元道德倒退到伦理相对主义的多元论，并最终滑向道德怀疑主义，从而堵塞了通往人权原则的祛弱权的可能途径，否定生命伦理学的基础和共识也就顺理成章了。

其二，停留在传统乐观主义伦理学的水平上。

恩格尔哈特缺乏人权的视角，没有从生活世界的"应当存在者"（人）的脆弱性和坚韧性这对矛盾做深入内在的研究。允许原则和行善原则的根基依然是人的坚韧性，它们只不过是站在强者（医生或医学家）的角度对待弱者（病人）的一种职业规范。当面对各种紧迫的现实生命伦理问题时，以（体现差异性的）坚韧性为基础的允许原则和行善原则就"合乎逻辑"地展开为各行其是的道德相对主义，致使生命伦理学在他这里丧失了作为一门科学的可能性。这就是恩格尔哈特从寻求生命伦理学的基础到否定生

---

① Engelhardt H T. The Foundations of Bioethics. Oxford：Oxford University Press，1986：3.

② Engelhardt H T. Global Bioethics：The Collapse of Consensus. Salem：M and M. Scrivener Press，2006：2-15.

命伦理学达成共识的内在逻辑。

在后现代境遇中，道德多元化不但冲击着传统乐观伦理学的统一性，也给寻求当代普世伦理和人权的努力似乎带来了致命的威胁。恩格尔哈特就是据此断定生命伦理学在后现代伦理境遇中的"共识崩溃"的。我们认为，后现代多元伦理只是对传统乐观主义伦理学的统一基础带来了冲击，并没有否定伦理自身的普遍基础。实际上，当他的这种乐观思想在后现代多样性道德境遇中碰壁之时，是坚韧性（产生的差异性）的张扬导致的自我矛盾，至此应当反思批判坚韧性并转向脆弱性的思考。但他并没有意识到这个问题，反而由差异性的坚韧性出发走向否定共识的歧途。不过，令他的直线式思维万万没有想到的是，否定共识本身就意味着"有共识"，否则，就不存在否定的对象，否定共识也就自我取消了。一旦对这种否定共识进行再否定，就会走向"共识"的基础，也即坚韧性的自我否定——脆弱性，进而走向祛弱权。

其实，祛弱权本来就蕴含在生命伦理学的学科本性之中，恩格尔哈特的直线式思维和传统的乐观伦理学立场，也使他没有深入生命伦理学的学科本性中去探究其伦理基础。

其三，没有深入生命伦理学的学科本性中去探究其伦理基础。

生命伦理学是纯粹的哲学思考与实证的自然科学的医学生命科学的融合而形成的实践哲学，它的这种学科本性内在地要求以祛弱权为基础。

众所周知，古典理性哲学终结以来，身体的本源意义及其当下命运，在哲学与思想领域赢得了广泛的理论兴趣。例如，尼采、胡塞尔、海德格尔、萨特、梅洛·庞蒂、福柯等哲学家对身体等都有自己的哲学思考。哲学对身体的深刻思考彰显了身体的价值，为身体权利奠定了思想基础，但并没有明确直接的和身体权利联结，在祛魅理性的同时却附魅了身体。结果，哲学对身体的思考陷入形而上学的空谈和崇尚欲望非理性的两极，远离了现实最紧迫的身体问题，如疾病、健康等，使之失去了现实问题的支撑而减弱了应有的理论力量。如果身体哲学不走向权利，不对法律和伦理发生重要的现实应用，则必然空洞无力，同时会丧失其真正的实践生命力。

无独有偶，当代医学生命科学却走向了实证的自然科学的工具化的途径。胡塞尔批判实证科学尤其是自然科学的非人性化问题时说："在19世纪后半叶，现代人的整个世界观唯一受实证科学的支配，并且唯一被科学所造成的'繁荣'所迷惑，这种唯一性意味着人们以冷漠的态度避开了对真正的人性具有决定意义的问题。"这些科学从原则上排除的正是生命攸关的紧迫问题："关于这整个的人的生存有意义与无意义的问题。"①这也正是实证化的医学生命科学的症结所在。

合而言之，这些问题就是，无生命科学的哲学是空的，无哲学的生命科学是盲的（套用康德的话）。面对自然科学和实证哲学对人的物化和人权的沉沦，哲学不能停留在形而上的思考和抽象的诗意的栖居之类的自我陶醉之中，应当为身体权利提供伦理的论证，寻求合法的保障，为解决身体权利探求一条切实可行的出路。同时，医学生命科学等维持健康、完善身体功能的使命，以及医学生命科学面临的现实问题，如堕胎、治疗性克隆、人兽嵌合体、医患关系等，也需要哲学的人性化的反思和引导，来提升生命科学的哲学品位和价值视角。一旦哲学和生命科学结合起来，就产生出关于生命科学的哲学和具有哲学精神的生命科学相融合的实践科学——生命伦理学。它的使命不是停留在抽象的哲学思辨或对身体的工具性的修补、恢复上，而是关注生命和人性，并切实地通过医学生命科学的手段使之落实到具体的个体，以达到主体性的超越（哲学）和自然实体（医学）的综合。

进一步讲，生命伦理学的产生，本质上是人性中的脆弱性和坚韧性这对内在矛盾的要求：脆弱性（主要体现为哲学和生命科学的困境）和坚韧性（主要体现为哲学和生命科学的综合）的内在矛盾的否定（纯粹哲学和实证的生命科学）力量使生命伦理学得以可能。就是说，脆弱性和坚韧性的矛盾是生命伦理学的内在人性根据，生命伦理学是研究坚韧性应当如何扬弃脆弱性的实践哲学。如前所述，（体现差异性的）坚韧性扬弃（具有普遍性的）脆弱性的达成共识的选择只能是祛弱权。

可见，恩格尔哈特所谓的"共识的崩溃"本质上只不过是对各种生命伦理规范或伦理命令的多样性的幻象而已。在祛弱权这里，这种"共识的崩溃"也就彻底崩溃了。这样一来，祛弱权就为生命伦理学的共识奠定了坚固的基础。

生命伦理学探讨的话题是以研究人的脆弱性为基点，确定"集脆弱与坚韧于一体的人"的地位和权利，最终辨明处于这一地位的人如何被置于治病救人、造福众生这一崇高的医疗事业的目标之下。因此，生命伦理学领域内的矛盾冲突从根本上讲都是人权的冲突，其伦理基础只有奠定在人权的基础上，才有可能达成共识。以祛弱权为基础，生命伦理学也就成了有根的伦理学，避免了后现代伦理学，如恩格尔哈特所主张的多元相对主义的无家可归的流浪者命运，同时使生命法学获得了可靠的理论支撑和伦理能力。

---

① 胡塞尔 E G A. 欧洲科学的危机与超越论的现象学. 王炳文译. 北京：商务印书馆, 2005：15-16.

第三节　生命伦理的自律原则反思

　　现在的问题是：脆弱性为基础的祛弱权和生命伦理原则有何关系呢？

　　在国际生命伦理学领域，欧洲四原则（自律、尊严、完整性和脆弱性）和美国乔治城四原则（自律、无害、仁爱、公正）成为相互颉颃、并驾齐驱的两大经典范式。不难发现，在二者的分歧中蕴含着明显的共识，即自律原则。而且，自律原则在医学领域业已转化为具有特定含义的自律的具体形式——知情同意，并被大量运用于各种国际生命伦理和科技伦理的文献条款中。可以说，"自律是西方医学和医学伦理学的一个核心价值"[①]。自律原则似乎已经成为欧美生命伦理学的普遍共识。令人忧虑的是，即使得到欧美共识的自律原则依然面临着巨大的挑战：在医疗实践中，知情同意的自律原则常常成为医务人员推卸自身责任、剥夺病人权利的合法的"正当"借口。这就凸显了一个不可回避的现实问题：为何表面看来体现自律原则的知情同意在医疗实践中常常转变为一种恶和不正当？生命伦理视阈的自律原则摆脱困境的可能出路何在？这里隐含着祛弱权和生命伦理自律原则的深刻的内在联系。

一、知情同意何以可能

　　在生命伦理领域，虽然自律的确切含义依然充满歧见，但其基本含义"自治"（self-government）却是得到公认的。瓦琉斯（Jukka Varelius）说："尽管自律观念在不同关联中具有不同意义，但是在生命医学伦理学中有一个普遍性的核心理念。根据这个理念，自律意味着自治。"[②]自律表明有权决定和自己相关的福利或行为。在生命伦理中，自律的实质内涵是要求病人具有自我决定同意治疗或拒绝治疗的权利。并承担与此相应的医疗责任。这就是知情同意——生命伦理学视阈的自律的具体形式。用鲁德道弗的话说："在生命伦理学中，自律原则主要表达为对'知情同意'的关切。"[③]知情同意的使命在于保障病人在医疗中具有自我决定的自由选择权利。

---

① Varelius J. The value of autononmy in medical ethics. Medicine，Health Care and Philosophy，2006，（9）：377-388.

② Varelius J. The value of autononmy in medical ethics. Medicine，Health Care and Philosophy，2006，（9）：377-388.

③ Rendtorff J D. The limitations and accomplishments of autonomy as a basic principle in bioethics and biolaw//Weisstub D N. Atonomy and Human Rights in Health Care. The Netherlands：Springer，2008：80.

与具有千年悠久历史传统的自律理念相比，知情同意还是一个刚刚从自律中脱胎而出的崭新观念。1931 年，德国魏玛共和国最后一届政府通过的医学实验法令，首次声明对于医学实验人员的基本标准是个体的自由和知情同意。此项法令以法律的权威性第一次确立了知情同意在生命伦理领域的伦理和法律地位。不幸的是，纳粹统治时期，集中营里恐怖的人体实验肆意践踏这一法令，完全否定了知情同意的自律价值。纳粹独裁结束之后，1948 年的纽伦堡宣言（the Nurem berg Declaration）作为第一个关于医学人体实验的国际宣言，明确宣称知情同意是医学人体试验的必要条件。1964 年，作为纽伦堡宣言的发展的赫尔辛基宣言（the Helsinki Declarations：Helsinki I and II）在赫尔辛基被世界医生组织（the World Organization of Physicians）采纳（1975 年在东京修订）。赫尔辛基宣言把知情同意发展为一个基本的医学伦理原则："个人的健康福祉必须优先于科学和社会利益。"[①]在欧洲四原则中，鲁德道弗对知情同意的内涵有一个权威性诠释："知情同意的概念应当能够既保证病人承受医疗待遇的完全自我决定，又能保证病人在相关的医疗过程中有价值的选择和自由。在此境遇中，知情同意的基本要素是：公开透明、理解、自愿、有能力、同意。"[②]知情同意要求病人有权利自己决定接受或拒绝相关待遇。如今，知情同意作为医学决定的一个基本特质在许多国家和国际行为典范中得到认可和确立。

知情同意原则作为自律原则在生命伦理领域的具体化，具有重要的价值意义。其一，知情同意原则的确立，对于 20 世纪五六十年代的医生家长制（physician paternalism）而言，是一个颠覆性的价值突破。医生家长制虽然在医生对病人的责任方面具有其价值，但是并没有充分认识到病人自律和治疗过程的内在关系，乃至把病人自律看做一个不可实现的神话乌托邦，根本否定知情同意的价值和意义。知情同意原则肯定医学治疗之中的病人和医生之间的平等地位，试图彻底改变二者之间的不平等关系，使传统的医生家长制寿终正寝。其二，知情同意原则是生命科学技术高速发展和价值多样性的内在要求。尽管技术工具论仅仅把生命科学技术看做一种价值中立的工具，实际上并非如此。生命科学技术的 technology 不仅仅指 techne（技艺）的层面，而是以其 logos 为目的的 techne。其 logos 是在解蔽和无蔽状态中成其自由本质的，而自由正是道德哲学的本体根据。就此

---

① Rendtorff J D. The Limitations and accomplishments of autonomy as a basic principle in bioethics and biolaw//Weisstub D N. Atonomy and Human Rights in Health Care. The Netherlands：Springer，2008：82.

② Martin M W，Schinzinger R. Ethics in Engineering. Boston：McGraw-Hill Companies，Inc.，1996：1.

而论，生命科学技术"是道德哲学的一个分支"①。就是说，生命科学技术是为了达到理性的道德目的而运用生命科学知识的技艺或技能，是"应当意味着能够"的自由实践而不仅仅是"能够意味着应当"的纯粹工具性活动。生命技术和治疗革命带来了多样性的治疗选择途径，其蕴含的内在价值目的通过提升人的脆弱性直指人的自由和尊严。知情同意原则正是生命科学技术的 logos 的一种医学表达和临床实践的伦理诉求。如果说医学工具论是医学家长制的理论根据，自由实践意义（或道德哲学意义上）的生命科学技术则是建构知情同意的平等医疗关系的理论基础。其三，知情同意的自由选择尊重病人的价值观念和主体地位，使人人享有的人权观念在脆弱境遇中得以确证和实践，在某种程度上肯定了病人的价值和尊严。其实，除了当下的病人外，每一个人都曾经是病人或者可能是病人。换言之，每一个人都是一个（曾经的、现实的或可能的）病人。在这个意义上，知情同意是一种和每个人息息相关的人权的伦理诉求，此种"自律帮助我们在生命伦理学中致力于关照人权和尊重人格"②。相反，如果一个人的选择、决定、信念、欲求等都是诸如未经反思的社会化控制、强迫等外在影响导致的结果，"如果一个人的行为是被迫的或意志薄弱导致的结果，它就不是自律的而是他律的（heteronomous）"③。一个他律的人，是一个在某些方面被他者控制或者不能根据其自己的愿望和计划而行动的人，是一个被削弱了其主体自由的人。实际上，即使我们意识到别人（如医生）的决定比我们好，我们也不愿别人替我们做出决定，因为"在自我决定中我们是主体，我们运用自己的理性能力，我们控制自己的生活，我们具有生活在我们自己的生活中的感觉。我们创造、造就自我，我们赋予我们的生活以意义、目的和各自的独特唯一性，我们表达我们自己"④。或许，这正是自律能够成为欧美生命伦理学共识的基本原则的根本原因所在。

毋庸讳言，尽管知情同意的自律原则是生命伦理学的一个核心价值理念，依然存在着其自身难以逾越的瓶颈。其一，在某些健康关怀的特定境遇中，知情同意的原则似乎并无实际意义。知情同意的基础是个体自由和

---

① Martin M W, Schinzinger R. Ethics in Engineering. Boston：McGraw-Hill Companies, Inc., 1996：1.

② Rendtorff J D. The limitations and accomplishments of autonomy as a basic principle in bioethics and biolaw//Weisstub D N. Atonomy and Human Rights in Health Care. The Netherlands：Springer, 2008：75.

③ Varelius J. The value of autononmy in medical ethics. Medicine, Health Care and Philosophy, 2006, （9）：377-388.

④ Varelius J. The value of autononmy in medical ethics. Medicine, Health Care and Philosophy, 2006, （9）：377-388.

理性决定能力，而非脆弱性和易受伤害性。病人由于身处病痛之中且对于相关医学信息知之甚少，常常并不知道他们真正的愿望或欲求，很难具备知情同意的基本能力。特别是对于孩子、危重病人、精神病人、智障者、植物人等尚不具备或基本丧失了自我决定能力者而言，自律原则几乎丧失了存在的根据。其二，知情同意和医生治疗责任的冲突。病人自律和医疗诊断远非一个问题，知情同意"在医学应当给予病人的自律发挥到何种确定的作用上似乎有些模糊不清"[①]。病人很难真正理解他们参与的医疗程序，常常在不充足、不理解甚至错误的医疗信息的基础上被迫做出盲目性决定。病人的知情同意常常成为医务人员剥夺病人权利、推卸自身责任的合法的"正当"借口。这种情况甚至比医生家长制的危害更为严重。其三，病人的知情同意忽视了医生的个体自律，脱离了程序自律（procedural autongomy）的轨道，陷入片面的病人个体自律的困境之中。

二、个体自律何以可能

自律理念植根于悠久的西方文化传统中，主要是指奠定在个体自由基础上的个体自律和平等公正基础上的程序自律。

自古希腊以来，个体自律一直是道德哲学探究的一个重要话题。亚里士多德已经明确地把自律和个体的自愿行为密切联系起来，初步具备了个体自律的观念[②]。亚里士多德的个体自律观念，在康德那里得到了深刻的哲学论证。康德认为，人既是道德立法又是道德守法的先验道德主体。先验道德主体出自对道德法则普遍有效性的敬重，不受外在条件限制或强迫的自立法自守法的实践理性能力就是个体自律。个体自律的普遍道德法则是，"要只按照你同时认为也能成为普遍规律的准则去行动"[③]。康德的普遍性道德自律理念遭到了自由主义功利哲学家密尔等的批评。对密尔而言，由于每个人的具体理性能力和不同个体的能力不同，个人选择、爱好、欲求和对未来的愿望都是不可普遍化的经验对象。是故，自律并非普遍性的实践理性能力，而是具体经验个体不受外在强制的自我决定和自愿行为的

---

① Rendtorff J D. The limitations and accomplishments of autonomy as a basic principle in bioethics and biolaw//Weisstub D N. Atonomy and Human Rights in Health Care. The Netherlands：Springer，2008：78.

② Rendtorff J D. The limitations and accomplishments of autonomy as a basic principle in bioethics and biolaw//Weisstub D N. Atonomy and Human Rights in Health Care. The Netherlands：Springer，2008：78.

③ Kant I. Foundations of the Metaphysics of Morals. Translated by Beck L W. Beijing：China Social Sciences Publishing House，1999：39.

自由能力①。其实，康德所说的先验道德主体的自律，应当是经验个体自律的价值根据。因为先验道德主体的普遍道德法则正是经验个体自律的普遍化，经验个体的自律也不是任意行为，而是根据普遍道德法则进行选择的自由行为。所以，个体自律是奠定在理性自由等人的坚韧性基础上的理性实践能力。其基本含义可以概括为：①先验道德主体和普遍道德法则相一致的自由选择能力；②在特定的经验生活境遇中，经验个体出自对普遍道德法则的敬重而独立做出决定的自愿行为或自我管理。换言之，个体自律不是行为的任意选择或受外在强制的被迫行为，它意味着自律主体具有道德理性的自律能力而区别于其他动物和自然界，因而自在地具有不依赖于外在因素的价值和尊严。

个体自律的基本要求在生命伦理领域内具体化为病人个体自律和医生个体自律两个基本层面。

（一）病人个体自律

通常情况下，个体自律以理性能力的成熟，即人的坚韧性而非脆弱性为前提条件。病人作为在医疗实践的特定境遇中的主体，既是具有意志、愿望和欲求的坚韧性存在者，又是遭受疾病折磨的非常脆弱的存在者。疾病的经历表明人的主体存在成为一个敏感的、易受影响的、遭受痛苦的衰弱性身体。其表征和疾病状态要求通过脆弱性明确其自律界限并予以限制。奥涅尔说："一个患病或受伤的人相对于他者是一个极度脆弱的人，他极度依赖他者的行为和能力。坚韧性的自律概念对于病人而言或许似乎是一种负担，甚至毫无成效。"②病人的理性能力、精力和身体处在一种脆弱状态，且一般不具备医疗知识技术，其自律能力极其脆弱甚至丧失。在此经验中，病人签字常常是被迫无奈或者信息不全的盲目之举，这恰好是他律而非自律。对病人而言，知情同意只能在极其严格的限度内有效：①从自律主体来讲，知情同意仅仅对具备足够的自律能力的轻度病人适用，对重病人、精神病人、非成年病人、危急病人等自律能力极其脆弱乃至完全没有自律能力者是无效的；②从自律客体来讲，知情同意必须限定在明确无误且病人能够真正理解的医疗信息的基础上。模糊不清或者病人无法理解的医学专业领域的信息，不得作为知情同意的内容。

病人的知情同意在某种程度上削弱了医生的责任，增加了病人的恐惧

① Rendtorff J D. The limitations and accomplishments of autonomy as a basic principle in bioethics and biolaw//Weisstub D N. Atonomy and Human Rights in Health Care. The Netherlands：Springer，2008：79.

② O' Neill O. Autonomy and Trust in Bioethics. Cambridge：Cambridge University Press，2002：38.

心理和精神负担。我们应该避免陷入去责任化的选择困境，"知情同意不应当使病人更加脆弱"[①]。病人的优先权是从他人尤其是具有医学技术和知识的医务人员那里得到帮助，而不是无奈、痛苦甚至盲目的知情同意。退一步讲，"即使病人是一个优秀的自律者，却不可能和其医生一样，有能力把握评估其手术风险和益处的所有信息。医生比病人更有能力决定最好的有利于病人的医疗方式"[②]。自律奠定在理性和坚韧性的基础上，病人不是最适宜使用透明权利的知情同意的自律者，不应当是主要的自律主体。这就要求确立医生的个体自律的主体地位。

（二）医生个体自律

相对于脆弱的病人而言，具备医学专业技能、掌握医学资源的医生是坚韧性和正常理性的存在者。所以，个体自律主要应当是医生个体自律，而非病人个体自律。这是确立医生的个体自律主体地位的基本理据。医生的自律主体地位主要体现在知情自律和同意自律两个基本层面。

知情自律，是医生在对病人病情深刻理解把握的基础上。在尊重病人正当理性意愿的前提下，对最好的医疗途径方法的自由选择、认同和实施。治疗绝非是一个仅仅由医生或病人一方独自构建的独自王国，而是双方共同构建的互为目的的商谈伦理王国。在这个伦理王国中，医生应当首先把病人看做医疗自身的目的，通过和病人的交流即治疗对话（a therapeutic dialogue），了解把握病人病情。交流不同于纯粹的自我表达，"仅当其目的是可接受的且其听众是能够接受的时，才是伦理上可以接受的"[③]。医疗对话交流听命于伦理倾诉而非纯粹的选择和自我独白表达，它是医患双方对各自存在经历的意义理解和情感交融，是医生对病人的必要的自愿的职责关爱。医生在理解病人特定境遇的经历的基础上，从病人生命历史的角度理解并重构病人的叙述性病历，培育医患双方默契配合的信任程度，为进行良好的治疗打下伦理关怀的坚实基础。这就意味着医患之间的友谊模式先于双方的契约权利模式。或者说，医生的知情自律是其同意自律的必要前提。

同意自律的基本要求是：在知情自律的基础上，医生和病人（或其他

① Rendtorff J D. The limitations and accomplishments of autonomy as a basic principle in bioethics and biolaw//Weisstub D N. Atonomy and Human Rights in Health Care. The Netherlands：Springer，2008：85.

② Varelius J. The value of autononmy in medical ethics. Medicine，Health Care and Philosophy，2006，（9）：377-388.

③ O'Neill O. Autonomy and Trust in Bioethics. Cambridge：Cambridge University Press，2002：186.

相关人员）签订医疗协议，自愿自觉地认同并尊重协议，行使协议规定的医疗权利并承担相应的医疗责任。康德曾说，权利是以每个人自己的自由与每个他人的自由之协调一致为条件而限制每个人的自由，由此引发的是责任和义务①。相应地，医生的治疗权利引发的是不可推卸的医疗责任和义务，即使病人签订了免于医疗责任的协议，医生应当承担的医疗责任也并不因此而失效。病人是医生救治的目的而不仅仅是医生推卸责任和保障其职业的工具。医生必须为其治疗过程、治疗结果承担职业责任，绝不可以病人的"知情同意"为借口，把医疗责任推卸给病人，使本来就处在弱势的病人置于极其无助的更加弱势的地位。病人签字不能成为医生推卸职业责任的根据，恰好是医生承担职业责任的证据。把承担医疗责任作为医生自律的重要一环，就有可能有效保障病人的正当权益，避免病人脆弱状态下被迫签字并被迫答应承担自己不能也不应承担的所谓医疗责任，因为病人并不具有医生所具有的相应的医疗权利。与此同时，同意自律也增强了医生的主体性、责任心和人格尊严，确认了医生的职业价值和存在意义。

值得注意的是，尽管相对于病人，医生是坚韧者，但是医生并非上帝，亦非天使，而是有限的理性存在者。相对于强大的社会法律制度和人际网络而言，每一个医生自身的理性、判断、素养和医疗水平都是有限的、脆弱的。尤其在医生自觉自愿地承担其医疗责任方面，完全靠其自身的自律很难真正完全落实。如前所述，与医生的个体自律相比，病人的个体自律存在的问题更为严重。所以，就个体自律（病人自律和医生自律）而论，诚如奥涅尔所说："个体自律和自我表达的权利不能为生命伦理学提供一个令人满意的基础。"②从根本上讲，自律个体自身的局限性和对生物、物质、社会条件、理性信息等的依赖所带来的结构性限制，构成了奠定在理性和坚韧性基础上的个体自律难以逾越的屏障。突破这道屏障是一个亟待解决的问题，也正是程序自律的使命。

三、程序自律何以可能

个体自律以独立于社会联系的个体为前提，奠定在个体的自由选择和自我决定的实践理性能力的基础上。在真实的伦理生活中，并非每个人都具备这样的能力，具备这种能力的人也并非任何境遇中都能正常发挥。事

① Kant I. The Metaphysics of Moral. Translated and edited by Gregor M, Cambridge：Cambridge University Press，1996：24-25.

② O'Neill O. Autonomy and Trust in Bioethics. Cambridge：Cambridge University Press，2002：184.

实上，自律个体经常处于易受挫败的、不能完全自我控制的境遇之中，极难不受外在干扰而完全独立地做出理性决定。在此情况下，"我们的自律削弱、丧失或不能发挥"①。因此，"当自律概念作为运用到保护个人的唯一概念时，其局限性极大，必须考虑包含个体的其他维度"②。自律一旦试图寻求包含个体的其他维度，就突破了个体自律的瓶颈，进入程序自律的领域。

程序自律的理念内在地蕴含在"autonomy"（自律）的词源之中。"autonomy"由"auto"和"nomos"构成。是一个具有政治渊源的术语。"auto-nomos"表明，自律（autonomy）和社会的政治组织密切相关，它意味着古希腊的城邦自治③。奥涅尔解释说："在古典时代，autonomy 这个术语并非指个体，而是指自我立法的城市。一个自律的城市是和一个由主城赋予其法律甚至是强加其法律的殖民地相对应的概念。"④相对于 autonomy 的古典意义，个体自律只是启蒙运动以来（尤其是经过康德、密尔等哲学论证的）autonomy 的现代意义。其实，在康德、密尔、洛克和潘恩等那里，个体自律已经成为自由民主政治原则的核心观念。在当代民主国家里，个体自律被赋予了正当合法的重要地位。

而今，"保护个体自律是大部分欧洲宪法的基本原则"⑤。自律的古典意义（城邦自治）和现代意义（个体自律）在当下呈现出融为一体的趋势。这种趋势表明：①一个组织、单位（包括医院）、城市、国家等类型的伦理实体和作为自律主体的道德个体有着质的差异；②伦理实体的自律和个体自律虽有质的不同，但并不排斥后者。伦理实体的自律是凭借正义价值和民主程序的伦理力量解决各种个体自律问题的程序自律。在程序自律的视阈中，自律个体既是处在诸多社会实践、约定、同情和复杂的陌生人际关系之中的自由存在者，又是必须予以关注和尊重的脆弱性与易受伤害性的存在者。如果说个体自律的基础是个体的坚韧性，程序自律的基础则是个体的脆弱性。如果说个体自律意味着道德主体的自由选择，程序自律则既

① Dworin G. The Theory and Practice of Autonomy. Cambridge：Cambridge University Press，1988：117.

② Rendtorff J D. The limitations and accomplishments of autonomy as a basic principle in bioethics and biolaw//Weisstub D N. Atonomy and Human Rights in Health Care. The Netherlands：Springer，2008：82.

③ Dworin G. The Theory and Practice of Autonomy. Cambridge：Cambridge University Press，1988：12.

④ O'Neill O. Autonomy and Trust in Bioethics. Cambridge：Cambridge University Press，2002：29.

⑤ Rendtorff J D. The limitations and accomplishments of autonomy as a basic principle in bioethics and biolaw//Weisstub D N. Atonomy and Human Rights in Health Care. The Netherlands：Springer，2008：80.

要考虑个体的欲求、渴望、有限性等脆弱性要素，更要考虑如何运用平等公正的程序关照个体的各种不同可能性选择。为此，程序自律必须在尊重文化多样性和公共价值基础的前提下，寻求一套公平正义的伦理价值体系，在此基础上建构公正民主的伦理程序，以弥补个体自律的有限性，纠正个体自律存在的问题，化解或缓解个体自律之间的矛盾冲突，保障并促成自由自律的道德选择。程序自律的这种特质为生命伦理学的个体自律原则走出困境开启了可能途径。

根据程序自律的基本理念，生命伦理视域的程序自律的具体设计是：在正义原则的价值基础上，构建民主管理和责任追究相结合的程序自律机制。

第一，正义原则。正义主要是指权利的正当分配。凯姆培纳说："正义，正如亚里士多德和罗马法教导我们的，主要是权利分配：总体权利的分配。即使权利是根本不平等的，权利的比例也能够是正当的或公平的。"[①]与知情同意（个体自律）的存在根据（坚韧性）不同，程序自律的存在根据是脆弱性。是故，程序自律的正义原则是奠定在脆弱性基础上的祛弱权的正当分配。所谓祛弱权，就是人人（包括医生和病人）享有其脆弱性不受侵害并得到尊重、帮助和扶持的权利[②]。程序自律对祛弱权的正当分配原则是：病人祛弱权第一，医生祛弱权第二。换言之，程序自律优先保护病人权利，其次保护医生权利。如果不考虑医务人员的权利，其正当权益就会受到侵害，这本身就是不公正的。医务人员必然因此难以真正履行义务、承担责任，病人权利也难免受到影响甚至伤害。

既然正义原则保障病人和医务人员的正当权利，就必然由此引发相应的责任和义务，各种权利义务之间的冲突也在所难免。解决这些冲突，把正义法则落到实处，是民主管理机制和责任追究机制的使命。

第二，民主管理机制。在乔治城四原则中，比切姆和丘卓斯把自律诠释为：个人自律的最低限度是自治，它既是免于他者控制干涉的自由，又是免于限制的自由。"自律的个人根据自我选择的计划自由行动，类似于一个独立政府管理其疆域和处理其政务一样。"[③]乔治城的自律原则已经模糊

---

① Campagna N. Which humanism? Whoes law? About a debate in contemporary French legal and political philosophy. Ethical Theory and Moral Practice，2001，（4）：285-304.

② 关于祛弱权的论证和内涵，请参见：任丑. 祛弱权：生命伦理学的人权基础. 世界哲学，2009，（6）：72-83.

③ Beauchamp T L，Childress J F. Principles of Biomedical Ethics. New York：Oxford University Press，2001：58.

地意识到了个体自律和独立政府管理方式之间的联系。其实，生命伦理的个体自律和社会政府尤其是医院的民主管理密不可分。

医院民主管理的首要一环是，建立一套民主科学的预防机制，通过严格的医学理论和医学临床实践的考核，把不具备自律素质的医务人员排除在临床实践之外。否则，一旦不合格的人员（即在医疗技术、医德水平等方面达不到自律素质要求的医务人员）具有了合法行医的资格，医务人员的自律将丧失殆尽。其二，设立医学自律委员会作为权威的监督指导机制，对当下临床实践中的病人自律、医生自律予以指导监督。其三，建立一套民主科学的后果评价机制，重点建立一套出院病人（及其亲属）通过合法程序和伦理机制对医生做出自律性评价的运行机制，以此作为考核医生自律的重要凭据。一般而言，当病人出院后，其自律能力恢复正常，医患双方的不对等关系不复存在，病人不再畏惧医生的权威。在此前提下，出院病人的自律评价具有重要的价值：一方面，能够把病人的自律和知情同意贯彻到底，实现病人和医生的对等关系的自律评价。另一方面，能够真正促进医生致力于治病救人的神圣事业，有效避免医生仅仅为了推卸责任而假借知情同意之名蒙蔽病人的不良行径。

民主管理机制通过开端、过程、后果三个主要环节，构成把互为工具的"我他"医患关系转化为互为目的的"我你"医患关系的有效可行的伦理程序，既降低了病人知情同意的医疗风险，又提升了医务人员的责任感、自尊心和敬业精神，也为责任追究提供了凭借和依据。

第三，责任追究机制。在欧洲四原则的自律原则中。鲁德道弗等把自律归纳为五种基本含义：①创造理念和生活目的的能力；②道德洞察、自我立法和保护隐私的能力；③理性决定和不被强迫行为的能力；④政治参与和承担个体责任的能力；⑤医学经历中的知情同意能力[①]。鲁德道弗等把"政治参与和承担个体责任的能力"作为生命伦理学自律的一个基本含义——虽然没有对此给予深入详尽的阐释论证，毕竟已经涉及责任问题。一个寻求以祛弱权为共同价值并设定民主程序进行商谈沟通和监督的伦理程序，必定是一个勇于承担责任的道德程序。医生和病人不仅仅是医疗机构和某些行政机关谋求福利和政绩的工具，更重要的是，病人或医生也是医疗机构和某些行政机关的目的。绝不允许也不应当把病人或医生仅仅当做手段而不当做目的。为此，医疗行政机构和医院等伦理实体必须建立明

---

① Rendtorff J D. The limitations and accomplishments of autonomy as a basic principle in bioethics and biolaw//Weisstub D N. Atonomy and Human Rights in Health Care. The Netherlands：Springer，2008：78.

确有效的责任追究制，既要保护病人的合法权益，也要保护医生的合法权益。医生只能承担医疗职责范围内的法律和道义责任，而不得承担完全责任，如病人的家庭责任或社会性责任等。否则，医生必不敢承担责任而借知情同意的托辞，竭尽全力地把所有责任推给病人，最终受害的还是病人。所以，责任追究的基本自律程序是：首先追究危害病人或医生的有关医院、行政单位、社会团体或其他当事者的责任，其次追究医生危害病人、未尽或放弃医疗义务的责任，最后追究病人因不配合医学治疗等自身原因带来的医疗后果的责任。

综上所述，个体自律和程序自律共同构成了生命伦理视阈的自律原则。总体上看，当下欧美生命伦理的知情同意原则仅仅局限在狭小的病人自律范围内，对医生个体自律和程序自律几乎不予关照，这是其陷入伦理困境的重要原因。奠定在坚韧性基础上的（病人、医生）个体自律和奠定在脆弱性基础上的程序自律，把道德个体的自我管理和伦理实体的自我管理融为一体，把个体实践理性和公共伦理程序有机结合，铸就了生命伦理视阈的自律原则。此自律原则蕴含着生命伦理领域的民主商谈对话的平等精神，彰显了生命伦理的人文特质，为知情同意的自律原则摆脱困境开启了一条切实可行的伦理路径。可见，生命伦理学应当以祛弱权为价值基准，以个体自律和程序自律融为一体的自律原则为基本伦理共识。

由于应用伦理学所直面的各种价值冲突从根本上说均体现为人权之间的冲突，因而对人权理论的深入探究，已经成为应用伦理学本身逾越其发展瓶颈的一个重要突破口。这一点在当今的国际学术界业已形成共识。然而，就具体的各个应用伦理学领域而言，各自应当以何种人权作为其价值基准尚远未达成共识——恩格尔哈特所谓生命伦理学视阈的"共识的崩溃"正是这种现象的典型体现之一。

生命伦理学探讨的话题是以研究人的脆弱性、坚韧性为基点，确定"集脆弱性与坚韧性于一体"的人的地位和权利，最终辨明处于这一地位的人如何被置于治病救人、造福众生这一崇高的医疗事业的目标之下。这就决定了生命伦理学所直面的各种价值冲突，如堕胎、安乐死、治疗性克隆、人兽嵌合体等引发的人权冲突问题，应当具体体现为（人权范畴的）祛弱权之间的冲突。因而，深入探究祛弱权，确立祛弱权在生命伦理学中的基础地位，从祛弱权的全新视角反思、审视、研究生命伦理学视域中的人权冲突问题，将为生命伦理学的研究提供一种新的尝试、新的方法，为相关问题，如人兽嵌合体、克隆人、医患冲突、医疗改革等方面的立法提供新的哲学论证和法理依据。

第十章
后应用伦理探究

2010 年 5 月 20 日，美国《科学》杂志报道了以文特尔（J.Craig Venter）为首的科研小组在合成生物学领域取得的重大成就，即创造出由人造基因控制的细胞——"辛西娅"（Synthia）[1]。人造细胞的成功标志着人造生命技术从基因组到细胞的突破性进展，预示着人造生命由可能性转向现实性。人造生命带来了前所未有的后哲学问题，同时向实践理性领域的当下伦理学发起了强劲的挑战，预制了后伦理学发端的可能路径。

第一节　后哲学问题

生命的奥秘是个古老常新的科学和哲学问题，它曾经并正在激起诸多有识之士的强烈好奇心，其中最为激动人心的目标便是人造生命。首例人造细胞"'辛西娅'的创造在生命技术领域是一个里程碑"[2]，它不仅标志着人造生命技术上的突破，更深刻的意义则在于其创造性引发了自然生命与人造生命生命观念的剧烈冲突，带来了史无前例的重大哲学危机——可以把它暂时称为"后哲学问题"。

---

① Gibson D, Glass J, Lartigue C, et al. Creation of a bacterial cell controlled by a chemically synthesized genome. Science，2010，（10）：1-5.

② Anand S， Malhotra J， Dua A. A new life in a bacterium through synthetic genome：a successful venture by craig venter. Indian Journal of Microbiology，2010，（50）：125-131，130.

　　面对人造生命这样震动全球的科学大事，当今诸多科学家、生物学家迫切渴望寻求一个科学的生命定义。为此，他们根本否定古典生命目的论，认为"生命存在的有目的行为是一种幻象，是机械论背后的表象"[①]。这些秉持科学生命观的科学家、生物学家们大多认同贝斯尼（H.Bersini）和莱西（J.Reisse）的观点：生命定义是三大领域，即天体生物学、人造生命和生命起源的需求[②]。在此共识的前提下，科学生命的具体定义极其繁多：枚敦（R.L.Mayden）罗列了 80 种（1997 年），赫密尼尔（P.Lherminier）等枚举了 92 种（2000 年），派伊（G.Palyi）等展示了 40 种（2002 年），珀帕（R.Popa）等收集了 90 种（2004 年）[③]。概而言之，这些定义可大致归为两类：一类是理论生物学视阈的定义，它把生命规定为个体的自我维持和一系列同类实体的无限进化过程；另一类是心理（心灵的超自然的精神）或环境视阈的定义，它否定生命的进化和提升，把生命归结为心灵或环境的产物。二者的共同点是都把生命看做自然性事实存在。倘若如此，人造生命并非自然产物，所以不是生命。同理，如果用人造生命作为衡量生命的标本，自然生命（natural life）并非人造产物，亦非生命。结果，传统意义的自然生命好像死了，人造生命似乎也死了。继（黑格尔、尼采等所谓的）"上帝死了"、（福柯等所谓的）"人死了"之后，人们不得不惊呼："生命死了？"

　　如果说上帝死了意味着终极价值的崩溃，哲学人类学意义上的人（实即人文科学意义上的人）死了则意味着统治奴役个体的权威（主要是政治权力）的消亡。个体藉此摆脱了上帝和人的羁绊，只能相信自我，不过，个体毕竟还有自然科学的权威以及生命的依托。生命死了，意味着自然科学权威的消亡、意味着自然科学意义上的生命（包括人和其他生命）死了。如此一来，哲学的领地中只余下孤零零、凄惨惨的巨大的虚无，它既无终极价值可诉，又无权力和权威可求，甚至连基本的生命理念也无可凭依，似乎只能万般无奈地陷入孤苦无依的孤寂与恐惧的无底深渊之中。不难看出，"上帝死了""人死了"只不过是"生命死了"的哲学序曲，"生命死了"所拉开的哲学大幕深刻尖锐地凸显出前所未有的哲学危机即后哲学问题："生命死了"是否会成为哲学的真正杀手？或者说，生命死了是否意味着

[①] Weber A，Varela F J. Life after Kant：natural purposes and the autopoietic foundations of biological individuality. Phenomenology and the Cognitive Sciences，2002，（1）：97-125.

[②] Gayon J. Defining life：synthesis and conclusions. Origins of Life and Evolution of Biospheres，2010，（2）：231-244，238.

[③] Gayon J. Defining life：synthesis and conclusions. Origins of Life and Evolution of Biospheres，2010，（2）：231-244，240.

哲学死了？

直面这个哲学危机的逻辑前提和基本途径在于：深刻反思当代科学生命论所直接反对的古典生命目的论，重新理解当代科学生命论，准确把握"生命死了"的哲学内涵及其潜藏的摆脱危机的全新的哲学契机。

一、古典生命目的论

古典生命目的论有着悠久的哲学和伦理思想根基，其中最为著名、最能体现其内在逻辑的三种哲学传统是：亚里士多德式的万物有灵论或泛灵论（life as animism）、笛卡尔式的机械论（life as mechanism）、康德式的有机体论（life as organization）。泛灵论是一种古老的追求生命普遍形式的观念，它以灵魂作为解释生命的普遍形式或基本原则。机械论否定泛灵论的形式原则的生命观念，从实证经验的角度即质料的角度考察生命的本质。有机体论则试图在批判泛灵论和机械论的基础上，把自由意志作为生命的终极目的（the ultimate end in life）。

（一）亚里士多德的泛灵论

亚里士多德是泛灵论的经典作家。对于亚里士多德而言，自然是有生命的自然。生命根源于灵魂，或者说灵魂是生命存在的目的和原则，它体现为形式原则和个体性原则。

其一，灵魂是生命的形式原则。在亚里士多德的四因说中，灵魂属于形式因、动力因、目的因范畴，而非质料因范畴。灵魂不但是有生命身体的形式或形式因，而且还是身体变化和发动的根源（动力因），更是赋予身体目的论指向的终极原因（目的因）。由于亚里士多德把动力因、目的因也归为形式因，所以可以简单地说，灵魂就是生命的形式原则。在亚里士多德看来，"人和动物是实体，灵魂则是逻各斯和形式"[①]。生命是形式和质料的综合体，灵魂是生命的形式和现实性，身体是生命的质料和潜在性。灵魂寓于身体之中，赋予身体以生命的形式，是身体的法则。灵魂和身体密不可分，"灵魂作为身体的形式和现实性，不能离开身体"[②]。因为灵魂存在的必要条件是意识到适当质料构成的存在自身。灵魂和身体是一种目的论关系：灵魂的功能是质料和形式的共同产品，而不是抽象物。不同的生命个体拥有不同的灵魂和身体，对于生命个体而言，灵

① Polansky R. Aristotle's De Anima. Cambridge：Cambridge University Press，2007：185.
② Polansky R. Aristotle's De Anima. Cambridge：Cambridge University Press，2007：185.

魂是其个体性原则。

其二，灵魂是生命的个体性原则。有生命的个体存在的灵魂可以划分等级，植物具有营养的灵魂，包括生长、营养和再生的能力。动物具有感知能力和运动能力、欲求能力，即感知灵魂。人类则具有理性和思想能力，可以称之为理性灵魂[①]。各种等级的灵魂是作为工具的自然身体的第一行为现实性（the first actuality）。亚里士多德通过比较无生命的工具和身体器官阐明其灵魂的个体性原则。如果斧头是活的身体，其砍伐能力就是灵魂；如果眼睛是一个整体动物，看的能力就是其灵魂。灵魂的现实性有两种情况：第一种是潜在的行为现实性，如斧头并没有砍伐东西，但却具有这种行为能力；第二种是实际的行为现实性，如斧头实际砍伐了东西。相对于身体而言，灵魂意味着身体的能力，如同视力对于眼睛[②]。就是说，灵魂是潜能及其现实相统一的能力。这是目的论的灵魂，因为灵魂是为了不同的生命功能发挥作用而存在的基本能力，灵魂的每一方面体现灵魂作用的特别功能。例如，感知的灵魂的功能是感知功能，并具有其感知客体。灵魂的个体性原则意味着灵魂的差异原则，这与灵魂的形式原则强调灵魂的共相不同。

泛灵论的实质在于，试图寻求生命的共相或形式——灵魂。不过，虚无缥缈的灵魂过于抽象，不能从经验的角度予以确证。从某种意义上讲，灵魂的个体性原则正是为了弥补这种不足，试图使灵魂具体化的一种努力。亚里士多德始料不及的是，体现差异的个体性原则不可能根源于形式，这就意味着它可能根源于质料。换言之，灵魂的个体性原则早已潜藏了以质料为圭臬的机械论的种子。如果说机械论是泛灵论个体性原则的深化，泛灵论则是机械论发端的可能契机。从这个意义上讲，机械论其实是亚里士多德个体性原则的进一步深化。

（二）笛卡尔的机械论

笛卡尔是主张机械论生命观的经典哲学家。17 世纪以来，笛卡尔、培根、霍布斯、拉美特利等机械论者否定了亚里士多德式的形式原则的生命观念，试图从实证经验的角度即亚里士多德所说的质料的角度考察生命的本质。在笛卡尔等机械论者看来，排除形式后，余下的便是质料或外延本

---

① Leunissen M. Explanation and Teleology in Aristotle's Science of Nature. Cambridge：Cambridge University Press，2010：49-51.

② Kenny A. A New History of Western Philosophy. Vol I. Oxford：Oxford University Press，2004：242-243.

身。外延是几何学的客体，是纯粹的机械的构成。因此，质料原则是机械论生命观的基本理念。

在亚里士多德那里，具有因果关系的机械世界是从最为重要的目的因抽象而来的。笛卡尔认为知识是实践的、有用的，亚里士多德的终极目的因仅仅告诉我们显而易见的机械论的原因根据，即使终极目的因是真的，它对提升我们控制自然的能力和现实的实际行为依然毫无用处。笛卡尔用机械论诠释包括人的身体在内的所有生命存在，阐明有机体的运行机制。这反过来对我们掌握有机体行为有用，或者甚至可能"构建类似的有机体"[①]。人造生命正是把这一观念变为了现实。

具体而言，机械论的生命概念认为，所有生命功能只能是机械主义的，活的身体本身就是一架比人工制造物更为精密复杂的机器，它不需要灵魂之类的抽象理论原则解释其功能。和亚里士多德的灵魂和身体不可分离的观点相反，笛卡尔主张灵魂和肉体是相互独立的，即灵魂可以没有肉体而独立存在，反之亦然。笛卡尔论证说，我可以假装没有身体，但不可以假装我完全不存在。相反，我思考对其他真理的怀疑，就确证着我自身的存在。如果我停止思考，我就没理由相信自己存在。因此，我是一个本质上寓居于思想中的实体，为了存在，不需要任何地方，不依赖任何质料性的东西（material thing）。"因此这个'我'（'I'），也就是我所是的灵魂，和身体全然相异，却比身体更易于知晓；即使身体不复存在，灵魂亦将不会受丝毫影响。"这就是著名的"我思故我在（I am thinking therefore I exist）"的哲学命题[②]。此论意味着灵魂和肉体的关系并非密不可分，此灵魂依然是形式——这和亚里士多德是一致的。

值得注意的是，通常认为机械论不是目的论。实际上，笛卡尔的机械论依然是目的论者。他并没有否定动物认知中的认知目标（cognitive goal），也没有否定动物胎儿发展为特别物种的目标：骆驼胎儿发展为骆驼，马的胎儿发展为马等。不过，胎儿发展成特定的物种的根据并非其自身的内在因素——既非（马、骆驼等的）胎儿的身体质料不同，亦非（马、骆驼等的）胎儿的灵魂或精神不同，而是外在因素。这个外在因素是什么呢？笛卡尔秉持奥古斯丁的观点，认为它就是上帝，上帝是唯一的终极因（final cause）。在笛卡尔看来，我并非完美的存在，但必定有我和所有其他存在

① Gilson E. From Aristotle to Darwin and Back Again：A Journey in Final Causality，Species，and Evolution. Translated by Lyon J. Notre Dame：University of Notre Dame Press，1984：17.

② Descartes R. A Discourse on the Method of Correctly Conducting One's Reason and Seeking Truth in the Sciences. Translated by Maclean I. Oxford：Oxford University Press，2006：29.

所依赖的完美的存在，那就是上帝。上帝创造了理性的灵魂，并把理性的灵魂和人这个机器结合起来[①]。完美的上帝这个终极目的因是自然界的所有规律和理性灵魂的根源，也是机械论的最终归宿。至此，笛卡尔似乎又回到了亚里士多德的目的因即灵魂的形式原则。我们知道，亚里士多德把目的因、动力因归结为形式因，就是说，目的因其实是形式因的一种。是故，笛卡尔由质料因走向了形式因（上帝）——他在认同亚里士多德的灵魂形式的同时，用上帝取代灵魂作为机械论的目的因。表面看来，机械论的生命概念秉持外延质料原则，开显出和泛灵论的形式原则迥然相异的路径。其实，它正是从亚里士多德的个体性原则生发而来的，最终回归形式也是其内在逻辑的必然。换言之，机械论和泛灵论的理论视阈是一致的，二者共同承担着探究生命本质的历史使命，只是致思的重点不同。

如前所述，亚里士多德由灵魂形式原则走向个体性原则（质料原则的变形）；笛卡尔的机械论从质料出发，最终走向质料的终极目的，回到了亚里士多德的形式原则。显然，笛卡尔的上帝只不过是亚里士多德的灵魂（形式）的别名而已。在质料和形式之间，机械论和泛灵论各执一端，却又不自觉地相互贯通。和亚里士多德不同的是，笛卡尔所说的上帝是外因（可称之为"外在目的论"），亚里士多德所说的灵魂则是内在原因（可称之为"内在目的论"）。在机械论这里，质料（身体）和形式（灵魂）的矛盾不但没有解决，反而带来了新的问题：质料和形式的对立、身体和灵魂的完全分离、外在目的（上帝）和内在目的（灵魂）的尖锐对立。如何解决形式原则和质料原则的冲突以及上帝、灵魂和身体之间的关系，是有机体论的哲学使命。

（三）康德的有机体论

康德是有机体论的经典作家。他在批判泛灵论和机械论的基础上，综合质料和形式，改造灵魂与上帝，建构了影响深远的有机体论的生命学说。

1. 批判泛灵论和机械论

康德肯定笛卡尔式的质料原则的重要意义，批判亚里士多德式的泛灵论是一种纯粹形式的、和质料的客观目的完全不同的分析的目的论（analytic of teleological judgment）[②]。同时，康德又肯定了亚里士多德式

[①] Descares R. The World and Other Writings. Translated and edited by Gaukroger S. Cambridge：Cambridge University Press，2004：119.

[②] Kant I. Critique of Judgment. Translated by Meredith J C. Oxford：Oxford University Press，2007：190-212.

的形式原则和内在目的论的价值，认为笛卡尔式的机械论把外在的客观目的作为物理客体的可能性法则，是一种后果的质料决定论的判断，这种"决定论的判断不拥有任何自身法则能够为客体概念奠定基础"①。它仅仅追求经验的完全听命于偶然性的质料原则。例如，如果仅仅从自然后果来看鸟的身体结构：中空的骨骼结构、翅膀尾巴的位置等，都是极其偶然的，不能称之为原因，即不能看做目的。康德说："这就意味着，仅仅用机械论来审视自然，自然可以呈现出成千上万的各种不同方式，却不能精准地把自己呈现为奠定在法则基础上的一个统一体，就是说，它只是外在的自然概念，而非内在的自然概念。"②康德汲取了亚里士多德的目的因思想，主张在诠释一种看做自然目的的事物时，机械论法则必须听命于目的论法则③。

在康德看来，泛灵论和机械论的身体学说和灵魂学说总体而言都是经验的，这是二者在质料与形式以及灵魂上帝与身体诸方面相互冲突的根源所在④。康德的有机体论正是围绕解决这两大问题具体展开的。

2. 综合质料和形式

笛卡尔把机械性作为人的机器学说（man machine）和动物机器学说（animal machine）的共同基础。机械性表明，机器的每一部分都是其他部分的工具（或质料），而非其根据（或目的、形式）。康德并不否定笛卡尔关于器官工具性机械性的作用，但是主张机械论法则应当听命于内在目的论法则。亚里士多德的内在目的论主张生命自身的运动结果符合一种目的——作为形式原则的灵魂。他认为生命"既是通过自我营养而生长，也是通过自我营养而衰老"⑤。一观念具备了生命是有机体思想的雏形，也表明纯形式的幻灵论其实是奠定在质料（身体的自我营养）基础上的。

康德综合质料和形式，把生命存在等同于有机体，强调组织化的生命概念，提出了器官互为目的互为工具的有机体论。他认为自然目的性（natural purposiveness）是有组织的存在（organized being），即生命的存在，因为它能够自我组织、自我维持、自我修复、自我生成。自然产物的每一部分，都通过所有其他部分而存在，都为了其他部分和整体而存在，

---

① Kant I. Critique of Judgment. Translated by Meredith J C. Oxford：Oxford University Press, 2007：213.

② Kant I. Critique of Judgment. Translated by Meredith J C. Oxford：Oxford University Press, 2007：188.

③ Kant I. Critique of Judgment. Translated by Meredith J C. Oxford：Oxford University Press, 2007：246.

④ Kant I. Critique of Pure Reason. Translated by Guyer P, Wood A W. Cambridge：Cambridge University Press, 1998：432.

⑤ Polansky R. Aristotle's De Anima. Cambridge：Cambridge University Press, 2007：171.

即作为工具（器官）而存在。一个器官引发所有其他部分，每一部分之间相互引发。因此，有组织的存在就是任何部分都既是其他部分的工具（或质料），又是其产生的原因根据（或目的、形式）①。正因如此，这样的一个产物作为有组织的和自我组织的存在能够成为自然的目的。有机体既是机械论的形式目的，又是泛灵论内在目的论在机械论质料支撑下的深化和具体化，因而成为机械论（质料）和泛灵论（形式）的先天综合判断得以可能的根据。

现在，康德要解决的问题是，作为形式的内在目的（灵魂）和外在目的（上帝）的具体关系，以及二者（形式）和身体（质料）的具体关系。

3. 改造灵魂与上帝

康德认为，机械论和泛灵论的矛盾总根源在于，试图在现象界寻求身体的根据（灵魂、上帝），试图在物自体领域寻求灵魂、上帝的寓所（身体），即把三者混同于一个领域。为此，康德严格区分了现象界和物自体领域：有机体（主要是身体）属于现象界，灵魂和上帝（以及自由意志）属于和现象界全然不同的物自体领域，灵魂、上帝与身体具有严格的界限，各自独立，不可相互混淆——这是康德对笛卡尔的身体、灵魂在经验领域内相互独立的观点的批判改造。

同时，康德又批判改造了亚里士多德经验领域内灵魂身体一体观的思想。在康德这里，灵魂不朽、上帝存有和自由意志是物自体领域的三大悬设，前两者的终极目的都归于自由意志。上帝和灵魂是道德得以可能的保障，道德则是上帝和灵魂的目的。道德目的的主体是遵循自由规律的人。人是有理性的有机体（有限的理性存在者）：其形式是道德规律，其质料则是遵循自然规律的生物有机体（身体），其自然目的和自由目的通过目的论判断力来审视，似乎应当以自由目的为终极目的②。就是说，康德用自由意志，即纯粹实践理性取代了灵魂和上帝的至高地位：自由意志通过对不纯粹实践理性（即任性）的批判影响控制身体及其行为而有限地实践自由规律（即道德规律），试图牵强笨拙地把身体和自由意志联系起来③。这和他的物自体与现象截然对立的理论前提是矛盾的，只能是一种"似乎""好

---

① Kant I. Critique of Judgment. Translated by Meredith J C. Oxford：Oxford University Press，2007：200-212.

② Kant I. Critique of Practical Reason. Translated by Pluhar W S. Indianapolis：Hackett Publishing Company，Inc.，2002：155-184.

③ Kant I. Critique of Pure Reason. Translated by Guyer P, Wood A W. Cambridge：Cambridge University Press，1998：415-432.

像"的联结，并无真正的说服力，极易受到质疑否定。

值得肯定的是，康德把经验领域笛卡尔的上帝和亚里士多德的灵魂划归物自体领域，并用自由意志取代了幻灵论的灵魂（内在目的）和机械论的上帝（外在目的）而成为内在道德目的论的终极因，藉此把人和自由意志从灵魂和上帝那里解放出来，凸显了人（有理性的有机体）的主体地位，使自由意志成为生命的终极目的，为理解把握生命的价值目的奠定了理论基础。问题是，灵魂、上帝、自由意志和身体之间以及道德目的和身体欲望之间不可逾越的界限和经验直觉相反，不能也不可能得到强有力的现实根据和经验科学的印证。这是机械论和泛灵论的矛盾在有机体论中的集中体现，也是整个古典生命目的论无法消解的致命缺陷。亚里士多德、笛卡尔、康德的生命目的论正是因其缺乏经验的实证根据，为当今的科学生命观对古典生命目的论的质疑乃至否定提供了借口。虽然当今科学生命论对古典目的论的全然否定过于武断（如前所论），却并非毫无根据。尽管如此，古典生命目的论和科学生命论依然为思考生命，尤其是思考人造生命这种具有明显目的性的生命提供了致思方向。

二、生命的浴火重生

如果说生命目的论所探求的灵魂、上帝、自由意志等生命目的缺少强有力的实证证据，科学生命观则囿于自然科学的经验实证藩篱，完全抛弃或有意无意地忽视了生命的目的和价值。人造生命否定并超越了科学生命观和古典生命目的论的生命观念，为生命的浴火重生和哲学危机的反思提供了契机。

（一）人造生命对生命目的论的超越

事实上，康德作为古典目的论集大成者，其有机体观念突破了机械论的藩篱，并深刻地影响了19世纪和部分20世纪的生物学家。一批现代生物学家秉承康德生命概念的精义，把活的存在（living being）和有机体等同起来[1]。柏林洪堡大学的韦博（Andreas Weber）和弗瑞拉（Francisco J. Varela）等认为，康德在《判断力批判》中把自组织（self-organization）这一术语引入了生物学理论。此观点在新康德主义尤其在盎格鲁-萨克逊传统中是一种强劲的还原主义（reductionism，生命目的论的另一称号），它

[1] Gayon J. Defining life: synthesis and conclusions. Origins of Life and Evolution of Biospheres, 2010, (40): 231-244.

允许讨论有机体似乎拥有目的,同时又以严格的机械论实际地看待有机体。这种解读在今天产生了巨大影响,乃至把康德推向还原目的论生物学家之父的宝座①。这种思想直接预制了合成生物学家们的科研致思方向。

在合成生物科学领域,文特尔以及一批正在成长的年轻学者如汤姆(Tom Knight)、德鲁(Drew Endy)、杰伊(Jay Keasling)和乔治(George Church)等把古典生命目的论建立在科学实验的基础上,致力于研究白手起家地设计和建构人造生物系统,试图以人造生命的科研成就为科学目的论提供强有力的证据。文特尔解释其研究目的时说:"我们正在从阅读基因密码转向到写作基因密码"②。首例人造生命"辛西娅"的成功,标志着写作基因密码的初步实现。它以无可辩驳的实证性科学成就把生命目的论的抽象理念转化为活生生的具体生命存在,弥补了古典生命论形而上的玄想的缺憾。文特尔及其研究所创造的合成生命主要由两部分构成:一部分是合成的自然存在的生命图谱染色体,这一基因组被植入活体细胞;另一部分则依赖活体生物的原动力。这种细胞不仅为植入的基因组提供了细胞膜的保护,还提供了细胞质的支持(包括许多细胞器,如线粒体、网状体、高尔基复合体等的支持)。文特尔称它是第一个以计算机为父母的生命。就是说,生命在还原一个基础性的单元的过程中,人类能够以一种添加的方式建造成复杂有机体。据此观点,一块精良的生命之砖(a well-defined 'brick of life')就足以从简单的活体实体建造成为更加复杂精密的有机体,或者至少开始了一个类似于进化的过程,它最终进入由自然生命和人造生命共同构成的生命世界。文特尔说:"第一个综合基因(染色)体组,即一个自然器官的剥离版,仅仅是个开端。我现在想更上一层楼。……我计划向世人展示,我们通过创造出真正的人造生命,去读懂生命软件(the software of life)。以这种方式,我想发现破译密码后的生命是否是一种可以读懂的生命。"③无论文特尔的这种未来构想能否实现,人造生命的过程已经用实证的科学成就确证了生命目的,使生命目的论在人造生命领域内获得了实证科学的支撑,超越并推进了古典生命目的论,这也意味着对(否定生命目的论的)科学生命观的超越。

① Weber A, Varela F J. Life after Kant: natural purposes and the autopoietic foundations of biological individuality. Phenomenology and the Cognitive Sciences, 2002, (1): 97-125.

② van den Belt H. Playing god in Frankenstein's footsteps: synthetic biology and the meaning of life. Nanoethics, 2009, (3): 257-268.

③ Anand S, Malhotra J, Dua A. A new life in a bacterium through synthetic genome: a successful venture by craig venter. Indian Journal of Microbiology, 2010, (50): 125-131.

（二）人造生命对科学生命观的超越

科学生命论立足科学实证的基本思路，也是人造生命必不可缺的基本思路。问题是，科学生命论围于自然生命的事实性描述，遮蔽了生命目的论的深刻思考，致使人造生命这种具有明显目的性的生命形式在它这里完全丧失了立足之地。

其实，科学生命论追问生命的内涵，意味着理解把握乃至创造生命，其本身就是目的明确的思想和行为。科学生命观的思考和行为本身就是有其目的的——即自然科学是终极目的和最高价值。不过，相对于生命而言，自然科学只不过是为生命（主要是人）服务的工具理性（它具有工具价值），其终极目的是生命（主要是人）。在所有生命中，人是一种真正意义上的目的性存在，用克瑞斯（Roger Crisp）的话说："我们是寻求目的的存在者（goal-seeking beings）。"①自我意识与认知能力是生命自我认知的基本条件。生命探究是人类精神装备的自由部分，人类更多地在于通过学习各种技术设置和科学知识使认识生命的能力极为精密和不断拓展。是故，与其说生命是自然科学的目的，不如说人是自然科学的目的。这正是生命目的论的立足点，也是人造生命的思想价值基础。

人造生命（与合成生物学）的观念植根于西方哲学和科学传统之中。生命目的论表明，理性只能洞悉自己根据自己的谋划而产生出的东西。这一思想深刻地影响着西方科学，用维科（Giambattisto Vico）的话说，真的和做的（the true and the made）是可以转变的②。此观念表明，在知道和制作（knowing and making）之间，在理解客体和创造或再组合客体之间具有极其密切的联系。用著名物理学家费亦曼（Richard Feynman）的话说："我不能理解我不能创造的东西"③。费亦曼的名言用信息术语可以转变为纽曼（Von Neumann）的座右铭："如果你不能计算它，你就不能理解他。"④这些规则在 19 世纪的有机合成化学得到印证说明。合成化学是当今合成生物学的历史先驱，合成生物学采用合成化学的方法路径，并运用现代信息技术资源追求这种路径。合成生物学家的工作如同软件设计者一样，新的

① Crisp R. Hedonism reconsidered. Philosophy and Phenomenological Research, 2006,（3）: 638.
② van den Belt H. Playing god in Frankenstein's footsteps: synthetic biology and the meaning of life. Nanoethics, 2009,（3）: 257-268.
③ van den Belt H. Playing god in Frankenstein's footsteps: synthetic biology and the meaning of life. Nanoethics, 2009,（3）: 257-268.
④ van den Belt H. Playing god in Frankenstein's footsteps: synthetic biology and the meaning of life. Nanoethics, 2009,（3）: 257-268.

生命形式可以通过写出以四个 DNA 核苷酸组成的一组编码（the codename）的程序设计出来。合成生物学家致力于依靠路径生产出适合人的目的生命机器或完全人造的有机体。合成生物学的目标远远超出了传统的生物技术，其目的在于创造或设计出新的生命形式，继之完成一种人的"建筑"（a human "architecture"）或方案，创造出根基上是全新的事物。人造生命的设计和创造成就把生命目的变为可以在实验室实验操作的科学程序和生命过程（这正是科学生命观的理念），把科学生命观固有但却被遮蔽的目的实证性地展示出来，以科学的事实彻底否定和超越了科学生命观的狭隘视阈。

值得注意的是，古典生命目的论和科学生命论所讨论的生命是自然生命，因此二者同属自然生命论。人造生命的出世冲破了自然生命论的藩篱——这既意味着古典生命目的论的终结，也造就了当代科学生命论的末路——即自然生命观范畴的"生命死了"。"生命死了"不仅仅是自然生命论的涅槃而亡，其更深刻的含义是新生命观的浴火重生。就是说，新生命观是在人造生命超越科学生命观和古典生命目的论的基础上，含纳人造生命和自然生命于一体的生命理念。

（三）何种生命观

生命是一个复杂的进化过程的自然产物。自然经过无生命到自然生命、从无意识的自然生命到有意识乃至有理性的自然生命（人）的演化进程，为人造生命奠定了基础。或者说，自然具有创造出人造生命的潜质。

其实，生命目的论和科学生命论都是人类试图知道生命的探究典范和论证方式。二者既是人类创造性的理论体现，也是自然生命通向人造生命的桥梁，即自然生命创造出人造生命潜质的理论体现。作为人类，"我们活在一种双重存在之中：我们部分地以身体为中心（如同其他动物一样），但是由于我们具有反思自我以及世界、交往、艺术品等的能力，我们又诡异地居于我们之外，我们本身是一种不可逃逸的创造者，我们一直处在创造的途中"[1]。人是知道生命的生命，是体现着自然的创造性本质的生命。人的创造性一旦用于创造生命，并创造出生命——人造生命，也就肇始了自然生命和人造生命并存的全新境遇。

人造生命不仅是人的有意识创造的本质体现，而且是自然的创造性本质的彰显。或者说，自然通过自然生命中的人把其创造人造生命的潜质变

---

① Anderson M，Anderson S L. Machine Ethics. Cambridge：Cambridge University Press，2011：133.

为现实。创造性不但是自然生命和人造生命的本质，而且是自然的内在本质。美国麻省理工学院彻尔契（George Church）教授说："我们似乎被自然'设计'成为好的（善的）设计者，但是我们并非在做那种设计（以及微进化）不允许我们可做之事……"，包括生物工程在内的各种工程的创造性"正是其自然（本质）"[①]。人既是自然生命，又是具有创造性的生命，同时又是能够且已经创造了人造生命的生命。是故，贝尔特（Henk van den Belt）说："人的创造，包括合成生命形式，将会被看做自然的、可以接受的"[②]。创造是生命活力、生命本质的内核，是生命存在的根据和自然的本质。就是说，自然的本质是创造，创造是本真的自然。就此而论，新生命观是自然通过人这个具有创造性的自然生命创造出人造生命，藉此确证自己的创造性本质的生命理念。新生命理念的实质是：人创造，故人存在；生命创造，故生命存在；自然创造，故自然存在。因此，创造，故存在或存在即创造。存在不是依赖外在权威（上帝、权力或自然生命）而存在，而是生命自身的创造或自然的本真所在。这就深刻地触及了哲学的本体内核——存在问题。

既然人造生命本身蕴含在自然生命之中，自然生命通过人把其潜质变为现实（标志性事件是人造细胞辛西亚的诞生），这也就意味着：①此前没有完成此创造性使命（人造生命）的上帝、人和生命的终结或退场。（上帝、人、生命不创造，故不存在。上帝权威的丧失、人文科学的人的权力权威的丧失、旧生命观的失效的本质在于，创造性的枯竭，即哲学根基的枯竭）——这就是上帝死了、人死了、生命死了的真正含义，它同时也预示着新生命观的出场（生命创造，故生命存在）和新哲学基础"存在即创造"。就此而论，所谓"上帝死了"、"人死了"乃至"生命死了"等，只是从自然人的视阈做出的论断，并没有也不可能从人造生命的全新视阈诠释出其真意。②人造生命作为一种不同于自然生命的人工生命，意味着自然生命观被赋予了新的元素（人造生命）而获得了新的意义：它既把生命目的论的哲学玄想变成了实在的经验的可以重复操作的实验室作品，为传统生命目的论注入了实证性要素，又为科学自然生命观注入了目的论要素。③浴火重生后的生命是含纳人造生命和自然生命于一体的生命理念，是人造生命和自然生命共同构成的生命系统。自此，生命不再仅仅是孤零零的自然

① van den Belt H. Playing god in Frankenstein's footsteps: synthetic biology and the meaning of life. Nanoethics, 2009, (3): 257-268.

② van den Belt H. Playing god in Frankenstein's footsteps: synthetic biology and the meaning of life. Nanoethics, 2009, (3): 257-268.

生命，也不仅仅是人造生命，而是自然生命和人造生命相依并存的生命。形而上的孤立的自然生命和古典生命目的论的死，换来的是自然生命和人造生命并存的新生命观的浴火重生。生命经此磨砺获得新的创造活力而重新活了起来。创造赋予生命以存在，存在因其创造而具有生命。

三、何种后哲学问题

新生命观的出现彰显出这场惊天的哲学危机的实质，后哲学问题或这场哲学危机的实质是创造性的危机。面对前所未遇的人造生命，人类的经验、智慧、伦理、法律、习俗等立刻捉襟见肘，哲学与科学的焦虑、疑问、惶恐乃至抵制等接踵而至。这种反应的深刻内涵集中体现为人造生命带来的深刻的哲学危机：人造生命导致"生命死了"，是否意味着哲学死了？

生命的浴火重生，意味着"生命死了？"问题的否定以及哲学危机后的哲学命运，它是哲学、生命与死生之间内在关系所具有的创造性本质的历史长卷在当今视阈的壮阔展示。其一，它具有自古希腊以来的深厚悠远的哲学根基。如果说"上帝死了""人死了"只是"生命死了"的序幕，"生命死了"则深刻全面地彰显出一以贯之的哲学主题——从苏格拉底之死、柏拉图的哲学是训练死亡的学问到的"上帝之死"（黑格尔、尼采等）、"人之死"（福柯等），从亚里士多德追求的恢弘慷慨气魄的哲学沉思，到康德人为自然立法、人为人自身立法，再到海德格尔的向死而生等——这些深邃浩瀚的哲人玄思，展示的是绵延不绝的关乎死生的智慧历程。这一历程蕴含着哲学深刻的创造性本质：哲学是通过训练死亡而展示其生命活力的无穷智慧，是死而求生、生而思死的对生命价值意义的上下求索。其二，这场哲学危机和哲学本身同样都植根于生命存在的本质之中。表面看来，生命与死似乎是绝对对立的。究其本质，生命实际上包括生和死两大基本要素，死恰好是生命的要素，只要有死的要素，生命就没有死，生命就依然活着，就依然具有创造力，反之亦然。"生命死了"的真正含义是生命并没有死，生命的本质是有死的、向死而生（海德格尔语）的具有创造力的生死相依的存在。其三，生命的本质就是哲学的本质，生命的死生所具有的创造力决定着哲学的生死创造力，哲学的生死深刻地反思生命的死生的价值和意义。回首白骨累累的哲学战场（黑格尔语），每一次旧哲学的死亡都意味着新哲学的重生和再造：这只是因为哲学是扎根生命、直面死生、向死而生之学。是故，从上帝之死、人之死、到生命之死的哲学危机，同时亦是哲学否定自我、化解危机，进而浴"火"（赫拉克利特意义的逻各斯之火）重生的创造性的逻辑环节和历史进程。

可见，直面死生、反思生死只是哲学的现象或外在形态，它体现的是哲学的有目的的创造性本质。"上帝死了""人死了""生命死了"只是旧哲学直面新问题的创造力不足乃至枯竭的描述性表达，其深刻的哲学意义是新哲学的创造性契机。

如果说"上帝死了""人死了""生命死了"是在道说着"哲学不是什么"（哲学不是依赖和凭借他者的权威而存在），新生命观则道说着"哲学是什么"（哲学是自身的创造性存在）。因此，哲学是不依赖外在权威的自身具有创造性的存在，是自然的创造性本质的存在。由此观之，在摧枯拉朽般的哲学进程中，新的意义的生命（综合了自然与人工的生命）是在超越原生命观的基础上或者说是在原生命观之死的历程中脱颖而出的哲学曙光。人造生命所引发的生命死了不是哲学的杀手，而是催生古老哲学智慧重新焕发青春的浩浩东风。这就预示着一个重大的哲学转折：人造生命带来的哲学危机，同时也因新生命观的出世而带来的全新的生死哲学问题，给哲学带来了涅槃重生的绝佳契机。质言之，哲学绝不仅仅是傍晚时刻才缓缓起飞的猫头鹰（黑格尔语），它更是黎明破晓之时奋翼冲天、遨游死生、探求目的、秉持创造精神的雄鹰。

后哲学问题领域的实践问题则是后应用伦理学（post-applied ethics）问题。后应用伦理学的核心问题是反思后哲学视阈中的伦理生命以及后应用伦理学的合法性问题。

第二节　后哲学视阈的伦理生命

自古以来，生命和伦理之间的关系一直是人类孜孜探究的重大问题。这是因为生命和伦理密不可分：伦理是生命对其自身价值的确证，生命是伦理存在的主体根据。既然如此，人们自然会追问：伦理生命何以可能？如果答案是肯定的，那么何为伦理生命？尽管这两个有关伦理生命的基础问题是无法通过生命科学实验加以解决的，但是古典生命目的论对伦理和生命内在关系的深刻思考，业已开启了探究伦理生命（ethical life）的大门，为探究后哲学视阈的伦理生命奠定了理论基础。

一、伦理生命何以可能

苏格拉底早就追问生命为何是善的问题，并试图诠释生命和伦理的内在关系。这一致思方向深刻地影响了古典生命目的论。古典生命目的论的三大典范是亚里士多德式的万物有灵魂、笛卡尔式的机械论、康德式的有机体论，它秉持苏格拉底的思路，致力于诠释"伦理生命何以可能"的问题。在古典生命目的论看来，生命并非盲无目的的存在，而是具有明确价值目的的存在。生命的价值目的可能是恶，也可能是善。所以，生命要么是趋恶的，要么是趋善的。问题在于，生命可否以恶为目的？如果答案是否定的，那么生命可否以善为目的？如果答案是肯定的，伦理生命就具有了可能性。

（一）生命可否以恶为目的

亚里士多德在《论德性与恶习》中，认为恶是源自人类灵魂的非正义、不慷慨（小气吝啬）、思想狭隘等，它往往导致仇恨、不平等、贪婪、低贱、不宽容、痛苦和伤害等不良后果。这和生命的终极目的，即幸福这个最高善是背道而驰的①。在亚里士多德这里，最大幸福是沉思这种理智德性，恶危害幸福且最终悖逆了理智德性，因而不能成为生命的目的。和亚里士多德不同，笛卡尔认为上帝（而非幸福）是生命的终极目的。恶不仅仅源自理性和理智德性的丧失，更在于放弃了生命实践的道德责任。最伟大的心灵放弃了道德责任，就会"造就最大的恶"②。是故，这种偏离正道、悖逆上帝的恶，不能成为生命的价值目的。笛卡尔和亚里士多德的观点非常明确，恶和终极目的（幸福或上帝）——至高的善背道而驰，因而不能成为生命的目的。不过，他们的观点主要致力于分析恶的现象，没有深入探究恶的本质。鉴于此，康德并不分析偶然性的恶的现象或行为体现，而是批判性反思恶的人性根源，致力于把握恶的本质。

康德认为，生命目的并非上帝或幸福，而是人，人之目的是自由或道德法则。人性的根本恶（the radical innate evil in human nature）源自那种选择并决定背离自由的道德法则的恶的自然禀性。它主要包括人性脆弱（the frailty of human nature）、人心不纯（the impurity of human heart）、人心堕落

---

① Barnes J. The Complete Works of Aristotle（the revised oxford translation）. Vol2. New Jersey：Princeton University Press，1984：1982-1985.

② Descartes R. A Discourse on the Method of Correctly Conducting One's Reason and Seeking Truth in the Sciences. Translated by Maclean I. Oxford：Oxford University Press，2006：5.

（the depravity of human heart）三大恶之禀性。人性脆弱就是选择能力在遵循道德法则时的主观的消极软弱性。人心不纯是指合乎义务的行为并不纯粹是出自义务的，即不是为义务而义务，而是掺杂了义务之外的功利、偏好、快乐等要素。人心堕落或腐败是指选择能力具有使道德动机屈从于非道德动机的禀性。在这种境遇中，即使出现了合乎道德法则的善的行为，它仍然是恶，因为它从道德禀性的根基上败坏了道德①。康德特别强调说：“值得注意的是，这些恶的禀性（就其行为而言）是植根于人甚至是最好（善）的人之中的。”②就是说，每一个人和所有人都具有恶之禀性，坏（恶）人、好（善）人乃至最好（善）的人都具有这种恶的禀性。恶之禀性是道德目的的死敌，是对自由法则的戕害，绝不能成为人和生命的目的。

尽管道德恶植根于人性且不可完全根除，某些大恶甚至能够危及人类，但是恶、大恶只能横行一时，并非生命之目的。既然恶不能成为生命的目的，那么生命可否以善为目的？

（二）生命可否以善为目的

古典生命目的论的观点非常明确：恶是善的死敌，善是生命的目的。为了阐明此论，亚里士多德明确区分了人和动物的界限，主张善（主要是指德性和幸福）乃人独有的目的，即善是知识、行为追求的目的。德性是个体行为和社会的目的，幸福是生命的终极目的。在《论德性与恶习》中，亚里士多德专门讨论了源自灵魂的善，如正义、慷慨和宽宏等值得称道的德性③。在此基础上，亚里士多德主张理论理性高于实践理性，认为幸福的最好标准是理智德性，理智德性范畴的沉思则是最大的幸福④。至此，亚里士多德已经合乎逻辑地走向了伦理目的——理智德性。不过，理智德性注重沉思和认知，相对弱化了实际道德行为的选择、判断和具体实践智慧，笛卡尔试图弥补这个不足。

在笛卡尔这里，人与动物之间依然存在着不可逾越的鸿沟（这一点和亚里士多德是一致的）。笛卡尔说：“当我审视在这样的身体中发生的功能

---

① Kant I. Religion Within the Boundaries of Mere Reasons and Other Wrings. Translated by Wood A, Givanni G D. Cambridge：Cambridge University Press，1998：53-56.

② Kant I. Religion Within the Boundaries of Mere Reasons and Other Wrings. Translated by Wood A, Givanni G D. Cambridge：Cambridge University Press，1998：54.

③ Barnes J. The Complete Works of Aristotle（the revised oxford translation）. Vol 2. New Jersey：Princeton University Press，1984：1982-1985.

④ Miller J. Nicomachean Ethics：A Critical Guide. Cambridge：Cambridge University Press，2011：47-65.

时，我才确切地发现那些我们未曾反思的发生在我们身体上的事，因此，没有来自我们灵魂的贡献。就是说，我们的灵魂部分不同于身体部分，其本性（如我所说过的）仅仅是思考。或许可以说，这些只不过是缺乏理性的动物和我们类似的一些功能。但是我却发现这种依赖思考的功能没有一种仅仅属于我们人类。不过，一旦假定上帝创造了理性灵魂并依我所说的方式把灵魂赋予身体，就发现这些功能仅仅属于我们人类。"①笛卡尔认可亚里士多德所注重的理性，主张唯一能够使人和动物相区别的是上帝赋予人类的理性和善感，因此人的精神生命（mental life）是最终提供道德责任可能性的联合统一体。不过，笛卡尔并不同意亚里士多德关于理智德性是最高善的目的的观点。他明确地批判说："仅仅拥有善的心灵（good mind）是不够的，最为重要的是正确地应用它。最伟大的心灵能够做出最大的恶也能够做出最大的善。那些行动极慢却总是能够沿着正当的道路行走的人比那些行动迅捷却偏离正道的人走得更远。"②笛卡尔试图借用上帝这一神圣的道德权威，强调道德实践的重要性和实际行为的重要价值。这既是对亚里士多德把理智德性至于实践德性之上观念的颠倒，也为康德深刻论证实践理性高于理论理性提供了经验性的理论资源。

德性是生命的目的（亚里士多德）以及上帝是生命目的、实践理性（道德）高于理论理性（笛卡尔）的思想，为道德目的论的进一步发展奠定了重要的理论基础。显然，在实践理性高于理论理性的前提下，如果德性摆脱（亚里士多德式的）灵魂和（笛卡尔式的）上帝的羁绊，成为生命的根本目的，道德目的论也就水到渠成了——这正是康德有机体论的伟大使命。康德认为，泛灵论、机械论的幸福或上帝不是终极目的，因为"终极目的就是不需要其他任何目的作为可能条件的目的"③。人的自由——超于任何感官的能力——是无条件的目的，因此是此世界最高目的（the highest end）。换言之，假定把自然看做一个目的论体系，"人生来就是自然的终极目的"④。康德据此颠倒了上帝、灵魂和道德自由的地位，把道德法则和自由意志作为上帝和灵魂的目的，上帝和灵魂则成为道德得以可能的保障。或者说，生命的内在终极目的是道德法则和自由规律，灵魂和上帝则从属于道德法则和自由意志。康德藉此把亚里士多德、笛卡尔的道德观念

---

① Gaukroger S. Descartes' System of Natural Philosophy. Cambridge：Cambridge University Press，2002：216.

② Descartes R. A Discourse on the Method of Correctly Conducting One's Reason and Seeking Truth in the Sciences. Translated by Maclean I. Oxford：Oxford University Press，2006：5.

③ Kant I. Critique of Judgment. Translated by Meredith J C. Oxford：Oxford University Press，2007：263.

④ Kant I. Critique of Judgment. Translated by Meredith J C. Oxford：Oxford University Press，2007：259.

深化为实践理性高于理论理性，生命的终极目的是（道德或伦理的）善——这就是其道德目的论。康德明确地说："道德目的论，或伦理目的论，将会试图推断源自自然中的理性存在者的道德目的的原因和属性———一种可以先天知道的目的"[①]。在此基础上，康德明确提出德福一致的至善目的。康德的独特贡献就在于，把人和自由意志从亚里士多德的灵魂和笛卡尔的上帝那里解放出来，使道德和自由意志成为生命的本质，凸显了人的道德主体地位。道德目的论历经磨砺，在康德哲学这里终于脱颖而出，赫然屹立于哲学和生命目的论的殿堂之上。至此，古典生命目的论有力地论证了生命应当以善为目的，它所孕育的伦理生命的雏形业已清晰可辨。

人是生命中能够反思生命、认识生命的生命（至少就目前所知的生命范围而言，这是事实）。一般而论，人们首先反思人之外的其他生命，这意味着对人的生命的间接反思，因为人也是生命中的一种，具有和其他生命共有的目的（如前所论的灵魂、质料、有机体等）。除了追问人和其他生命的共相外，更深刻的则在于反思人自身的殊相，即人独有的区别于其他生命的本质内涵，追问人的独特的存在目的。是故，对生命的间接反思最终会直接指向人自身所独有的理性和自由意志，追问人存在的价值意义和目的。生命的目的和价值是人赋予的。就此而论，生命的目的也就是人的目的。可见，对生命的追问和反思是一种目的性的探究而非盲目的狂想，没有目的的追问是毫无价值的。这就是古典目的论至今依然深刻地影响着生命观念和伦理思想的内在原因。

二、何为伦理生命

其实，古典生命目的论已经阐明了伦理生命得以可能的两大理据：一是否定性理据，即恶的本质决定了恶不可能成为生命目的；二是肯定性理据，即善的本质决定了生命应当以善为目的。那么，何为伦理生命呢？伦理生命是一种自觉选择的以求善为目的的生命。它既是祛恶之生命，又是求善之生命。需要说明的是，这里所说的善是广义的善（包括幸福、正当、责任等），并非通常所讲的狭义的善（主要是指幸福）。

（一）伦理生命是祛恶之生命

赛耶尔（Andrew Sayer）说："伦理生命是一种难以获得一致认识的

---

① Kant I. Critique of Judgment. Translated by Meredith J C. Oxford：Oxford University Press，2007：263.

重要对象，且总是面临危险，因而对我们而言是规范性的生命。"[1]伦理生命面临的危险就是恶。一般而言，恶是悖逆理性和自由意志、不负责任的任性，是践踏尊严和权利的负面价值，主要是指危害个人或人类的言行及其产生的后果，如奸邪、犯罪、欺凌、伤害、痛苦、污秽下流、恶毒危险、灾祸、失败、厄运等。因此，恶是对善的危害，祛恶是伦理生命的存在基础。

善、恶冲突有三种基本方式，相应地，祛恶有三个基本规则（为简洁起见，以下以 G 表示善，以 E 表示恶）。第一，两善（G_1，G_2）冲突。设若 $G_1>G_2$，则选择 G_1。如果说两善冲突取其大，即选择 G_1 为积极善，两善冲突取其小，即选择 G_2 是一种消极善。尽管消极善（G_2）的后果和积极善（G_1）都是善，但是其动机具有恶的趋向，其后果是对善的减轻，因而也是一种恶，应当祛除之。第二，善（G）恶（E）冲突，显而易见，选择善，拒斥恶。第三，两恶（E_1，E_2）冲突是最难以抉择的。如果不进行选择，听任双恶（E_1，E_2）并行，则为放弃善之责任的大恶。如果选择，无论选择 E_1 或 E_2 都是恶。这种必然出现恶的境遇，已经超出了道德边界，不可能出现传统伦理理论所追求的道德标准。德性论、功利论、义务论和权利论都将无能为力，因为它们的选择都是善。比较而言，E_1、E_2 并行之恶，甚于二者择一之恶。是故，后者是恶的减轻，二恶择一是明智的。设若 $E_1=E_2$，则只能凭道德直觉当机立断，二者择一。设若 $E_1>E_2$，则选择 E_2。相对于两恶并存或两恶取重而言，两恶取一、两恶相权取其轻（lesser of evils）是消极恶，两恶并存或两恶取重则是根本恶（积极恶）。虽然消极恶（E_2）的后果和根本恶（E_1）都是恶，但是其动机具有善的趋向，其后果是对恶的减轻，对伦理生命的伤害是一种减弱。或许这就是亚里士多德早就主张恶中取其最小的伦理选择规则的原因[2]。特别需要注意的是，根本恶是对伦理生命的致命威胁。康德从形上层面研究了根本恶的理据，阿多诺把根本恶规定为社会性恶，其中种族灭绝之恶（the evil of genocide）是典型的根本恶。种族灭绝"植根于如下信念：'异类'（other group）对同类的个人、社会和国家利益构成威胁，乃至需要以一种果断的、粗暴的方式予以解决。异类是内在令人厌恶的、不可同化的，不仅仅是使其作为一个被抛弃的异类处在一个遥不可及的地方，而且要名副其实地予以彻底

---

① Sayer A. Why Things Matter to People: Social Science, Values and Ethical Life. Cambridge: Cambridge University Press, 2011: 145.

② Aristotle. The Nicomachean Ethics. Translated by Ross D. Revised by Brown L. Oxford: Oxford University Press, 2009: 36.

毁灭"①。这根本恶"已经导致了如同真正地狱般的东西"②。因此，根本恶是要绝对弃绝的恶。

不可忽视的是，通常意义上的恶是自由选择的必须承担相应责任的恶（即康德说的道德恶）。此外，还有另一种恶：它是一种非自由选择的不必或不能承担相应责任的恶。如果前者称为内在恶（internal evil），后者则可称为外在恶（external evil）。外在恶常常是源自自然界的破坏性力量给人类带来的灾难、苦难等负价值性存在，如地震、火山、飓风、龙卷风、洪水等自然灾难，还包括给人类带来或可能带来危害的生物或生命，如毒蛇、鲨鱼、凶猛食肉动物，甚至虫子、病毒、瘟疫等。究其实质，外在恶的实体本身属于事实范畴，并非价值载体。如果它们对人类没有造成任何影响和后果，也就无所谓善恶。之所以称之为外在恶，只是由于它们对人类或人类所伦理关照的客体造成了危害或可能造成危害，而被赋予恶的负面价值。尽管如此，外在恶毕竟是对生命的戕害和摧残，是对善的践踏和危害。而且，外在恶会诱发内在恶，为内在恶的衍生提供机遇和条件（如枪为枪击案提供了条件、核武器为核辐射提供了机遇）。伦理生命虽然无法完全控制外在恶，但应当尽力躲避或减少外在恶。灾难预防机制、自然科学、医疗卫生、法律制度等都是伦理生命对抗外在恶的坚强举措和实践路径。虽然祛恶之生命是消极性善，但它是求善之生命的前提和基础。

（二）伦理生命是求善之生命

求善之生命是在祛恶的基础上，融自由、理性、自律、至善于一体的实践智慧之生命。或者说，它是以自由为基点，以理性、自律的伦理实践为基本路径，以追求幸福德性一致的至善为最高目的的价值性存在。

亚里士多德在《尼科马克伦理学》的开篇就说："善乃万物所求之目的。"③以善为目的的生命即伦理生命。用黑格尔的话说，伦理生命的实体是善，其本质则是自由，"伦理生命是作为活着的善的自由理念，这种善在自我意识中具有其知识和意志，并通过自我意识的行为而成就其现

---

① O. Schrag C. Otherness and the problem of evil: how does that which is other become evil? International Journal of Philosophy and Religion, 2006, (60): 149-156.

② Adorno H. Metaphysics: Concept and Problems. Translated by Jephcott E. Cambridge: Polity Press, 2001: 105.

③ Aristotle. The Nicomachean Ethics. Translated by Ross D. Revised by Brown L. Oxford: Oxford University Press, 2009: 3.

实性。类似地，正是在伦理存在中，自我意识具有其发动作用的目的和自在自为的基础。因此，伦理生命是自由的概念，自由的概念是已经成为实存世界和自我意识的本质"①。其实，自由并不仅仅是抽象的理念，而是具体境遇中理性的生命谋划和自律的实践智慧。在罗尔斯看来，理性的生命谋划有两大基本法则："当其生命谋划运用于所有境遇的相应部分时，是一种合理性选择原则的谋划，以及在此境遇中的谋划将会是他完全深思熟虑的理性选择，就是说，是对相关事实了如指掌、对其后果详细斟酌之后的谋划"②。在理性判断、选择和谋划的基础上，自律的实践智慧体现为遵循道德法则，严格审慎地控制欲望和提升德性，不断地积累善、提升善，促进德性和幸福一致的至善。诚如明尼苏达州立大学哲学系教授马科（Mark Chekola）所言，"理性和自律存在之处，作为拥有理性和自律之人的目的是善的，因而它们应当和幸福一起作为善之生命的构成部分"③。善之生命谋求并实践德性和幸福一致的至善的基本规则是：首先，理性、自律地谋求最大幸福；其次，如果不能谋求最大幸福，即必须放弃某些幸福的情况下，则放弃最小幸福；最后，谋求最大幸福的底线是不得造成恶的后果。这里需要注意的是，边沁、密尔的古典功利主义谋求最大多数人的最大幸福。其问题在于：为了这个目的可能去伤害少数人的幸福进而产生恶果。对于善之生命而言，只有在不给每一个人造成伤害的前提下，谋求每一个人的最大幸福才是善的。如果说"不伤害每一个人"是德性的底线规则，"谋求每一个人的最大幸福"则是德性和幸福的鹄的。这种把德性和幸福融为一体的正当地求善的实践智慧，就是德福一致的至善，也是伦理生命的内在价值。在这个意义上，德沃金说："善之生命存在于一种灵巧娴熟、炉火纯青的生存之道的内在价值之中。"④不过，伦理生命也不可忽视其外在价值。

既然伦理生命是求善的生命，善的价值观念就特别值得重视。为此，英国兰卡斯特大学教授赛耶尔强调："我们是伦理的存在，其意义不仅仅是说我们必然总是伦理地行动，而是说在我们生成的过程中，我们要根据一

---

① Hegel G W F. Elements of the Philosophy of Right. Translated by Nisbet H B. Cambridge: Cambridge University Press, 1991: 189.

② Rawls J. A Theory of Justice. Cambridge: Harvard University Press, 1971: 408.

③ Chekola M. Happiness, rationality, autonomy and the good life. Journal of Happiness Studies, 2007, （8）: 51-78.

④ Dworkin R. Foundations of liberal equality//Darwall S. Equal Freedom: Selected Tanner Lectures on Human Freedom. Ann Arbor: University of Michigan Press, 1999: 190-306.

些什么是善或什么是可以接受的观念来评价行为。"①如前所论，通常意义上的善是自由选择的必须承担相应责任的善（包括至善），这是伦理生命自身所求的内在善即道德善（内在价值）。不过，还有另外一种善：它是伦理生命赋予的并非自由选择的不必或不能承担相应责任的善——外在善（外在价值）。外在善主要是自然界所具有的保护性力量或可供人类与其他动植物生成发展的优良资源。青山、绿水、阳光、空气、矿物、果实、森林等是这类善的常见形态。外在善本身是无目的的自然事实，只是由于它们对人类或对人类所关照的客体带来了实际的利益和好处，才被赋予善的正面价值。既然外在善是由内在善的伦理生命赋予和决定的具有伦理价值的存在，其获得和失去也就依赖于内在善。例如，麻雀在除四害的时代，是四害之一，而今却是保护对象，即获得了善的认可，具有了外在善的价值。农药曾经作为杀死害虫、增产丰收的有效手段被大力使用（外在善），而今却因其有害健康、污染环境而丧失了外在善的价值。相对于内在善，外在善是第二位的。内在善是自由意志的产物和本质体现，是外在善的根据，它常常体现为包容、互惠、共存、和平、友善、公正等对生命的良性价值和实践意义。虽然如此，外在善为内在善提供了存在、发展和提升的境遇和条件。因此，伦理生命要理性自律地综合外在善和内在善以更好地实现德福一致的至善。

从伦理生命的视角思考生命，生命就具有了存在的价值和意义。从终极意义上讲，生命包括遵循自然规律的自然生命和遵循自由规律的伦理生命两个基本层面。从自然生命到伦理生命（自由生命）是生命自身的质的变化和提升。自然生命应当但未必具有伦理生命。伦理生命必定具备自然生命，因为伦理生命是在自然生命的基础上对生命目的和价值的深刻肯定和具体实践。就是说，伦理生命是祛除内在恶和外在恶，追求内在善和外在善的自由存在。

相对于自然生命而言，伦理生命既确证了生命的存在意义，又提升了生命的价值品位。就此而论，与任其自然的自然生命不同，伦理生命是自我创造、自我提升的"人造"的自由生命。比较而言，生物学家们在人造细胞基础上可能创造的只能是一种"人造"的自然生命。问题是：这种人造生命是否引发伦理问题？是否应当具有伦理生命？这里直觉的回答是：这种人造生命引发了不同于传统伦理的后伦理问题，它应当具有伦理生命——后哲学视阈的伦理生命。这就涉及"后应用伦理何以可

① Sayer A. Why Things Matter to People: Social Science, Values and Ethical Life. Cambridge: Cambridge University Press, 2011: 145.

能"的问题。

第三节 后应用伦理何以可能

当下伦理学以自然物或自然人为研究对象，人造生命的出现则预示着人造生命也可以作为伦理学的研究对象。这就对当下伦理学的研究领域和基本格局（理论伦理学、应用伦理学）构成全面冲击之势，有可能催生出一种把人造生命作为研究对象的后应用伦理学——在没有深入探究之前姑且这么称谓。设若如此，人造生命就有望成为后应用伦理学发端的可能契机。问题在于：人造生命是否有资格成为后应用伦理学发端的可能契机？此问题可以分解为两个层面：①人造生命可否成为后应用伦理学的研究领地？或后应用伦理是否可能？②人造生命如何成为后应用伦理学发端的可能契机？或后应用伦理何以可能？

一、后应用伦理是否可能

人造生命引发了生命安全、生命保护和生物恐怖主义等诸多挑战当下伦理观念的全新问题，对此如何应对是伦理研究不可推卸的历史使命。早在 1994 年，德内特（Daniel Dennett）就思考了此类问题。他明确断言："在直面人造生命之时，哲学家有两种途径可供选择：要么把人造生命看做一种研究哲学的全新途径，要么仅仅把它当做当下哲学运用当下哲学方法予以关注的新的研究对象。"[①]与此相应，研究人造生命带来的伦理问题也有两种基本路径可供选择：一是纳入当下伦理学范畴，运用当下伦理学的思路、方法研究相关伦理问题；二是超越当下伦理路径，以一种全新的思路研究相关伦理问题。如此一来，选择何种路径就成为研究人造生命带来的伦理问题的首要任务。需要特别说明的是，这里并不讨论人造生命方面纯粹的自然科学和技术问题，而是以此为前提，因为伦理学不必也不应该等到科技的完全成熟发展及其带来的伦理问题充分暴露时再去讨论，而是必须也应该以深刻的伦理反思走在科技发展的前面。这样才能彰显伦理学的价值判断和实践引领功能，避免常常出现的伦理学研究落后于科学研究的消极被动局面。值得肯定的是，人造生命有望给现代社会带来全新水

---

① Sullins J P. Ethics and artificial life: from modeling to moral agents. Ethics and Information Technology, 2005, (7): 145.

准的舒适便利。但是，"这项技术也潜在地具有各种相关的风险和危害，因为其主要目的关涉对生命有机体的控制、设计和合成"①。结果，人造生命改变并模糊了物体和信息、生命和非生命、自然进化物和人工设计物、有机和无机、创造者和被造物之间的界限。对此，生命伦理学家凯斯（Leon Kass）说："所有的自然界限都是可以争论的。一方面是我们人类自身的界限、人和动物的界限，另一方面是人和超人或上帝的界限、生命和死亡的界限。在 21 世纪的诸多问题中，没有什么比这更重要的了。"②质言之，人类自己设计并合成生命的理念肇始了一种全新的生命概念和革命化的生物技术，同时提出了当下伦理学始料未及的全新伦理问题。和当下伦理学奠定在自然产物（包括自然生命）的基础上迥然相异，人造生命带来的伦理问题奠定在人造产物（主要是人造生命）的基础上。这些问题远远超出了当下伦理学的视阈，对当下伦理学所秉持的一些深层价值和道德直觉以及诸多根深蒂固的伦理区分和划界产生了猛烈冲击，并严重威胁着当下伦理学的基本理念和格局。鉴于此，我们不能仅仅把人造生命简单地看做运用当下伦理方法研究的一种新对象，相反，应当将其视为一种研究伦理学的全新途径——后应用伦理学。或许，后应用伦理学有望在突破有机和无机、人工和自然、必然和自由等界限的基础上，突破理论伦理学和应用伦理学的藩篱，为伦理学研究注入全新的要素和价值观念，担负起催生新型伦理学的历史使命。

当下伦理学和后应用伦理学的界限（自然产物与人造产物的界限）从总体上看好像十分明晰，然而，不可忽视的是，达尔文主义伦理学、基因伦理学和神学伦理学都曾对当下伦理学产生了极大的冲击和影响，也都和人造生命的伦理问题密切关联且极为相似，极易带来模糊不清的理论问题。因此，厘清它们和人造生命带来的伦理问题之间的本质区别，是后应用伦理学得以可能的必要前提。

首先，人造生命与达尔文主义伦理学的本质区别。达尔文在其《自传》中把自己的伦理思想概括为，上帝和来世绝不可信，生命的唯一规则在于"追随最强烈的或最好的冲动或本能"③。这是达尔文主义伦理学的基本观点。19 世纪末 20 世纪初，哈耶克尔、布赫、卡尔内里等一批达尔文主

---

① Schmidt M. Synthetic Biology：The Technoscience and Its Societal Consequences. London，New York：Springer Science+Business Media，2009：66.

② van den Belt H. Playing god in frankenstein's footsteps：synthetic biology and the meaning of Life. Nanoethics，2009，（3）：267.

③ Darwin C. Autobiography. New York：Norton，1969：94.

义者的观点虽然各有不同，但"他们都认同，包括伦理在内的人类社会及其行为的各个方面都可以用自然进程加以解释。他们否定任何神圣干预的可能性，蔑视身心二元论，拒斥自由意志而偏爱绝对决定主义。对他们而言，自然的每一种特征——包括人的精神、社会和道德——都可以用自然的因果关系来解释。所以，任何事物都必定遵循自然法则"[①]。奠定在生物进化论基础上的达尔文主义伦理思想诠释了自然与自由的表面联系，却轻率地抹杀了二者的本质区别，即以自然本能取代自由规律，试图建构一种以自然进化为基础的生物进化论伦理学。达尔文主义伦理学虽然强烈冲击了盛行当时的自由、平等、博爱等价值观念，但并没有也不可能超越当下伦理学，因为它探讨的依然是自然产物范围内的伦理问题。与自然进化的伦理观念不同，人造生命引发的后应用伦理问题以人工创造设计的人造产物为研究对象。诚如史密特（M. Schmidt）所说："合成生物学家不但想要生命有机体适合人的目的，他们还致力于生产出生命机器或完全人造的有机体。因此，由合成生物学导致的生命世界的技术化扩展将会更加广阔、更加彻底、更加系统化。人的创造进入了一个全新的领域，生命和非生命之间的差异变得更加模糊不明。专家们认为，这种科学特性使合成生物学成为一种不同于当下生物技术的全新学科，也同样提出了全新的伦理挑战。"[②]如果说生物进化论否定上帝和自由，主张生命是自然演化的自然作品的话，那么人造生命则肯定人自身在某种程度上类似上帝而具备了创造生命的能力和自由，主张生命也可以是人工设计的人工产品。就是说，人造生命是人这个创造者的被创造者，由此带来和达尔文主义进化论伦理学截然不同的后应用伦理话题。

其次，人造生命与基因伦理学的本质区别。基因伦理学是达尔文主义生物进化论伦理学的深化和拓展。如果说达尔文主义生物进化论伦理学以外在的自然进化现象为理论基础，基因伦理学则以内在自然机理的基因图谱为理论基础。出于对基因问题的严肃思考，英国著名科学家道金斯（Richard Dawkins）在《自我的基因》一书的前言中说："我们是生存机器——一种被盲目地输入了程序以便保存为称作基因的自我分子的机器人载体。这是一个依然令我震撼惊异的真理。"[③]这个真理虽然比进化论所

---

① Weikart R. From Darwin to Hitler：Evolutionary Ethics, Eugenics, and Racismin Germany. New York：Palgrave Macmillan, 2004：13.

② Schmidt M. Synthetic Biology：The Technoscience and Its Societal Consequences. London, New York：Springer Science+Business Media, 2009：73.

③ Dawkins R. The Selfish Gene. Cambridge：Cambridge University Press, 1989：XXI.

揭示的伦理存在的意蕴更加深刻，但它研究的依然是奠定在自然人基础上的当下伦理问题。其实，即使被生殖技术或基因工程干涉的有机体也依然是自然产物，因为从某种程度讲，其整个身体和新陈代谢依然是源自进化的自然目的的结果。众所周知，人类基因组计划（human genome project）自 2000 年 4~6 月完成后，生命科学进入"后基因组时代"。相应地，人造生命带来的伦理问题并非基因伦理问题而是"后基因组时代"的伦理问题，属于后应用伦理学范畴。原因主要在于，人造生命或人造有机体和道金斯所看到的自然机器人载体有本质区别：它是合成生物学家有目的地、自觉地设计出来的科学产品或人造有机体。在生物学从生物分类基础学科向信息基础学科转变的途中，"（合成）生物学家梦想着造就控制生命的机器，如同工程师控制计算机芯片的设备配置一样"[①]。合成生物学是一种编码，它运用细胞设备，对现存有机体从修修补补式的改变到白手起家式的设计生命。可以说，生物科学家文特尔等合成的最小染色体组作为支撑复制有机体的最小基因单元，回应了古典笛卡尔式的理性还原主义者的模型观念。换言之，在生命被还原为一个基础性的单元的过程中，人们能够以一种添加的方式建造起来一种综合的复杂有机体。据此观点，一块精良的"生命之砖"就足以从简单的活体实体被建造成为更加复杂精密的生命有机体，或者至少开始了一个类似于进化的过程[②]。显然，人造生命引发的并非基因伦理问题，而是后应用伦理问题。

特别需要提及的是，基因伦理学是生命伦理学的前沿课题之一。目前生命伦理学的研究对象也是自然物，属于当下伦理学的应用伦理学领域。从某种意义上讲，人造生命带来的伦理问题可以作为生命伦理学的全新话题。据此，或许可以谨慎地把生命伦理学大致分为两部分：一是研究自然生命，二是研究人造生命，两者具有本质的区别。不过，这种区别绝不仅仅是生命伦理学领域自身的变革，而是关涉整个伦理学转向的全新话题：由自然生命的伦理思考转向人造生命的伦理革命。人造生命的伦理意义不仅仅是生命伦理学自身的自我超越，更是当下伦理学超越自身，进而转向后应用伦理学的可能契机。

最后，人造生命与神学伦理学的本质区别。达尔文主义伦理学、基因伦理学都是世俗伦理学，是对自然和伦理关系的思考。与此不同，神学伦理学试图思考万物的神圣创造者（通常是指上帝或神）和被创造者之间的伦理关

① McEuen P，Dekker C. Synthesizing the future. ACS Chemical Biology，2008，（3）：10.

② Nadin M. Anticipation and the artificial：aesthetics，ethics，and synthetic life. AI & Soc.，2010，（25）：114.

系。正因如此，人造生命不可避免地遭到神学伦理学的质疑和反对（人是否在充当上帝或取代上帝而成为造物主）。神学伦理学视阈的创造者–被创造者与人造生命视阈的创造者–被创造者之间的区别，决定着二者的本质差异。世界首例人造生命"辛西娅"的成功，标志着"写作"基因密码的初步实现。用文特尔的话说："我们正在从阅读基因密码转向写作基因密码。"文特尔把此合成生命称为第一个以计算机为父母的生命[①]。这就是人造生命视阈的创造者–被创造者间的关系的深刻体现。

不过，无论文特尔等合成生物学家所说的是读懂理解生命，还是创造设计生命，他们读懂理解或创造设计的只能是生理生命，而非伦理生命。一旦生理生命进入伦理生命的领域，即进入自由生命的领地，就不可能再被读懂理解乃至创造设计，因为伦理生命是自由的存在者，它不在生理规律和自然规律的控制之下，而是自由规律的主体。换言之，人造生命只是遵循自然规律的生理生命，而遵循自由规律的伦理生命并非创造设计者（合成生物学家）所能预料或控制的。在某种程度上，如同上帝创造了人并赋予人以自由意志，但却不能控制人的自由意志一样，合成生物学家同样不具备这种控制能力。和传统的自然机器或工程设计不同，一旦有目的地设计创造出来的人造生命脱离设计者而独立存在，其生命历程就有可能背离设计者或创造者的原初目的，甚至和该目的背道而驰，形成一种类似亚当、夏娃背逆上帝式的"新原罪"（new sin）。这种"新原罪"还会导致一系列前所未遇、不可预测、不可控制的伦理问题。不过，"新原罪"和"原罪"不同，后者是自然人和虚拟的或神圣的创造者之间的伦理关系，前者是人造人和现实的、世俗的创造者之间的伦理关系。这就把人造生命带来的后应用伦理问题和宗教伦理问题严格区分开来。可见，人造生命对当下伦理学的冲击，不同于宗教伦理学对世俗伦理带来的伦理问题。

总体上看，包括达尔文主义伦理学、基因伦理学和神学伦理学在内的当下伦理学和后应用伦理学的本质区别在于：当下伦理学的研究对象是自然产物引发的伦理问题，后应用伦理学的研究对象是人造生命可能引发的一系列后应用伦理问题。从这个意义上讲，人造生命有资格成为后应用伦理的可能研究对象。那么，人造生命如何成为后应用伦理发端的契机？或后应用伦理何以可能？

---

① van den Belt H. Playing god in frankenstein's footsteps: synthetic biology and the meaning of life. Nanoethics, 2009, (3): 258.

二、后应用伦理的可能契机

人造生命可能引发的后应用伦理问题，主要包括身体伦理问题、优生伦理问题、自然生态伦理问题、国际正义问题、人权尊严和伦理责任六大层面。正是这些伦理问题有望使人造生命成为后应用伦理发端的可能契机。

第一，人造生命引发的身体伦理问题。人造生命技术和 DNA 的重新合成技术能够合成治病药物或身体器官等，这是一个关涉人类自身福祉和健康权益的身体伦理问题。合成生物学有目的、有针对性地设计生产出来的药物或人造器官，如人造细胞、人造血液、人造子宫、人造心脏等将比传统的医疗技术更加富有成效。可以说，"'辛西娅'的创造在生命技术领域是一个里程碑，其在药物中的应用将能够拯救生命和增强健康"[①]。以器官移植的药物排斥问题为例，在当下医疗领域，它依然是一个不能甚至根本无望解决的生命和医学难题。合成生物学如果合成一个和原有器官的构造机能大致相同的器官，就可能解决这个难题，给生命和医疗带来前所未有的成效乃至奇迹。同时，它还有望解决器官供给和需求之间的尖锐矛盾冲突，避免不必要的人身伤害，甚至可能根本杜绝器官买卖的恶行。然而，人造生命技术具有自我复制、自我生成的能力，这种技术一旦被误用或恶用，将会导致伤害身体健康的致命危害，甚至可能带来比没有自我复制能力的原子弹更加可怕的灾难性后果，从而引发前所未有的身体伦理问题。不过，这些问题与目前业已在欧美兴起的身体伦理学（ethics of the body）的研究对象不同，因为当下的身体伦理学研究的依然是自然生成的生命的身体伦理问题[②]。思考人造生命引发的身体伦理问题必须秉持后应用伦理的强力论证。

第二，人造生命引发的优生伦理问题。理论上讲，生物合成的人类胚胎干细胞也可以用在生殖技术方面。一旦如此，必然导致人类优生的极端形式，从而可能引发比从几个自然胚胎中选择优秀胚胎更严重的新的优生伦理问题。自柏拉图时代到基因工程以来涉及的优生对象都是自然生命，与这种传统优生范式不同，合成生物学带来的哺乳动物的细胞合成与优生对象则是人造生命。如今，"为生命技术开辟革命性路径的合成生物学业已形成，它是一种具有开创性和高度发展前景的科学与工程的综

① Anand S, Malhotra J, Dua A. A new life in a bacterium through synthetic genome: a successful venture by craig venter. Indian Journal of Microbiology, 2010, (50): 130.

② Shildrick M, Mykitiuk R. Ethics of the Body. London: The MIT Press, 2005.

合，其目的在于建构出奇妙的实体和重新设计存在着的个体"①。在人造生命这里，优生成了一种人工设计、控制、规划，即有目的的实践活动，自然淘汰、适者生存的优生法则受到史无前例的冲击。问题是，人工优生的合法性、正当性何在？其后果又如何预测和控制？谁来承担人工优生可能带来的灾难性后果（如新的种族歧视乃至种族灭绝之类的大灾难等）？更为麻烦的是，人工优生的人造人可否生育后代？如果不能，为什么？如果能，人造人生育的后代既是自然人又是人造人，是一种自然和人工的综合性存在者——他们将会引发更加错综复杂的伦理问题：人造人和自然人是否具有同等道德地位？人造人的后代和自然人的后代是否具有同等道德地位？人工优生的人造人和自然人发生冲突时，是否适用同样的伦理和法律规则？等等。人造生命可能带来的诸如此类的优生伦理问题迫切需要实践理性的关切。

第三，人造生命引发的自然生态伦理问题。合成生物学家的一个特别目标和伦理使命是，合成微生物并运用这些合成微生物治理污染区域或降低环境污染，以便改善人类生存环境，解决目前运用自然物不能或难以解决的环境问题，为人类带来不可估量的环境福音。不可忽视的是，为了治理环境污染，人们需要把合成微生物释放进自然环境之中。而合成微生物不同于合成化学物，它或许会自我繁殖、自我复制并发生进化。这就潜在地具有如下危险：合成微生物相互配合、持之以恒地影响甚至取代自然内生的物种，某些自然物种或许会因此而逐渐衰弱乃至消亡。生物多样性的前景将因此变得模糊不明，环境治理的后果将因此更加诡异难测。我们并不清楚，在何种程度上，应当使自然处在此种风险中以及我们是否有权利运用这种直接方式干扰生态系统，我们也很难对风险和益处进行确定性评估②。令人担忧的是，这只是合成微生物的善用带来的潜在威胁。不可否认，如同电脑黑客一样，某些人可能无意误用甚至故意恶用合成微生物，即把合成微生物用于污染环境、干扰生态系统、削弱乃至取代自然内生物种，直接威胁物种多样性和生态环境平衡。但这种威胁比人类当下的自然污染更加难以控制，甚至具有完全失控的可能性。与善用相比，避免人造生命的误用或恶用将是一个极其艰巨的历史使命，也是当下应用伦理学尤其是生态伦理学未曾深度关照的后应用伦理问题。

① Anand S, Malhotra J, Dua A. A new life in a bacterium through synthetic genome: a successful venture by craig venter. Indian Journal of Microbiology, 2010, (50): 130.

② Schmidt M. Synthetic Biology: The Technoscience and Its Societal Consequences. London, New York: Springer Science+Business Media, 2009: 69.

第四，人造生命引发的国际正义问题。目前合成生物学区域发展的巨大差异和国际社会共享其成果诉求之间的尖锐矛盾极有可能促发新一轮的全球正义问题。生命有机体形式的合成生物产品可望比化学合成品更有成效，这种运用在发展中国家尤为重要。合成生物产品可以取代发展中国家运用传统方法生产的低效率的同类或相似产品。遗憾的是，合成生物学的发展需要高投入的生命科技设置和高新科学知识与技术训练。迄今为止，这些科技知识和产品都集中在富有发达国家，贫穷发展中国家很难具备生产合成生物产品的各种条件和科学资源。如不改变这种现状，"或许合成生物学的作用仅仅在于强化贫穷国家对富有国家的依赖"[1]。合成生物学领域关涉人造生命问题的科技知识和科技产品，将会进一步加大发达工业化国家和发展中国家之间的经济和设施的差距，促发不同国家之间的新的贫富悬殊——人造生命资源的贫富悬殊，由此引发前所未有的国际正义问题。罗尔斯说得好，"正义否认为了其他人享有更大的善而丧失某些人的自由是正当的。……在一个公平的社会里，基本自由是理所当然的，正义所保障的权利绝不屈从于政治交易或社会利益的算计"[2]。就人造生命而言，享有人造生命带来的便利，避免人造生命带来的危害是每个人的基本自由和权利。由于人造生命技术和设置集中在发达富有国家，极有可能导致贫穷国家屈从于政治交易或社会利益算计的国际不公正，并可能危害个人的基本自由和权利，进而肇始一种新的人性尊严和国际人权问题。

第五，人造生命引发的人性尊严和人权问题。2005 年 10 月 19 日，联合国教科文组织成员全票通过的《世界生物伦理和人权宣言》的首要原则，即第 3 条"人的尊严和人权"规定："1. 应充分尊重人的尊严、人权和基本自由；2. 个人的利益和福祉高于单纯的科学利益或社会利益。"人造生命（尤其是人造人）技术使自然人的尊严遭受到空前的危机，即自然生命的神圣性和神秘性在合成生物学面前荡然无存。需要说明的是，这是以人造人技术的成熟为前提的，尽管目前技术还没有真正达到这一点，但并不妨碍我们思考这个问题。这涉及人性尊严的根本问题：人造人是否是人？如果人造人不是人，人造人就会被贬低为一种非人的物种而不配享有人的尊严。由此而来的不可回避的问题是：人造人不是人的命题何以可能？其正当性根据何在？如果承认人造人是人，他就应当配享人的尊严。但是，人造人是被自然人（合成生物学家）设计和创造而成的产品，其尊严和自

---

① Schmidt M. Synthetic Biology: The Technoscience and Its Societal Consequences. London, New York: Springer Science+Business Media, 2009: 71.

② Rawls J. A Theory of Justice. Cambridge: Harvard University Press, 1971: 28.

然人的尊严必定有着重大差异。由此而来的不可回避的质疑是：与自然人的尊严相比，人造人的尊严是何种尊严？其根据何在？

更为严重的是，这些尊严问题直接威胁到作为自然权利的人权理念。人权作为一种人人生而具有的自然权利，其普遍性伦理规则的地位在人造生命这里遇到了颠覆性的冲击。因为人造生命中的人造人并非自然人。如果认为人造人不是人，就可以否定其人权资格。难题在于，其伦理正当性何在？如果承认人造人是人，就必须承认人造人具有人的资格，因而享有人权。显然，这种人权的正当性、合法性并非传统意义的自然权利，只能是一种人造权利（artificial rights）。关于自然权利意义的人权，玛哈尼（Jack Mahoney）说："人权能够作为一个普遍性伦理规则，指导所有人在全球化境遇之中的行为。"[①]与作为自然权利的人权不同，作为人造权利的人权何以可能？这种人权如何作为一个普遍性伦理规则指导所有人在全球化境遇之中的行为？等等，这些都是传统人权伦理未曾遇到的问题。由此还可能生发一系列必须予以重新反思和诠释的后应用伦理问题：人造权利和自然权利的关系如何？如何处理二者的关系？含纳自然权利和人造权利的人权理念是否具有普遍性伦理法则的资格？自然权利的义务和人造权利的义务有何关系？与人造权利相应的责任和义务为何？等等。

第六，人造生命引发的伦理责任问题。当下伦理学的基本伦理要素包括上帝、自然人和自然物。上帝与自然人和自然物具有本质的区别：上帝是创造者，自然人和自然物是上帝的作品——被创造者。合成生物学家创造生命的活动模糊甚至扼杀了这种区别，他们也因此难免受到"充当上帝角色"的伦理责难。早在 2007 年 6 月，穆尼（Pat Mooney）在回应文特尔及其小组申请支原体实验室专利的消息时，就明确宣称："上帝第一次遇到了竞争对手。文特尔及其同事们已经毁坏了社会界限，而公众甚至还没有机会争论合成生命所带来的在社会、伦理和环境方面（暗含的）可能的深远影响。"[②]如果说神或上帝创造了自然物和自然人的话，创造生命的合成生物科学家则是类似于上帝或神的"神人"，即能够创造出人造生命的人。合成生命技术带来的自然与人工、创造者与被创造者、控制者与被控制者关系的改变和日益复杂化，集中体现为人造生命者和上帝之间的地位问题，以及人造有机体的道德地位和"创造者"对它的责任问题。对此，安娜德

---

① Mahoney J. The Challenge of Human Rights: Origin, Development, and Significance. Malden: Blackwell Publishing Ltd., 2007: 166.

② van den Belt H. Playing god in frankenstein's footsteps: synthetic biology and the meaning of life. Nanoethics, 2009, （3）: 259-260.

（Shailly Anand）等说："正在创造着的生命是控制其他有机体的最极端的形式，也赋予科学家和社会以一种新的责任和身份地位。"①人们自然会追问：科学家作为创造者，其本身也是被创造者，他有何资格进行创造？如果答案是否定的，根据何在？如果答案是肯定的，创造者是否对其被创造者负有责任？如果创造者不承担责任，这和创造者自身的自由意志是相矛盾的，因为创造者是有目的的自由设计者和理性存在者。简言之，人造生命的创造者既然享有了创造生命的权利，就应该对人造人的行为负责。然而，他是否有能力对此负责？他有何资格或是否可能为自己的创造产品承担责任？他应当承担什么责任？如何追究其责任（尤其在创造者死亡之后）？相应地，被创造者（人造生命）是否应该为自身的行为负责？是否有能力对此负责？等等。人造生命引发的诸多伦理责任问题聚集成不可逃匿的后应用伦理难题。

综上所论，如果以人造生命为研究领地、以人造生命带来的诸多伦理问题为研究基础的后应用伦理学是可能的，也就大体上确证了人造生命成为后应用伦理学发端的契机的可能性。之所以这么讲（即"大体上确证"），乃因为我们自然会由此推出一个假言命题：如果后应用伦理学可能的话，它应当属于伦理学体系。于是，又一个必须回应的伦理问题出现了：人造生命是否有资格成为伦理学的研究对象并被纳入伦理学体系？如果不回答这个问题，"人造生命是否有资格成为后应用伦理学发端的契机"的问题也就不可能得到彻底解决。我们的回应如下。

其一，如果答案是否定的，我们将不得不完全否定人造生命带来的上述诸多不可回避的重大伦理问题——这显然是不可能的。其实，人类伦理史已经多次证明，断然否定已经存在和可能存在的事物，只不过是掩耳盗铃般的自欺型武断，不但不能解决任何伦理问题，反而会使该问题更加复杂，乃至陷入进退维谷的尴尬困境，最终又被迫回到该问题上来。是故，直面而不回避上述问题才有可能探求到出路。

其二，如果答案是肯定的，它和当下伦理学是相互矛盾的。当下伦理学的研究对象主要由自然生成的物、自然生成的人和自然生成的上帝构成（上帝在本质上是自然生成的人的作品，就此而论，它也属于自然生成的存在）。与此迥然不同，人造生命无论是人还是其他生命如动物、微生物等，都是人工设计创造的产品。和当下伦理学视阈的上帝是自然创造者（就上

---

① Anand S, Malhotra J, Dua A. A new life in a bacterium through synthetic genome: a successful venture by craig venter. Indian Journal of Microbiology, 2010,（50）: 130-131.

帝在本质上是自然生成的人的作品而言,上帝的创作能力是自然人赋予的。在此意义上,上帝是自然创造者)不同,合成生物学家属于人工创造者。是故,人造生命的伦理问题并非属于当下伦理学范畴,也不能纳入当下伦理学体系。

其三,出路何在?虽然人造生命不属于当下伦理学范畴,也不能纳入当下伦理学体系,但是这并不能成为否定人造生命成为伦理学研究对象并被纳入伦理学体系的理据。如果不囿于当下伦理学视阈,而从后应用伦理学的角度思考此问题,人造生命所引发的上述诸问题足以确证其自身为伦理学研究对象并被纳入伦理学体系。不过,与当下伦理学所不同的是,它应当是含纳人造生命和自然生命于一体的伦理学,即融合当下伦理学和后应用伦理于一体的伦理学。倘若如此,当下伦理学的藩篱就被清除了,人造生命也就有望成为后应用伦理发端的可能契机。

自然生命和人造生命的差异和联系决定着当下伦理问题和人造生命伦理问题的表面对立与内在关联。如果说理论伦理学、应用伦理学是奠定在自然生成的研究对象基础上的"自然"伦理学,后应用伦理学则是奠定在人工建造的研究对象基础上的"人工"伦理学。鉴于此,似乎可以把伦理学的发展轨迹简洁地归结为当下伦理学(理论伦理学、应用伦理学)与后应用伦理学的自由实践历程。

目前,后应用伦理学方兴未艾,但人造生命带来的全新伦理问题却是当下伦理学无法应对的。这种前所未有的伦理领地或许是当下伦理学突破自身瓶颈、迈向新型伦理学体系的前提。或者说,后应用伦理学的使命是,在重新反思当下伦理学的基础上,以一种全新的视角,研究自然生命和人造生命的内在关系,确证(或否证)人造生命的道德地位,思考人造生命和自然生命(以及自然物)的道德关系。需要说明的是,我们这里无意标新立异地建构所谓后应伦理学体系,只是把相关的后应用伦理问题提出来,以期抛砖引玉。或许可以预言,后应用伦理的话题将是一个歧见纷呈的论争领地。

第十一章
应用伦理学体系与道德形而下学

某种程度上讲，应用伦理探究为建构应用伦理学体系奠定了一定的理论基础，也为突破现有伦理学型态，肇始道德形而下学提供了可能契机。

一、应用伦理学体系

应用伦理学不应当是一盘散沙的拼凑，也不应当是任意添加材料的框框。应用伦理学有自身的逻辑和历史，有自己的理论基础，更有自己的实践领地。应用伦理学诸领域之间有着深刻的内在联系。这正是应用伦理学体系的根据。

应用伦理学是以研究关乎人类和每一个人的伦理问题的应用哲学或实践哲学。应用伦理学的研究领域要么是人，要么是物（"非人"意义上的物），要么是人和物的共相（如"存在"之类）。据此，我们可以大致把它区分为三大领域，即理论应用伦理学、物理应用伦理学、人理应用伦理学（需要说明的是：这种区分并非绝对区分，因为三大领域之间存在着密切联系，绝对区分是不可能的）。

理论应用伦理学，是研究物之哲理和人之哲理所共有的普遍哲理的应用伦理学，大致相当于通常所说的应用伦理学基础理论，如应用伦理学的逻辑和历史、价值基准、程序方法等。

物理应用伦理学，是研究物之哲理的应用伦理学。它是和自然科学技术问题密切相关的应用伦理领域，主要包括生命伦理学、工程伦理学、生态伦理学、网络伦理学、食品伦理学等。

人理应用伦理学，是研究人之哲理的应用伦理学。它是与人文社会科学问题密切相关的应用伦理领域，主要包括宗教伦理学、法律伦理学、政治伦理学、国际关系伦理学、媒体伦理学等。

当然，应用伦理学体系也可以归为两大部分，即理论应用伦理学和实践应用伦理学（包括物理应用伦理学、人理应用伦理学）。由此看来，《应用伦理探究》似乎是应用伦理学体系的雏形，或者说似乎是应用伦理学体系的种子。

二、道德形而下学

人造生命带来的后应用伦理问题，把应用伦理学乃至伦理学推进到一个新的领地和高度。伦理学需要突破以研究自然生命为主题的理论伦理学和应用伦理学的基本范式，把人造生命带来的后应用伦理问题纳入研究领域。那么，含纳理论伦理学、应用伦理学和后应用伦理问题于一体的新的伦理学体系将是一种什么伦理形态呢？

或许可以大致预言，这种伦理形态应当否定并超越理论伦理学范畴的道德形而上学，并重新反思理论伦理学的其他部分、应用伦理学和后应用伦理问题，基此建构含纳理论伦理学、应用伦理学和后应用伦理问题于一体的伦理学体系。我们可以把这种未来的伦理型态称为道德形而下学。道德形而下学应当成为超越道德形而上学和应用伦理学的新的伦理型态。

就当下而言，道德形而下学的建构尚未起步，可谓任重而道远。不过，既然埋下了种子，在岁月的磨砺滋养下，道德形而下学必将破土而出，迎风生长！

附录　本书作者代表性著作

任丑. 2014. 人造生命的哲学反思. 哲学研究，（4）：99-105.

任丑. 2012. 关于法本质的哲学追问. 哲学研究，（12）：98-103.

任丑. 2011. 应用德性论及其价值基准. 哲学研究，（4）：108-113.

任丑. 2011. 死亡权：安乐死立法的价值基础. 自然辩证法研究，（2）：116-120.

任丑. 2013. 法律还是道德. 哲学动态，（8）：20-25.

任丑. 2012. 人造生命：后应用伦理学发端的可能契机. 哲学动态，（9）：55-61.

任丑. 2011. 人权：工程伦理学的价值基准. 哲学动态，（4）：78-84.

任丑. 2010. 权力及其正当性. 哲学动态，（6）：14-18.

任丑. 2008. 应用伦理学的历史和逻辑. 哲学动态，（3）：30-35.

任丑. 2010. 人权：宗教伦理的价值基础. 世界哲学，（5）：139-151.

任丑. 2009. 祛弱权：生命伦理学的人权基础. 世界哲学，（6）：72-83.

任丑. 2011. 磐路论证：安乐死立法的可能出路. 道德与文明，（6）：101-106.

任丑. 2010. 工程伦理学的两个基本问题. 道德与文明，（6）：109-113.

任丑. 2009. 集权的道德哲学反思. 道德与文明，（5）：20-24.

任丑. 2007. 康德论道德教育方法. 教育学报，（4）：77-82.

任丑. 2016. 生命与伦理如何生成为伦理生命？吉林大学社会科学学报，（1）：148-153.

任丑. 2013. 生命伦理视阈的自律原则. 思想战线，（2）：106-111.

任丑. 2011. 滑坡论证：质疑安乐死立法的伦理论证. 思想战线，（3）：55-59.

任丑. 2010. 宗教领域的人权问题. 思想战线，（3）：80-84.

任丑. 2011. 传统德性论的困境及其出路. 云南民族大学学报（哲学社会科学版），（3）：78-81.

任丑. 2010. 宗教人权的基础. 理论与现代化，（5）：46-51.

任丑. 2010. 伦理学专业人才培养模式及培养方案改革的研究与实践. 长江师范学院学报，（6）：27-31.

任丑. 2009. 祛弱权与生命伦理学共识的崩溃. 理论与现代化，（3）：69-73.

任丑. 2008. 祛魅休谟问题——生态伦理学的奠基. 科学技术与辩证法，（6）：40-43.

任丑. 2005. 对医学伦理学教育和研究的几个问题的哲学思考. 医学教育探索，（5）：315-316.

任丑. 2012. 何种生态伦理学. 长春市委党校学报，（2）：19-23.

后　记

自从拜别父母，离开平静淡然的中原大地，踏上魅力无尽的道德哲学之路，基于实践理性的伦理探究便成为我终身的学术目的和人生追求。

1997~2000 年，我拜在西南师范大学杨义银教授门下，攻读哲学硕士学位，致力于中国古典伦理学的思考。2000 年 9 月起，我进入重庆医科大学，在重庆市伦理学学科带头人冯泽永教授的引领下，从事生命伦理学的研究和教学工作。2003 年，我有幸师从张传有教授，成为武汉大学哲学学院的博士研究生，接受西方道德哲学的系统训练，以德国古典道德哲学为主攻方向，以黑格尔的伦理有机体思想为博士论文。2006 年获得武汉大学哲学博士学位后，我从重庆医科大学调入西南大学哲学系从事伦理学研究和教学工作。2007 年 9 月，承蒙中国伦理学泰斗甘绍平研究员不弃，恩准我进入中国社会科学院哲学所博士后流动站工作，主攻人权与应用伦理学。出站后，我又进入西南大学哲学一级学科博士后流动站工作，师从国家级教学名师何向东教授研究生命伦理学。何向东教授是我国著名逻辑学专家，他给予我的主要是逻辑思维的训练和哲学方法论的指教。2012 年 8 月，我远渡重洋来到美国明尼苏达大学生命伦理研究中心，师从美国著名生命伦理学家 Carl Elliott 教授研究生命伦理学，并接受了该校哲学系全英文哲学学科的系统训练。如果说硕士阶段奠定了中国古典伦理学的微薄基础，博士论文追求的是德国古典道德哲学形而上的自由，博士后出站报告研究的则是奠定在自由理念基础上的直面现实伦理冲突的人权与应用伦理学，留美期间思考的生命伦理学问题则涉及后伦理学领域。

斗转星移，日月如梭，二十年光阴飞逝于洪荒之中，消失得无影无踪。幸运的是，自 1999 年发表第一篇学术论文以来，文字把那曾经逝去的光阴定格为一篇篇学术论文和一部部著作而留存下来。《应用伦理探究》既是对我研究工作的一个总结和缩影，也是对我从硕士、博士、博士后、访美学者经历的一个概括，更是我从大学讲师、副教授硕导到教授博导的生命历程的记录和反思。或者说，这是对我人生这段美好光阴的一个最好的纪念和把握，也是对我即将开展的道德形而下学研究的一个激励。

　　《应用伦理探究》的出版得到政治与公共管理学院院长陈跃教授的悉心关怀和科学出版社刘英红编辑的大力支持，本书的阅读校对等工作得到了重庆市伦理学学会甄真副秘书长的大力支持，谨向他们致以衷心感谢。另外，本书成果得益于教学相长，这些成果尤其和伦理学专业的研究生们的思考讨论密切相关。他们是：郭晓林、张倩倩、王豪略、李小燕、张娅、岳伟华、平小柳、刘冰燕、余爱青、魏明勤、黎松、侯彦如、王静（女）、李梅、景熠阳、郝晓燕、刘颖、王一帆、都萧雅、王静（男）、徐诚明、杜盼盼、徐丽丽、张冰凌、薛靖、郑畅、陈旭、杨金梅等，以及博士后魏冰娥、吴祖刚、林志雄等，特向他们致以诚挚的谢意。最后，衷心感谢我的五大恩师的授业之恩。他们是：中国社会科学院甘绍平研究员、武汉大学张传有教授、西南大学何向东教授、西南师范大学杨义银教授、美国明尼苏达大学 Carl Elliott 教授。借此机会，谨向五位恩师的教诲提携致以最真挚的谢意！

2017 年 1 月 26 日

渝州东和春天悠然斋